Libro de educación cristiana pa[ra]
preadolescentes (de 9 a 11 años ...
grados de educación primaria o elemental).

MAESTRO
Año 2

David Hayse
Gerente general

Mario J. Zani
Editor general

Ana M. Zani
Editora de publicaciones para niños

Isabel Flores de Márquez
Traductora

Luis Manoukian
Redactor

Estas lecciones se tradujeron y adaptaron del material publicado originariamente en inglés por WordAction Publications.

Publicado por

Casa Nazarena de Publicaciones

Contenido

AYUDAS PARA EL MAESTRO

I. ASPECTOS GENERALES DE LA LECCIÓN Y LA UNIDAD

INTRODUCCIÓN A CADA UNIDAD

En ella encontrará la base bíblica para toda la unidad, el texto bíblico, el propósito, los títulos de las lecciones y los motivos por los que el alumno necesita la enseñanza de esta unidad.

CADA LECCIÓN CONTIENE:

Base bíblica
Señala el pasaje bíblico del que se extrajo la lección. Puede referirse a uno o más libros, o pasajes de la Biblia. Usted debe leer el/los pasajes y familiarizarse.

Objetivo de la lección
Aclara hacia dónde se debe dirigir usted con sus alumnos y lo que debe lograr mediante el proceso de enseñanza y aprendizaje.

Texto para memorizar
Se considera más apropiado utilizar un solo versículo bíblico para toda la unidad, con el propósito de enfatizar la verdad central.

II. PREPARACIÓN PARA EL MAESTRO

¡PREPÁRESE PARA ENSEÑAR! Y COMENTARIO BÍBLICO

Esta segunda sección presenta una ayuda para el pasaje de estudio bíblico, la cual ampliará su conocimiento sobre el tema. También incluye un contexto bíblico y la manera en que aprenden los niños de esta edad. Para una mayor eficacia, tome en cuenta lo siguiente:

Ore y pida la dirección de Dios.
Lea el pasaje de la Biblia varias veces y anote en un cuaderno las ideas centrales que encuentre.
Consulte otras versiones de la Biblia, comentarios bíblicos, diccionarios bíblicos, etc.
Compare sus ideas con las que se presentan en este libro.
Medite en cada una de ellas, y reflexione cómo se aplica el pasaje a su propia vida y a la vida de sus alumnos.

III. DESARROLLO DE LA LECCIÓN

Aquí se identifican los diversos puntos del desarrollo de la lección para obtener un mayor rendimiento en el aprendizaje. La historia bíblica se debe realizar con métodos en los que sus alumnos tengan participación activa. Esté seguro de que los puntos clave queden claros en la mente de los niños. Puede practicar en su casa la presentación del tema para tener mayor seguridad frente a los estudiantes. ¡Anímese! La obra es del Señor, y usted es un instrumento en sus manos para llevarla a cabo.

APLICACIÓN PARA LA VIDA Y LA HISTORIA BÍBLICA

Este es el momento para que el alumno reflexione sobre su vida diaria. Es el tiempo de guiarlo a preguntarse cómo está su vida frente a lo que la Biblia enseña. Por lo general, se trata de actividades con preguntas para que respondan en forma personal. Dirija al preadolescente hacia la reflexión y no manipule sus respuestas, ya que estas deben ser sinceras y personales. Momento de aprender la historia bíblica.

IV. ACTIVIDADES

a. En esta sección encontrará otra serie de actividades de refuerzo para la lección, como tareas en sus libros y juegos.
b. Memorización del texto, juegos.
c. Para terminar: momentos de oración y reflexión.

Sugerencias: Tenga presente que la lección no se limita a la hora de la clase, sino que es conveniente que se prepare durante toda la semana.

Visite a sus alumnos por lo menos una vez cada semestre.

Ore y comuníquese con los estudiantes a través de cartas, llamadas telefónicas, invitaciones, o visítelos si dejan de concurrir a la clase.

Envíe una nota al mismo alumno y/o padres y mencione hechos especiales en la vida del alumno, como cumpleaños, días especiales, etc.

Incentive a sus alumnos mediante concursos para motivarlos a que asistan, aprendan, memoricen textos, inviten a sus amigos, etc.

Llegue temprano para estar seguro de tener el salón en condiciones.

Al preparar las clases, tome en cuenta la edad, necesidades y problemática de los preadolescentes.

Permita que en todo momento, encuentren en usted, al maestro, al mejor aliado, al consejero y a un modelo cristiano digno de imitar.

SUGERENCIAS PARA LA MEMORIZACIÓN DE LA PALABRA

1. ¿QUÉ DICE EL VERSÍCULO?

Que sus alumnos lo perciban y lo expresen con sus sentidos.

La vista
En la Biblia.
En tarjetas, cartulinas, láminas, ayudas visuales o en la pizarra.

El oído
Léalo en voz alta.
Que los alumnos lo lean.

La voz
Repítalo después de escucharlo.
Léalo con otros e individualmente.
Lectura coral o en grupo.
Cántelo.

Las manos
Escriba el versículo en la pizarra, tarjetas, cartones, tiras de papel o cartulinas de colores.
Llene los espacios en blanco.
Rompecabezas

2. ¿QUÉ SIGNIFICA?

Explore las definiciones
Que los preadolescente expresen lo que entienden acerca del versículo bíblico.
Explique las palabras que los alumnos no conozcan.

Comente el contexto
Usted puede ayudarse con comentarios bíblicos, diccionarios o preguntando a otros.
Investigue los antecedentes del versículo bíblico.
¿Quién habla y a quién o a quiénes le/s habla?
Comente los hechos o factores en que se desarrollaron.

Ilustre el versículo
Muestre dibujos o caricaturas.
Haga dibujos.
Utilice el lenguaje de señas o la mímica.

3. ¿CÓMO LO APLICO A MI VIDA?

Comente lo siguiente:
La aplicación que tiene el versículo bíblico en la vida diaria.

En qué circunstancias lo ayudará, y qué consecuencias producirá en su vida y en la de los demás.

Recuerde un versículo
Cuando sea tentado.
Cuando esté en problemas.
Cuando anime a otros.

EL PREADOLESCENTE, SU CONDUCTA Y EL MAESTRO

1) Entienda a sus alumnos y permítales que tengan una conducta normal.

   Sus alumnos son activos y curiosos.

   No se trata de adultos en miniatura. Siempre debemos diferenciar entre el mal comportamiento y la inmadurez.

2) Propicie una atmósfera en la clase que induzca a la buena conducta.

   Deje que los alumnos sepan que usted los ama y los aprecia.

   Demuestre interés en lo que les sucede a ellos fuera de la clase.

   Sea organizado en lo que hace y en el modo de manejar a sus alumnos.

   Provea una guía clara y consistente, que haga que los preadolescentes sepan lo que usted espera de ellos.

   Evite tener alumnos favoritos en su clase.

3) Ejerza su rol de maestro.

   Esté a cargo de la clase.

   Que sus alumnos puedan ver en usted una figura de autoridad a la que respeten.

   Hágase amigo de sus alumnos.

   Mencione un buen ejemplo sobre lo que usted espera de ellos.

4) Use métodos que incluyan a los alumnos y que capten su interés.

   Esté preparado y llegue al salón antes que sus alumnos.

   Provea una variedad de actividades que sean apropiadas para ellos.

   Use actividades que capten su interés y habilidad.

   Permita que los jovencitos elijan algunas de las actividades.

5) Concéntrese en un comportamiento positivo.

   Limite el número de reglas.

   Cuando corrija a un alumno, coméntelo con sus padres, tutores o encargados.

   Pida la ayuda de asistentes.

¿QUÉ HACER CUANDO UN ALUMNO SE PORTA MAL?

1) Busque la causa del problema.
   a. ¿El alumno tiene problemas de aprendizaje o de salud que impiden su participación adecuada en la clase?
   b. ¿Trata de controlar él solo la clase?
   c. ¿Tiene talentos especiales o un nivel superior al del resto, que lo lleva a aburrirse en la clase?
   d. Cuando sepa la causa del problema, quizá pueda solucionarlo al conversar con los padres del preadolescente.

2) Tome el control de la situación.
   a. Ignore el comportamiento que no interrumpa la clase.
   b. Incluya al alumno en las actividades de aprendizaje.
   c. Hágale ver que usted observa su mala conducta.
   d. Acérquese a él o ella.
   e. Dígale, en voz baja, lo que quiere que él/ella haga.
   f. Explique al alumno las consecuencias de su continua mala conducta.

3) Hable con los padres o las personas encargadas.
   a. Si usted le anticipa que hablará con sus padres o encargados, llévelo a cabo.
   b. Empiece diciéndoles a los padres lo que aprecia del jovencito.
   c. Exponga el problema y pregunte por la respectiva solución.

CONOZCAMOS AL PREADOLESCENTE

Se encuentra en la edad de descubrimientos

Expresa sus ideas. Tiene excelente memoria

Es lo suficientemente "maduro" física y mentalmente como para realizar nuevas y diversas actividades

Le gusta trabajar en equipo

Le encanta escuchar las historias de Jesús

Es el tiempo en que busca héroes

Simpatiza poco con el sexo opuesto

Le gusta los juegos electrónicos y videojuegos

Es la edad de las pandillas

Ahora es el tiempo en que forma hábitos estables

Hace muchas preguntas

Al considerar las características de la etapa de desarrollo de sus alumnos, incluimos algunos consejos para mejorar la dinámica de su clase:

Inspire a sus alumnos con los relatos de héroes de la Biblia.

Aproveche para enseñarles a memorizar la Palabra, cantos, e historias inspiradoras.

Pida la participación del preadolescente en la búsqueda de pasajes bíblicos, en la preparación de las clases como relatar las historias bíblicas, dramas, buscar en mapas, hacer rompecabezas, escribir en la pizarra o hacer carteles sobre la lección.

Anímelos a participar con preguntas y respuestas a sus compañeros de clases.

Anímelos a imitar a los personajes bíblicos.

Es una época excelente para que formen buenas costumbres como: la lectura diaria de la Biblia, la oración, el asistir a la iglesia, dar sus diezmos, hablar a otros de Jesús.

Ofrezca oportunidades para que los alumnos de esta edad ayuden a otros.

Aproveche este tiempo para que acepten a Jesús como su salvador personal.

Realice actividades extracurriculares, las lecciones no solo se enseñan o aprenden en el salón de clases. Siempre solicite la ayuda de otros adultos.

RECURSOS DIDÁCTICOS: RECETAS

RECETAS DE PLASTILINA O MASA PARA MODELAR

MASA DE HARINA Y SAL

Ingredientes:

2 ó 3 tazas de harina común.

3/4 taza de sal fina.

1/2 taza de agua tibia.

Colorante vegetal.

Instrucciones:

Mezcle la harina con la sal, e incorpore poco a poco el agua tibia mientras revuelve. Si desea añadirle color, agregue unas gotas de colorante vegetal mientras amasa. La consistencia de la masa dependerá de la cantidad de agua que agregue. Guarde la masa terminada en un recipiente cerrado dentro del refrigerador.

MASA COCIDA

Ingredientes:

2 tazas de harina.

1 taza de sal.

1 cucharada de aceite vegetal.

2 cucharaditas de crémor tártaro.

1/2 taza de agua.

Colorante vegetal.

Instrucciones:

Mezcle los ingredientes secos. Luego agregue el agua y el aceite vegetal. Ponga la mezcla a fuego mínimo hasta que la preparación espese, revolviendo constantemente.

Retírela del fuego y déjela enfriar. Para lograr el color deseado, agregue unas gotas de colorante vegetal mientras amasa la mezcla. Se conserva más de un mes si la guarda en un recipiente cerrado.

MASA DE BARRO

Ingredientes:

2 tazas de tierra.

2 tazas de arena.

1/2 taza de sal.

Agua.

Instrucciones:

Mezcle la tierra, la arena y la sal. Agregue luego el agua, poco a poco, hasta obtener la consistencia deseada para modelar.

PINTURAS DACTILARES O DACTÍLICAS

Ingredientes:

1 y 1/4 de taza de almidón.

1/2 taza de jabón en polvo.

3 tazas de agua hirviendo.

1 cucharada de glicerina.

Colorantes vegetales o témpera.

Instrucciones:

Disuelva el almidón en agua fría. Luego vacíelo lentamente en el agua hirviendo, mientras revuelve en forma constante para evitar que se formen grumos. Agregue el jabón, y por último añada la glicerina. Para darle color, agregue colorantes vegetales o témpera. De este modo se obtendrá una preparación gelatinosa que no es tóxica. Si envasa esta pintura en frascos de plástico, se conservará por varios días.

PEGAMENTO BLANCO

Ingredientes:

4 tazas de agua.

1 taza de harina de trigo.

1/2 taza de azúcar.

1/2 taza de vinagre.

Instrucciones:

Hierva tres tazas de agua. Mientras tanto, en un recipiente mezcle una taza de agua, la harina, el azúcar y el vinagre. Cuando el agua haya hervido, agregue la mezcla, y revuelva lentamente sobre el fuego hasta que suelte el primer hervor. Si quedan grumos, puede licuar la mezcla. Si está muy espeso, agréguele agua. Si queda aguado, hiérvalo más tiempo. Guarde el pegamento en un frasco con tapa.

PAPEL PARA TARJETAS Y MANUALIDADES

1) Remoje en agua caliente 6 hojas blancas o de revistas, cortadas en pedacitos.
2) Muela en la licuadora el papel con media taza de avena, o de flores, o un bagazo de frutas o verduras, como zanahoria, apio, etc.
3) Cuele la mezcla, y agregue cuatro cucharadas de glicerina y 6 cucharadas de pegamento blanco.
4) Extienda la pasta sobre un plástico, con un rodillo o palo de amasar, hasta que quede delgada y pareja.
5) Déjela secar al sol durante dos días.
6) Con el papel puede hacer tarjetas, señaladores o separadores de libros, cartas, etc.

LA IMPORTANCIA DE LA PROMOCIÓN DE ALUMNOS A LA SIGUIENTE CLASE

Queridos líderes y maestros de educación cristiana:

Al igual que en la escuela primaria, a los niños de la iglesia se les debe facilitar la promoción al "grado o clase inmediato superior". Como maestro, es muy importante que usted esté preparado para promover a sus alumnos al final del año eclesiástico o, lo que sería más fácil, al final del año escolar. Para ello, hable con los líderes de educación cristiana de su congregación o con su pastor.

Puede preparar de antemano una "ceremonia" de promoción, y entregarle un certificado a cada alumno que pasa a la clase siguiente.

La ceremonia se puede realizar en el templo para que toda la congregación participe.

Invite a los padres y familiares de los alumnos. Será un buen momento para conocerlos, y para que asistan al resto del servicio y escuchen la palabra de Dios.

Como participantes especiales, deben estar presentes los maestros de las clases a las que se promoverán los alumnos. Será un momento significativo para todos cuando usted despida a cada uno con un abrazo, y el próximo maestro lo reciba, de igual modo, con un abrazo de bienvenida a su nueva clase.

Sería lindo que usted tuviera preparada una cartulina con fotos de sus alumnos, tomadas durante el año en su clase, para mostrar en la ceremonia. También sería bueno que expusiera, en forma amena, algunos recuerdos de la vida de su alumno mientras estuvo con usted: oraciones especiales que haya hecho, la fecha en que se convirtió, testimonios que haya contado, preguntas que haya realizado, y momentos de alegría o de tristeza que haya experimentado durante el año. Prepare con anticipación a su alumno. Explíquele estos detalles, para que esté de acuerdo en lo que piensa comentar de él y no se sorprenda o ponga nervioso delante de toda la congregación.

Hable con el encargado del ministerio de educación cristiana o de las clases, para que en esa ceremonia se entregue a los alumnos el nuevo libro de estudio para el siguiente año. Para eso, anime a las familias de la iglesia a que regalen un libro a cada alumno, en especial a aquellos cuyos padres no asisten a la iglesia o a los de escasos recursos económicos. En cada congregación hay familias que, con mucho gusto, regalarían un libro a los alumnos.

Le deseamos las más ricas bendiciones en los desafíos que el ministerio de la enseñanza representa para usted y su congregación.

El Señor le dé gracia y bendiga su tan importante ministerio.

Equipo editorial de CNP

Certificado de promoción

_____

(Nombre del Niño)

promovido a la clase superior

(Iglesia   )

Fecha

"Hijo mío, está atento a mis palabras..." Proverbios 4:20ᵃ

_____ _____

Líder Escuela Dominical   Maestra

PARA QUE VIVAS MEJOR

Bases bíblicas: Génesis 1:27-31; 2:1-3; Éxodo 19:1—20:21; Salmos 119:9; Proverbios 12:22; Mateo 5:17, 21-22, 27-28, 33-37; 6:19-21, 24-31; 12:1-13, 35-37; Marcos 12:28-34; Hechos 5:1-10; Efesios 4:25-26, 28-29; 5:3-4; 6:1-3; Filipenses 4:10-13, 19; Colosenses 3:8-9; Santiago 1:19-20; Hebreos 13:5.

Texto de la unidad: *"Y amarás al Señor tu Dios con todo tu corazón, y con toda tu alma, y con toda tu mente y con todas tus fuerzas. Este es el principal mandamiento. Y el segundo es semejante: Amarás a tu prójimo como a ti mismo"* (Marcos 12:30-31a).

PROPÓSITOS DE LA UNIDAD

Esta unidad ayudará a sus alumnos a:

- ❖ Saber que Dios le dio a su pueblo Diez Mandamientos para guiarlos a vivir en santidad.
- ❖ Comprender que amar a Dios y amar al prójimo son los mandamientos más importantes.
- ❖ Mostrar el amor cristiano en sus relaciones interpersonales.
- ❖ Reconocer que es importante la guía de Dios para aprender a vivir correctamente.

LECCIONES DE LA UNIDAD

Lección 1: Primero lo primero

Lección 2: El poder de las palabras

Lección 3: Un día especial

Lección 4: Necesitamos a nuestros padres

Lección 5: ¿Qué ves?

Lección 6: Soy muy especial

Lección 7: Si no es tuyo, ¡déjalo!

Lección 8: Mentir trae consecuencias

Lección 9: No codiciarás

POR QUÉ LOS PREADOLESCENTES NECESITAN LA ENSEÑANZA DE ESTA UNIDAD

El mundo en el que vivimos se encuentra en una profunda pobreza espiritual por la pérdida de los valores. Además, abundan los modelos de conducta permisivos y, muchas veces, hasta peligrosos.

Sus alumnos están rodeados de mensajes que los incitan a la desobediencia y la anarquía. Cada vez es más difícil controlar las reacciones de los alumnos en las escuelas. Con frecuencia, escuchamos que la policía tuvo que intervenir para detener disturbios generados por jóvenes de edad escolar.

Todos necesitan saber que Dios dejó instrucciones firmes para guiar a sus hijos a una vida santa.

Estas lecciones lo ayudarán a enseñarles que Dios espera que sus hijos sean santos. Por eso, nos dio los Diez Mandamientos, como una guía para lograr ese objetivo.

Los Diez Mandamientos especifican con claridad las pautas de conducta que el pueblo escogido de Dios debía seguir para vivir en armonía, paz y prosperidad.

Jesús dijo que él no había venido a abolir la ley, sino a cumplirla (Mateo 5:17). También nos enseñó a obedecer por amor y no por obligación.

Cuando sus alumnos aprendan a amar a Dios con todo su corazón, y a su prójimo como a ellos mismos, sin dudas estarán cumpliendo los Diez Mandamientos.

Primero lo primero

Base bíblica: Éxodo 19:1—20:21; Mateo 5:17; Marcos 12:28-34.

Objetivo de la lección: Que los preadolescentes aprendan a expresar su amor a Dios, dándole el primer lugar en sus vidas.

Texto para memorizar: *"Y amarás al Señor tu Dios con todo tu corazón, y con toda tu alma, y con toda tu mente y con todas tus fuerzas. Este es el principal mandamiento. Y el segundo es semejante: Amarás a tu prójimo como a ti mismo"* (Marcos 12:30-31a).

¡PREPÁRESE PARA ENSEÑAR!

Los maestros de educación cristiana tenemos una gran responsabilidad y, a la vez, un gran privilegio. Nuestra responsabilidad es sembrar en los corazones jóvenes la semilla del evangelio y encaminarlos a los pies de Cristo. Nuestro gran privilegio es ser instrumentos del Maestro de maestros en la tarea de llevar el evangelio a toda criatura. En este libro encontrará enseñanzas y actividades que le facilitarán su tarea docente. Pero, recuerde que para que la enseñanza sea efectiva, lo más importante es tener la dirección del Espíritu Santo.

Hoy existen muchas cosas que compiten por captar la atención de los jovencitos. Los amigos, los deportes, la música, las diversiones, etc. hacen que ellos se confundan y no sepan qué priorizar.

Con esta lección aprenderán que Dios debe ocupar el primer lugar en la vida del cristiano.

Dios le dio leyes a su pueblo para que le sirvieran de guía, y así pudieran vivir en armonía y santidad. A medida que sus alumnos estudien este primer mandamiento, entenderán que, cuando aman a Dios por sobre todas las cosas, todo lo demás vendrá por añadidura.

COMENTARIO BÍBLICO

Éxodo 19:1—20:21. Dios le dio los Diez Mandamientos a su pueblo, y le explicó con claridad que esperaba ocupar el primer lugar en su vida. Después de rescatarlos de Egipto, los ayudó a cruzar el mar Rojo y los llevó a la orilla del monte Sinaí para que escucharan sus palabras. Antes de entregarles los Diez Mandamientos, Dios les recordó todo lo que había hecho por ellos, y les pidió que correspondieran a su amor.

La obediencia a los Diez Mandamientos sería la respuesta de amor al pacto que Dios había hecho con ellos. Él deseaba que fueran un pueblo santo, y estos mandamientos los ayudarían a vivir en santidad. La ley no hacía que los israelitas fueran el pueblo de Dios; más bien, recibieron la ley por ser el pueblo de Dios.

Mateo 5:17; Marcos 12:28-34. Cierta vez, un maestro de la ley se acercó a Jesús con una pregunta. Cuando Dios entregó los Diez Mandamientos a su pueblo, los líderes se encargaron de añadir muchas reglas para formar un complejo código de leyes. En los tiempos del Nuevo Testamento, los judíos tenían 613 leyes y mandamientos que debían cumplir. De estos, 365 eran negativos y 248 positivos.

La respuesta de Jesús llegó al punto central del sistema judío de leyes: "Amarás a Dios" (una frase directamente tomada del Shema) "y a tu prójimo como a ti mismo", que eran la base de todos los mandamientos.

Jesús identifica el amor como la característica de alguien que desea agradar a Dios en verdad.

Dios nos ama e hizo todo lo necesario para que nos reconciliáramos con él. Pero, es necesario que lo amemos con todo nuestro corazón, alma, mente y fuerzas.

Como cristianos, no adoramos a los ídolos, porque sabemos que a Dios no le agrada. Pero, ¿le estamos dando a Dios el primer lugar en nuestra vida?

Dios simplemente pidió a los israelitas que recordaran lo que él había hecho por ellos, y esperaba que respondieran a ese amor, obedeciendo sus mandamientos.

De la misma manera, nuestra obediencia a Dios debe nacer de nuestro amor por él.

DESARROLLO DE LA LECCIÓN

Dé la bienvenida a los alumnos, y permita que cada uno diga su nombre, su edad y el grado escolar que cursa.

Es probable que muchos ya se conozcan. Sin embargo, esto los ayudará a identificarse con los compañeros nuevos o los que hayan sido promovidos a esa clase.

Si tiene muchos alumnos nuevos, le sugerimos que les coloque un distintivo con su nombre para identificarlos con mayor facilidad.

Al ser la primera clase del año, es probable que sus alumnos estén emocionados por todas las experiencias que acaban de vivir durante los festejos de la Navidad y fin de año. Por lo tanto, permita que cuenten algún breve testimonio. Eso los ayudará a centrar su atención en el estudio del tema bíblico de hoy.

Reglas del salón

Explique a los jovencitos que, en toda sociedad organizada, existen una serie de reglas que deben acatarse para mantener relaciones armoniosas. Después, pregúnteles qué tipo de reglas conocen.

Escuche sus respuestas.

Luego, dígales que entre todos elaborarán las "reglas del salón", las que estarán en vigencia durante todo el año. Le sugerimos que permita que sus alumnos colaboren, aportando ideas sobre las reglas que crean conveniente que se cumplan. De esta forma no sentirán que es una imposición, y estarán comprometidos a obedecerlas.

Escriba en una cartulina las reglas que hayan acordado, y colóquela en el lugar donde permanecerá todo el año. Le sugerimos que en vez de usar frases como: "No correr en el salón", escriba: "Evita correr en el salón". De esta forma, aunque el mensaje será el mismo, sus alumnos no se sentirán reprimidos.

¿Qué piensas sobre las reglas?

Diga a sus alumnos: *Hace unos minutos elaboramos las reglas que deberemos cumplir en la clase a lo largo del año. En esta actividad profundizaremos un poco más sobre las reglas.*

Esta es la primera vez que trabajarán con los libros del alumno. Por lo tanto, sugerimos que les explique la importancia de cuidar y mantener en buenas condiciones su material de estudio. Permita que escriban su nombre en la primera página del libro, y lo hojeen unos minutos.

Después, pida que lo abran en la página 5 y rodeen con un círculo las respuestas que describen lo que sienten cuando tienen que obedecer reglas.

Juego de concentración

Para esta actividad necesitará 30 tarjetas blancas, separadas en 15 pares. En cada par de tarjetas dibuje una figura geométrica (cuadrado, triángulo, rectángulo, etc.), o bien escriba una palabra (casa, árbol, flor, etc.).

Para iniciar el juego, divida la clase en dos equipos. Explíqueles que el juego requiere de concentración, mientras acomoda las tarjetas en una mesa con la figura hacia abajo. Pida a un jugador del primer equipo que elija dos tarjetas y las dé vuelta. Si las figuras son las mismas, el jugador se quedará con las tarjetas; si son distintas, entonces será el turno del otro equipo.

Luego, pregúnteles a los integrantes del primer equipo si les gustaría cambiar las reglas y de qué manera lo harían. Sigan la sugerencia, y jueguen con las reglas nuevas. Después, haga la misma pregunta al segundo equipo, y continúen el juego respetando las nuevas reglas.

Continúen cambiando las reglas cada vez que le toque el turno a uno de los equipos.

Después de que el juego termine, pregunte cómo se sintieron cuando cambiaban las reglas. Tal vez pensaban que no era justo, se sentían frustrados o les resultaba difícil recordar todas.

Explíqueles que en la lección de hoy verán por qué es importante obedecer las reglas.

HISTORIA BÍBLICA

Es importante que todos aprendan a llevar la Biblia a clase. Dígales que cada semana la usarán y que es necesario que la lleven. Si alguno de sus alumnos no tiene Biblia y no puede comprarla, converse con quien considere apropiado para buscar la forma de suplir esa necesidad. Otra opción es buscar hermanos de su congregación que quieran donar Biblias a los miembros de su clase.

Después de asegurarse de que todos sus alumnos tienen una Biblia que pueden usar en la clase, pida que busquen el pasaje de Marcos 12:28-34 y que un voluntario lo lea.

Después, divida la clase en dos equipos, y que cada grupo nombre un líder y un secretario. La actividad a realizar se encuentra en la página 6 del libro de trabajo.

El primer equipo debe analizar y responder las preguntas del grupo A, y el segundo las del grupo B. El secretario de cada grupo anotará las respuestas en una hoja.

Luego, cada líder de grupo escogerá a un miembro del equipo contrario para que conteste una de las preguntas que analizaron. Los participantes podrán usar las notas del secretario para responder.

ACTIVIDADES

¿Qué es más importante?

Para esta actividad necesitará revistas o periódicos usados, tijeras, pegamento y cartulina. Antes de llevar a su salón las revistas, verifique que no contengan ninguna publicidad o artículo ofensivo.

Pida a sus alumnos que busquen en las revistas y recorten objetos o personas que, para la mayoría de la gente, son más importantes que Dios. Después, déles tiempo para que peguen todas las ilustraciones en las cartulinas y las usen para completar la siguiente actividad.

¿A qué ídolos adora hoy la gente?

Pida a la clase que observe las figuras que recortaron, y contesten la pregunta de la página 7 del libro del alumno.

Dígales: *Cuando la gente pone otras cosas en primer lugar en su vida no le están dando la honra a Dios. Todo lo que aman más que a Dios llega a ser un ídolo.*

Pida a sus alumnos que den algunos ejemplos de los ídolos que la sociedad adora (por ejemplo: cantantes, deportistas famosos, personajes de la televisión, la moda, el dinero, etc.).

Lean todos juntos Éxodo 20:3-4 y conversen sobre lo que significa.

Cartas especiales

Pida a sus alumnos que mencionen formas específicas en las que pueden expresar su amor a Dios y ponerlo en primer lugar en su vida (por ejemplo: orar y leer la Biblia cada día, ser ama-bles con sus hermanos, perdonar a los que los ofenden, etc.).

Pídales que usen la página 8 del libro de trabajo para escribir una carta a Dios, y decirle de qué forma desean honrarlo y obedecerlo.

PARA TERMINAR

Agradezca a sus alumnos por su asistencia y recuérdeles que, para crecer en su conocimiento de Dios, es necesario que asistan con regularidad a las clases de estudio bíblico.

Pídales que recojan los materiales que utilizaron, y que le ayuden a acomodar y guardar los libros de trabajo.

Concluya con una oración, y anímelos a poner a Dios como prioridad en su vida.

notas

El poder de las palabras

Base bíblica: Éxodo 20:7; Mateo 5:33-37; 12:35-37; Efesios 4:29; Colosenses 3:8-9.

Objetivo de la lección: Que los alumnos evalúen su forma de hablar, y evalúen si a través de sus palabras honran a Dios y a su prójimo.

Texto para memorizar: *"Y amarás al Señor tu Dios con todo tu corazón, y con toda tu alma, y con toda tu mente y con todas tus fuerzas. Este es el principal mandamiento. Y el segundo es semejante: Amarás a tu prójimo como a ti mismo"* (Marcos 12:30-31a).

¡PREPÁRESE PARA ENSEÑAR!

¿Cuántas veces escuchamos que el nombre de Dios se utiliza como cualquier otra expresión? Es común que las personas usen el nombre del Señor sin una conciencia real de lo que están diciendo. Por lo tanto, muchos niños crecieron escuchando frases en las que el nombre de Dios se usa en vano. Incluso es posible que piensen que es normal, porque no entienden el significado de su nombre y el respeto que merece.

Esta lección ayudará a sus alumnos a entender por qué deben respetar el nombre de Dios y no utilizarlo en vano. Su nombre es sagrado y merece todo el honor. Los Diez Mandamientos prohíben utilizar el nombre de Dios a la ligera. A diferencia de la cultura occidental, en la que el significado de las palabras no tiene mayor importancia, los israelitas creían que las palabras tomaban vida una vez que se declaraban.

Ayude a sus alumnos a que entiendan que su forma de hablar y expresarse refleja lo que hay en su corazón.

COMENTARIO BÍBLICO

Éxodo 20:7. Este mandamiento nos habla con claridad acerca de la forma en que Dios desea que sus hijos se expresen. Él advirtió al pueblo sobre la importancia de no menospreciar el nombre de Dios. "En vano" significa que no tiene valor, es decir, algo sin importancia.

En general, este mandamiento prohíbe utilizar el nombre de Dios en forma indiscriminada. Al utilizarlo de manera inútil, falsa o engañosa, se atribuyen estas características a Dios.

Los israelitas consideraban el nombre de Dios tan santo que ni siquiera lo mencionaban. Por eso utilizaban otros nombres para referirse a él, como por ejemplo "Adonai". También, el pueblo utilizaba el nombre "Jehová". El sumo sacerdote mencionaba el nombre de Dios una vez al año, cuando bendecía al pueblo en el día de la expiación (Levítico 23:27).

Mateo 5:33–37; 12:35-37. En los tiempos del Nuevo Testamento, la gente utilizaba el nombre de Dios para hacer válido un juramento. Por esa razón Jesús prohibió que se jurara. Quiso recordarle a su pueblo que el nombre de Dios era sagrado y santo, y que a todos se nos juzgaría por nuestras palabras.

Efesios 4:29; Colosenses 3:8-9. Pablo amplió aún más esta idea, al enseñar en sus cartas que el cristiano debe respetar al prójimo mediante sus palabras.

Pablo nos exhorta a desechar las palabras deshonestas de nuestro vocabulario, las cuales incluyen: maldecir, ser sarcásticos, quejarse, insultar, o hacer comentarios que deterioren la imagen de alguien.

Pero, no basta con refrenar nuestra boca de pronunciar palabras deshonestas. Proverbios 15:23 dice: "La palabra a su tiempo, ¡cuán buena es!" La Biblia nos exhorta a que ministremos a los demás con nuestra manera de hablar. Cuando nuestras palabras edifican a los demás, estamos honrando a Dios en verdad.

DESARROLLO DE LA LECCIÓN

El juego sin palabras

Escriba frases cortas en hojas pequeñas, y colóquelas en una caja o recipiente. Explique a sus alumnos que cada uno, por turno, sacará un papel y tratará de comunicar a los demás el significado de la frase, pero debe hacerlo sin decir ni una sola palabra. Al concluir este juego, ayúdelos a comprender lo que sentirían si no pudieran hablar.

Escriba frases simples, como por ejemplo: "Necesito zapatos nuevos", "necesito un lápiz", "me gustaría comer", "tengo sed", "estoy cansado", etc.

Haga énfasis en que muchas veces no reconocemos la bendición que tenemos a través del don de la palabra y hacemos mal uso de él.

Dígales que en la lección de hoy estudiarán más sobre este tema.

¿Qué tipo de palabras usas?

Escriba en la pizarra la siguiente lista de palabras, de a pares, una debajo de la otra: bueno - malo, bonito - feo, respetuoso - irrespetuoso, bien

- mal, agradable - desagradable, alegre - enojado, feliz - triste.

Después, reparta hojas para que sus alumnos escriban oraciones sencillas utilizando esas palabras. Pida que algunos voluntarios lean sus oraciones, y juntos analicen cómo responde la gente a nuestras palabras. Por ejemplo: "te ves muy bien" y "te ves muy mal" son frases parecidas, pero hay una palabra que las diferencia y determina cómo reaccionará la persona que las escuche.

Muchas veces hablamos sin pensar y lastimamos a los que nos rodean. Hoy estudiaremos más sobre la importancia de honrar a Dios por medio de nuestras palabras.

HISTORIA BÍBLICA

Diga a sus alumnos: *El domingo pasado estudiamos los dos primeros mandamientos, que nos recuerdan que debemos priorizar a Dios y honrarlo por sobre todas las cosas. En la clase de hoy estudiaremos otro mandamiento muy importante.*

Divida la clase en tres equipos, y a cada uno asígnele un grupo de preguntas de la página 10 del libro del alumno. Indíqueles que deben leer los pasajes bíblicos sugeridos para hallar las respuestas.

Cuando concluyan, pida que intercambien las respuestas. Si es necesario, amplíe las respuestas que dieron sus alumnos.

ACTIVIDADES

Ayuda para el extraterrestre

La clase deberá trabajar en la página 9 del libro del alumno, ayudando al extraterrestre a escribir un informe sobre la manera en que las personas del planeta tierra deben respetarse unas a otras. El informe se debe basar en Mateo 5:33-37; 12:35-37; Efesios 4:29 y Colosenses 3:8-9.

¡Califica tus palabras!

Dé tiempo a sus alumnos para que contesten la tarjeta de autoevaluación de la página 11. Dí-

gales que las respuestas son confidenciales; por lo tanto, deben trabajar en forma individual.

Anímelos a contestar con honestidad, y a realizar un compromiso para mejorar las áreas en las que tengan dificultad.

¡Resuelve el crucigrama!

Una vez más, divida la clase en pequeños grupos o parejas para que resuelvan el crucigrama de las páginas 10 y 11 del libro. Esta actividad les servirá para repasar algunos de los usos incorrectos del lenguaje que se utilizan con mayor frecuencia.

Verifique que tengan las respuestas correctas:

Horizontal
1) Palabras que se dicen con la intención de herir a alguien (insultos).
2) Emoción intensa causada por algo negativo (enojo).
3) Comentario negativo sobre otra persona (crítica).
4) Rumor sobre una persona (chisme).
5) Expresión de descontento (queja).

Vertical
6) Acto de mentir para dañar la reputación de alguien (difamación).
7) Indecente y obsceno (vulgar).
8) Burla cruel para ofender o dañar a alguien (sarcasmo).
9) Desdén o falta de aprecio por algo o alguien (desprecio).
10) Indignación y enojo incontrolables (ira).

PARA TERMINAR

Dígales que lean la "Oración acerca de mis palabras", de la página 12 del libro del alumno. Concluya dando gracias a Dios por el regalo del lenguaje, y pidiéndole que los ayude a honrarlo a través de sus palabras.

Recalque la importancia de la asistencia a la próxima clase y, si asistieron alumnos nuevos, visítelos o llámelos durante la semana.

Un día especial

Base bíblica: Génesis 2:1-3; Éxodo 20:8-11; Mateo 12:1-13.

Objetivo de la lección: Que todos comprendan que Dios desea que apartemos el día de reposo para alabarlo.

Texto para memorizar: *"Y amarás al Señor tu Dios con todo tu corazón, y con toda tu alma, y con toda tu mente y con todas tus fuerzas. Este es el principal mandamiento. Y el segundo es semejante: Amarás a tu prójimo como a ti mismo"* (Marcos 12:30-31a).

¡PREPÁRESE PARA ENSEÑAR!

El mundo en que vivimos parece estar más agitado que nunca. ¿No ha notado que los días cada vez se nos hacen más cortos? Las ocupaciones llenan nuestros calendarios y nuestra mente. Y esto no es exclusivo de los adultos; también los niños y jovencitos sufren las consecuencias del "activismo" al que estamos sometidos. La escuela, las prácticas deportivas, los ensayos de coro, las citas con el dentista, las tareas y las clases de inglés son solo algunas de las múltiples actividades que los preadolescentes tienen a lo largo de la semana.

Por supuesto, es bueno estimular el intelecto y la actividad física en los jovencitos. Sin embargo, existe el peligro de saturarnos de actividades y no dejar tiempo para lo más importante en la vida del ser humano: su relación con Dios.

Los alumnos necesitan aprender que Dios estableció el día de reposo para que descansemos y centremos nuestra atención en él.

Explique a sus alumnos que Dios nos dio seis días para trabajar y realizar todas nuestras ocupaciones. Pero, es responsabilidad de todo hijo de Dios apartar el día de reposo para santificarlo y adorar al Señor.

COMENTARIO BÍBLICO

Génesis 2:1-3. Dios es tan sabio que, mucho antes de que el hombre comenzara a trabajar, ya había provisto un día para descansar y fortalecer la comunión con él. Nuestro Creador sabe que, como seres humanos, necesitamos un día de descanso para renovar nuestras fuerzas. Pero no se refiere tan solo a la fuerza física o al desgaste corporal, sino al área espiritual que necesita nutrirse y fortalecerse.

Mateo 12:1-13. Con frecuencia, los fariseos acosaban a Jesús con preguntas referentes al día de reposo. Estos hombres de la ley habían convertido ese día, designado por el Señor, en una serie de rituales elaborados que debían cumplir al pie de la letra. Cuando Jesús sanó a un hombre que tenía la mano seca en el día de reposo, los fariseos lo criticaron, acusándolo de quebran-tar la ley de Dios. Ellos daban prioridad a los rituales y legalismos antes que a las necesidades humanas.

Sin embargo, Jesús tenía la respuesta correcta: "El sábado fue hecho por causa del hombre, y no el hombre por causa del sábado" (Marcos 2:27).

Dios estableció el día de reposo para que sus hijos descansaran de las actividades diarias. Pero lo más importante es que dediquemos tiempo para adorarlo y fortalecer nuestra relación con él.

DESARROLLO DE LA LECCIÓN

Tres preguntas

Escriba por separado, en distintas hojas, cada una de las siguientes preguntas. En la parte de atrás escriba el número de la pregunta; luego, escóndalas en diferentes lugares del salón.

Pregunta 1: ¿Qué sucede cuando la gente tiene una vida demasiado ocupada?

Pregunta 2: ¿Por qué creen que la gente está tan ocupada?

Pregunta 3: ¿Es diferente el domingo de los demás días? ¿Por qué?

Permita que los alumnos busquen las preguntas. Cuando las encuentren, deben contestarlas entre todos. Escuche sus respuestas, y dígales que en la clase de hoy aprenderán por qué el domingo es un día especial.

HISTORIA BÍBLICA

Lea con anticipación los pasajes para estudio de esta lección, y narre la historia con sus propias palabras.

Explique a sus alumnos los detalles que puedan confundirlos (por ejemplo: quiénes eran los fariseos y por qué para los judíos era tan importante guardar el día de reposo). Permita que sus alumnos, si tienen dudas, tengan la libertad de preguntarle.

También puede solicitar que un par de voluntarios lean el pasaje de estudio, y después puede conversar sobre el tema con todo el grupo.

ACTIVIDADES

El noticiario de Capernaúm

Divida la clase en pequeños grupos, y dígales que se imaginen que son reporteros o periodistas del noticiario de Capernaúm. Como reporteros, deben entrevistar a uno de los personajes principales de la historia bíblica de hoy y elaborar un reportaje sobre el tema.

Los personajes para la entrevista pueden ser: los fariseos, los discípulos, el hombre de la mano seca o Jesús.

Asegúrese de que cada grupo entreviste a un personaje diferente y que use la Biblia para escribir el reportaje. Luego, que escriban las conclusiones en la página 13 del libro del alumno.

El día del Señor

Pida a sus alumnos que lean y conversen sobre las situaciones mencionadas en la página 15 de sus libros.

Pregúnteles: *¿Creen que estos jovencitos están guardando el día de reposo como corresponde?*

Escuche sus respuestas, antes de iniciar la siguiente actividad.

¿Cómo usas el día del Señor?

Guíelos a que centren su atención en la página 14 del libro del alumno. Pídales que elaboren una lista de las actividades que realizan los domingos, indicando cuánto tiempo les dedican y qué tipo de actividad es (familiar, escolar, recreativa, etc.).

Luego, permita que pongan en orden las letras para ver algunas de las actividades que glorifican a Dios en el día de reposo.

Use estas actividades para guiar a sus alumnos a reflexionar sobre la forma en que invierten el tiempo el día de reposo.

ACTIVIDAD DE MEMORIZACIÓN

Instruya a sus alumnos sobre la manera de realizar el trabajo manual sugerido en la página 16 de sus libros, siguiendo estas instrucciones: Que recorten la tira con los versículos bíblicos (p. 15) y la ventana blanca de la esquina superior derecha. Que luego doblen la hoja siguiendo la línea punteada, y la peguen por los bordes. Que inserten la tira del texto hasta que las palabras se vean por la ventana. Por último, repitan el versículo, frase por frase, mientras deslizan la tira hacia arriba para comprobar si lo están diciendo bien.

PARA TERMINAR

Organice equipos para que limpien el salón, guarden los materiales y acomoden los libros. Despídanse en oración, y anime a todos a honrar a Dios guardando el día de reposo.

notas

Necesitamos a nuestros padres

Base bíblica: Éxodo 20:12; Efesios 6:1-3.

Objetivo de la lección: Que los alumnos aprendan lo que significa honrar a sus padres.

Texto para memorizar: *"Y amarás al Señor tu Dios con todo tu corazón, y con toda tu alma, y con toda tu mente y con todas tus fuerzas. Este es el principal mandamiento. Y el segundo es semejante: Amarás a tu prójimo como a ti mismo"* (Marcos 12:30-31).

¡PREPÁRESE PARA ENSEÑAR!

En la actualidad, el respeto ha dejado de ser un modelo de conducta, para convertirse en una palabra obsoleta. Es común ver gente que no respeta a las autoridades, instituciones, ancianos, y ni siquiera a sus padres. Lo triste es que muchos de sus alumnos imitan tales actitudes, y su idea de respeto es muy precaria. A medida que los niños crecen y se vuelven más independientes, a menudo se revelan contra sus padres. Esa rebeldía resulta, en parte, del deseo de ser aceptados por sus amigos y de independizarse. Es obvio que también es consecuencia de influencias externas, como los amigos, la moda, lo que ven en televisión, etc.

Es común que en esta etapa los padres tengan dificultades para comunicarse con sus hijos. Muchos hijos obedecen a sus padres por obligación, no por amor. Los dos principales mandamientos (Mateo 12:30-31) serán de gran ayuda para mejorar la relación entre padres e hijos. A través de esta lección, sus alumnos entenderán que honramos a Dios porque lo amamos, y también honramos y respetamos a nuestros padres porque los amamos.

Es triste saber que algunos jovencitos provienen de hogares en los que honrar a sus padres puede significar desobedecer a Dios. En esos casos, la obediencia a Dios debe ser la prioridad. Sea sensible hacia esas situaciones, y déles consejos adecuados.

COMENTARIO BÍBLICO

Éxodo 20:12. Los primeros cuatro mandamientos son para nuestra relación con Dios. Los seis restantes para nuestra relación con los demás. Nuestra relación con los demás debe seguir el ejemplo de nuestra relación con Dios.

Quizá mucha gente se pregunte por qué Dios estableció el quinto mandamiento. ¿El honrar a nuestros padres abre la segunda parte del decálogo? Podemos estar seguros de que este mandamiento está en el orden debido, pues la familia es la base de todas las relaciones interpersonales. Si los hijos tienen dificultad para convivir con su familia no podrán interactuar de manera correcta con otras personas.

Efesios 6:1-3. En este pasaje Pablo nos recuerda que Dios delegó su autoridad a los padres para que guíen y corrijan a los hijos. Estos podrán honrar y obedecer a sus padres cuando tengan el amor de Cristo en sus corazones. Por otro lado, cuando los padres muestren el amor de Dios a sus hijos, estos responderán con amor y obediencia.

¿Cuál es el propósito de honrar y obedecer a nuestros padres? Primero, los padres cristianos son representantes de Dios. Sus alumnos deben ser conscientes de que honran a Dios al honrar a sus padres. ¿Se podrá deshonrar a nuestros padres, a quienes vemos, y honrar a Dios a quien no vemos? Segundo, la familia es el núcleo de la sociedad. Cuando una familia se desintegra afecta a toda la comunidad. Tercero, honrar a nuestros padres es un mandamiento con promesa: "para que te vaya bien y seas de larga vida sobre la tierra". La desobediencia con frecuencia termina en amargura, y hasta en muerte prematura. La rebelión contra los padres es también rebelión contra Dios.

DESARROLLO DE LA LECCIÓN

¿Qué significa honrar?

Escriba en la pizarra la siguiente definición: *Honrar: respetar a alguien; enaltecer o premiar su mérito; dar honor o celebridad* (RAE, *Diccionario de la Real Academia Española*).

Permita que algunos expresen lo que para ellos significa honrar. Use una Biblia con concordancia para encontrar versículos que hablen acerca de la honra.

Explíqueles que honramos a alguien que merece respeto por lo que ha hecho o lo que representa. En la clase de hoy aprenderemos por qué debemos honrar a nuestros padres.

Mis padres

Provea hojas y lápices de colores para que sus alumnos realicen un dibujo o escriban un párrafo sobre lo que sus padres representan para ellos.

Otorgue unos minutos para que realicen la actividad, y luego permita que algunos voluntarios le cuenten al grupo lo que hicieron. Peguen todos los dibujos en una cartulina para armar un mural.

Después indíqueles que mantener una buena relación con los padres no siempre es fácil. Sin embargo, Dios nos dejó algunas instrucciones precisas en la Biblia para enseñarnos cómo debemos tratarlos.

Sea sensible hacia los alumnos que hayan perdido a sus padres o se encuentren en una situación de desintegración familiar. Afirme que, aunque sus padres no estén con ellos, hay otras personas que se encargan de cuidarlos y educarlos como si fueran sus propios padres. Anímelos y, si es necesario, converse con ellos después de clase.

Honrar... ¿qué, a quién, por qué?

Mientras distribuye los libros de trabajo, pregunte a sus alumnos: *¿Conocen a alguna persona que hace poco tiempo haya recibido un reconocimiento especial o una mención honorífica?* Permita que respondan.

Además, pregunte: *Si ustedes fueran a recibir un premio y pudieran elegirlo, ¿qué pedirían?*

Luego, solicite que abran el libro del alumno en la página 17 y que, en las tres tarjetas en blanco, escriban los nombres de personas que ellos creen que merecen un reconocimiento y por qué.

Permita el tiempo necesario para que completen la actividad. Asegúrese de que no anoten a personajes famosos, sino a personas de su iglesia o comunidad que hayan hecho algo digno de honor. Luego que hablen de algunos de sus nominados y que mencionen por qué los eligieron. Preste atención para ver si alguno incluyó a sus padres en la lista.

Después dígales: *Muchas personas son dignas de recibir reconocimiento por algo que hicieron. Sin embargo, existe un grupo de personas especiales a las que Dios nos manda honrar. Estudiaremos más sobre ello en nuestra historia bíblica.*

HISTORIA BÍBLICA

Comience la historia bíblica diciendo: *Todas las personas tienen diferentes opiniones acerca de la forma en que los hijos deben tratar a sus padres. Muchos autores escribieron libros sobre este tema. Hoy aprenderemos las enseñanzas que el Nuevo y el Antiguo Testamentos nos dan al respecto. Empecemos con el Antiguo Testamento.*

Pida a sus alumnos que busquen Éxodo 20:12 y deje que un voluntario lo lea.

Pregúnteles: *¿Qué nos dice Dios en este pasaje acerca de cómo deben tratar los hijos a sus padres?* Escuche sus respuestas.

Luego, divida la clase en parejas para que continúen con esta actividad. Pídales que abran el libro del alumno en la página 18, que busquen los pasajes bíblicos y que escriban las respuestas en los espacios en blanco.

Explíqueles que en todos estos pasajes de la Escritura Dios les da las pautas sobre cómo deben tratar a sus padres.

Como repaso, le sugerimos que divida su clase en cuatro grupos y les asigne uno de los siguientes pasajes a cada uno: Mateo 15:3-6; Lucas 2:51-52; Juan 19:25-27; y Efesios 6:1-3.

Cada grupo debe improvisar una breve representación sobre cómo honrar a sus padres según el texto bíblico que se le asignó.

ACTIVIDADES

¡Todos tienen algo que decir!

Mientras sus alumnos vuelven a sus asientos, dígales: *Hay ocasiones en las que padres e hijos no están de acuerdo. Eso significa que tienen puntos de vista diferentes. A pesar de eso, los hijos deben tratar de entender la actitud de sus padres y decirles lo que están pensando. ¿Alguna vez dudaron de contarles algo a sus padres?* Escuche sus respuestas, y dígales que, como en toda relación humana, la comunicación entre padres e hijos es fundamental para que haya comprensión.

Pídales que cada uno escriba en la página 19 un mensaje para sus padres. Después dígales que escriban otro para sus compañeros que estén atravesando la misma situación que ellos y necesiten ayuda. Por ejemplo, pueden sugerir maneras de mejorar la comunicación en casa o formas de honrar a sus padres.

Si lo desean, permita que cuenten al grupo lo que escribieron en este último mensaje.

¿Cómo puedo respetar a mis padres?

Den vuelta la hoja para realizar la actividad de la página 20. Allí encontrarán una lista de acciones que demuestran respeto hacia los padres. Mientras leen cada frase, pídales que evalúen la frecuencia con que realizan esa acción, poniendo una X en la columna que corresponda a su respuesta.

Un cupón especial

Dirija la atención de sus alumnos a la parte inferior de la página 20, para que completen los espacios en blanco del cupón, escribiendo la forma en que respetarán a sus padres durante esta semana (por ejemplo: hacer lo que mis padres me soliciten, limpiar mi habitación sin que mis padres me lo pidan, colaborar en las tareas de la casa, etc.).

Provéales tijeras para que recorten el cupón y lo lleven a su casa como un regalo especial para sus padres.

PARA TERMINAR

Repasen el texto para memorizar un par de veces. Luego, diríjalos en un tiempo de oración, pidiendo a Dios que los ayude a respetar y a obedecer a sus padres.

Entonen algunos cantos antes de despedirse, y anímelos a asistir a horario a la próxima clase.

notas

_____

_____

_____

_____

_____

_____

_____

_____

_____

_____

_____

_____

_____

_____

_____

_____

_____

_____

_____

_____

_____

_____

¿Qué ves?

Base bíblica: Éxodo 20:13; Mateo 5:21-22; Efesios 4:26; Santiago 1:19-20.

Objetivo de la lección: Que los preadolescentes aprendan a someter sus pensamientos a Dios y no dejarse guiar por la violencia.

Texto para memorizar: *"Y amarás al Señor tu Dios con todo tu corazón, y con toda tu alma, y con toda tu mente y con todas tus fuerzas. Este es el principal mandamiento. Y el segundo es semejante: Amarás a tu prójimo como a ti mismo"* (Marcos 12:30-31a).

¡PREPÁRESE PARA ENSEÑAR!

Vivimos en una cultura de violencia. Basta un vistazo para darnos cuenta de que los medios de comunicación nos bombardean con estos contenidos a través de revistas, libros, videojuegos, televisión, cine, etc., haciéndoles ver la violencia como algo normal. La mayoría de los niños cuando lleguen a los 18 años habrán visto miles de asesinatos por televisión.

Por esa razón les resulta fácil acostumbrarse a esta "forma de vida violenta". Es importante que, mediante la enseñanza de esta lección, sus alumnos aprendan a no dejarse influir por el enemigo. Cada día se enfrentan a la violencia en la escuela, el vecindario y hasta en el hogar. Cada vez es mayor el índice de jovencitos que llevan armas a la escuela. Las pandillas están creciendo cada vez más entre jóvenes que desean aceptación. Y, en una de cada cinco familias, hay violencia doméstica.

Uno de los Diez Mandamientos, "no matarás", nos enseña a valorar la vida del prójimo. Jesús extendió aún más este mandamiento al mostrar a sus seguidores la relación entre el odio y el homicidio. Los preadolescentes necesitan aprender a controlar su enojo antes de que los lleve a la violencia.

COMENTARIO BÍBLICO

Éxodo 20:13. La vida es un regalo que Dios nos da, por eso quitársela a un ser humano es como tomar el lugar que le corresponde a Dios. El Señor le dio a su pueblo un mandamiento muy específico en cuanto al asesinato y, como consecuencia, contra la violencia.

Efesios 4:26. En este pasaje Pablo nos dice que es mejor resolver los conflictos antes que se ponga el sol. Esto no es sencillo, pero debemos intentarlo, pues el enojo que se guarda en el corazón puede convertirse en amargura o resentimiento. Este tipo de sentimientos nos llevan a cometer actos que desagradan a Dios.

Santiago 1:19-20. Este pasaje contiene consejos para evitar los problemas derivados de la ira y el enojo. Nos aconseja que seamos prontos para escuchar, y tardos para hablar o enojarnos. Sus alumnos aprenderán que la violencia produce más violencia.

Ore para que Dios dirija la vida de sus alumnos y los ayude a apartarse de todo lo que los conduzca a la violencia.

DESARROLLO DE LA LECCIÓN

Dé la bienvenida a sus alumnos y pida que un voluntario ore para iniciar la clase. Explíqueles que en la lección de hoy estudiarán un tema muy importante, por lo que deben prestar mucha atención.

Mis ojos

En el centro de la pizarra escriba: "MIS OJOS" y pida a sus alumnos que digan para qué les sirven sus ojos. Anote todas las respuestas en la pizarra, uniéndolas con flechas a las palabras centrales.

Luego, dígales: *Dios nos dio los ojos como un regalo maravilloso. A través de ellos vemos y aprendemos mucho. Sin embargo, a veces los usamos incorrectamente y miramos imágenes que llenan nuestra mente de pecado. En la lección de hoy abordaremos este tema.*

Mis programas favoritos

Abran el libro del alumno en la página 21, y dé tiempo para que ellos escriban cinco programas de televisión, películas o videojuegos favoritos. Después permita que algunos voluntarios cuenten lo que les atrae de esos programas.

Dígales: *Si observamos a nuestro alrededor, podemos encontrar violencia en casi cualquier lugar, incluso en los libros, programas de televisión, películas y videojuegos. ¿Qué significa violencia?* (Deje que ellos definan el término).

Luego, pídales que clasifiquen cada programa según la escala de violencia en la parte inferior de la página.

Conversen sobre los resultados de la evaluación. ¿Cuántos programas no tienen contenido violento? ¿Cuántos tienen alto contenido violento? Preste especial atención a los programas que alcanzaron dos o tres puntos.

Pregúnteles: *¿Por qué piensan que muchos de nuestros libros, programas de televisión, películas y videojuegos favoritos son tan violentos?* (Escuche sus respuestas y conversen al respecto).

Como conclusión de la actividad, dígales: *La violencia y el enojo son comunes en nuestros días. Hoy estudiaremos qué nos dice la Biblia sobre ellos.*

HISTORIA BÍBLICA

Pida a la clase que imagine que son miembros de una nueva ciudad llamada "Megatrópolis", pero que, como es nueva, no tiene reglas. Cada uno debe participar aportando una regla para la ciudad.

Escriba todas las reglas en la pizarra, y explíqueles que estas son importantes porque nos ayudan a vivir en armonía y a respetarnos unos a los otros.

Desde el principio de la creación, Dios sabía que es imprescindible controlar los sentimientos humanos. Por eso, en su Palabra, proveyó reglas para ayudar a su pueblo a mantener los sentimientos bajo control.

Divida la clase en tres equipos, y asigne a cada uno de los grupos preguntas de la página 22 del libro del alumno. Dígales que las respondan basándose en el pasaje bíblico sugerido.

Después de que cada grupo haya terminado, permita que un voluntario de cada equipo lea la porción de la Escritura que le tocó y las respuestas que encontraron.

Explíqueles que Dios desea que nos mantengamos lejos de la violencia. Por eso es importante cuidar lo que vemos en la televisión o aprendemos de nuestros amigos, y someternos a los principios bíblicos que nos ayudan a vivir mejor.

ACTIVIDADES

¡No te enojes!

Para esta actividad necesitará hojas y lápices. Distribuya los materiales a sus alumnos, y pídales que dividan la hoja en dos. En la primera parte deben escribir distintas situaciones que los hacen enojar (por ejemplo: que no me presten atención, no tener tiempo para jugar, que no me den lo que quiero, etc.).

En la segunda parte deben escribir algunas sugerencias que pueden tener en cuenta para resolver esta situación y controlar el enojo.

Permita que cuenten sus respuestas y anímelos a buscar la ayuda de Dios cuando el enojo quiera controlar sus emociones.

¡No a la violencia!

Que sus alumnos se sienten formando un círculo, y pregúnteles de qué forma pueden evitar que la violencia forme parte de su vida. Escriba las sugerencias en la pizarra, y armen un código de conducta, el cual se comprometerán a cumplir (por ejemplo: no ver programas de televisión que promuevan la violencia, no comprar videojuegos que inciten al homicidio, alejarse de situaciones de violencia en las que quieran involucrarnos, etc.).

Escriba en una hoja grande todas estas sugerencias, y colóquela en un lugar visible del salón. Recuérdeles que Dios desea que obedezcamos sus mandamientos para vivir felices y en paz.

Juego de memorización

Escriba las frases del texto bíblico para memorizar (Marcos 12:30-31) en diferentes tarjetas, y escóndalas por el salón antes de iniciar la clase.

Pida a sus alumnos que busquen las tarjetas y traten de poner en orden el texto lo más rápido posible. Si desea, realice esta actividad por equipos.

Después, dígales que todos repitan juntos el texto un par de veces antes de finalizar la clase.

PARA TERMINAR

Oren dando gracias a Dios por las enseñanzas de hoy, y pídanle que los ayude a proteger sus ojos de todo lo que incite a la violencia y al enojo.

Anímelos a vivir según los mandamientos de Dios y, si es necesario, llámelos o visítelos durante la semana.

Dígales que la próxima lección se titula: "Soy muy especial", y trata un tema importante para todos ellos.

Despídanse entonando un canto de alabanza.

Soy muy especial

Base bíblica: Génesis 1:27-31; Éxodo 20:14; Salmos 119:9; Mateo 5:27-28; Efesios 5:3-4.

Objetivo de la lección: Que los preadolescentes comprendan que Dios desea que se mantengan puros delante de él.

Texto para memorizar: *"Y amarás al Señor tu Dios con todo tu corazón, y con toda tu alma, y con toda tu mente y con todas tus fuerzas. Este es el principal mandamiento. Y el segundo es semejante: Amarás a tu prójimo como a ti mismo"* (Marcos 12:30-31).

¡PREPÁRESE PARA ENSEÑAR!

Sus alumnos están en una edad de cambios. Cada día experimentan algo nuevo en todas las áreas de su vida, incluyendo su desarrollo físico y emocional. Es en esta etapa cuando comienzan a descubrir que los del sexo opuesto no son tan feos como pensaban antes, y buscan relacionarse más con ellos. Eso es muy normal, ya que es parte del proceso de cambios. Por eso es importante que aprendan el punto de vista de Dios acerca de la sexualidad humana.

A través de los medios de comunicación, a sus alumnos se los bombardea de continuo con información inadecuada acerca de las relaciones de pareja y la sexualidad. Muchos de esos medios tratan estos temas de manera impura e indebida. El enemigo se encarga así de dar información indebida a los preadolescentes para llevarlos a tomar malas decisiones en el terreno sexual.

Dios desea que todos vivamos en santidad. Por lo tanto, sus alumnos deben aprender que la inmoralidad sexual que promueven los medios de comunicación y la sociedad no es aceptable ante Dios. Ellos necesitan la enseñanza sana que da la Biblia.

COMENTARIO BÍBLICO

Génesis 1:27-31. Dios creó al hombre y a la mujer, y bendijo su sexualidad. La intimidad sexual es un regalo de Dios para el ser humano que debe disfrutarse conforme a sus ordenanzas. El sexo se convierte en algo sucio cuando se utiliza de una manera distinta del propósito para el que fue creado. Sus alumnos necesitan saber que Dios desea que se conserven en pureza sexual. Él quiere cuidarlos de las tentaciones sexuales, pero para ello necesitan buscar su guía y dirección.

Efesios 5:3-4. En su carta a los Efesios, el apóstol Pablo nos habla de la importancia de tener una vida pura. Allí presenta una lista de seis pecados que deben estar lejos de la vida del cristiano: fornicación (inmoralidad), impureza, avaricia, palabras deshonestas, necedades y groserías.

En su Palabra, Dios advierte acerca de los peligros de vivir según los deseos de este mundo y olvidar los preceptos divinos.

Es nuestra oración que Dios lo use para sembrar en el corazón de sus alumnos el deseo de mantenerse puros delante de él.

DESARROLLO DE LA LECCIÓN

Agua limpia y agua sucia

Para esta actividad necesitará dos recipientes de vidrio, dos tazas de agua limpia (purificada) y dos tazas de agua sucia.

Antes de que lleguen sus alumnos, coloque los dos recipientes sobre la mesa, y tenga a mano las tazas de agua. Para el agua sucia, le sugerimos que añada dos cucharadas de tierra o colorante vegetal oscuro.

A medida que lleguen los jovencitos, pídales que se sienten frente a la mesa, e inicie la clase con una oración.

Después, vacíe el agua limpia en un recipiente y el agua sucia en el otro. Dígales: *Quiero compartir un poco de agua con ustedes. Elijan la que quieran beber.* Obviamente todos elegirán el agua limpia. Pregúnteles por qué. Después de escuchar sus respuestas, comente que cuando el agua está sucia nadie desea tocarla, y mucho menos beberla. Sin embargo, cuando el agua está pura, sin nada que la contamine, podemos beberla con confianza.

En la clase de hoy hablaremos acerca de algo que contamina al hombre. También veremos lo que la Biblia nos dice acerca de vivir en pureza.

Guarde los recipientes con agua para usarlos más adelante.

¿Qué venden?

Pregunte a la clase: *¿Recuerdan algunos de los anuncios comerciales o publicitarios que pasan por televisión?* Permita que respondan. Luego pregunte: *¿Por qué los recordamos con tanta facilidad?*

Después de escuchar dos o tres ejemplos, pida a sus alumnos que abran su libro en la página 23 y que hagan una lista de los cinco comerciales que más les gustan.

Luego pregúnteles: *¿Por qué fue tan fácil para ustedes recordar esos anuncios?* Escuche sus respuestas y escríbalas en la pizarra. *¿Son atractivas las personas que salen en los comerciales? ¿Visten con decencia? ¿Cómo se sienten ustedes cuando miran esas imágenes?*

Pídales que observen las ilustraciones de la hoja de trabajo, y coloquen un O en las que promueven la inmoralidad sexual para vender su producto, y un **?** en las que no lo hacen.

Mientras trabajan, dígales: *La semana pasada estudiamos la influencia que la violencia ejerce en nuestra vida y la forma en que los medios de comunicación hacen que parezca algo normal. Lo que vemos y oímos también nos puede transmitir ideas equivocadas sobre la sexualidad. Muchos anuncios publicitarios usan imágenes y mensajes que promueven la conducta sexual impura. Sin embargo, la Biblia nos enseña algo muy diferente.*

HISTORIA BÍBLICA

Sus alumnos aprenderán con mayor facilidad la verdad bíblica al trabajar en equipo e investigar, que solo escuchando. Por eso, le sugerimos que divida la clase en tres equipos, y que cada uno responda un grupo de preguntas de la página 24 del libro. Prévéales Biblias, diccionarios y otros recursos que tenga a mano.

Ayúdelos a aclarar las dudas que surjan mientras trabajan juntos, y pídales que anoten sus respuestas en una hoja. Por último, cada equipo expondrá sus conclusiones a los demás.

ACTIVIDADES

¡Cuidado con la telaraña!

Para esta actividad necesitará una madeja de hilo, lana o estambre.

Acomode a sus alumnos formando un círculo, y colóquese usted en el centro sosteniendo la madeja de hilo. Entregue un extremo de la madeja a uno de los alumnos y pídale que la sostenga con firmeza, mientras usted da vueltas alrededor del grupo, enredándolos en su "telaraña".

Mientras lo hace, dígales que la tentación sexual es como una telaraña. Aunque piensen que es solo un pensamiento inadecuado o una palabra impropia, ese pecado poco a poco los envolverá hasta que queden completamente atrapados. Explíqueles que el material con el que las arañas fabrican sus telarañas tiene una sustancia pegajosa. Esta hace que los insectos que se acercan queden pegados, y sean presa fácil de la araña. Lo mismo sucede con las tentaciones sexuales. Muchos son atraídos hacia ellas por un poderoso imán. Sin embargo, el final siempre es desastroso.

Deje que los jovencitos traten de desenredarse solos, pero si no pueden ayúdelos a salir antes de iniciar la próxima actividad.

¿Qué harías?

Esta actividad ayudará a sus alumnos a relacionar el tema de estudio con algunas situaciones que enfrentan en su vida cotidiana.

Lea en voz alta cada situación, y permita que sus alumnos respondan qué harían para lidiar con la tentación y alejarse de ella.

- Mientras se preparaban para un partido de fútbol, Luis escuchó que sus compañeros se burlaban de una de las niñas de la escuela. ¿Qué harías si fueras Luis?
- Blanca invitó a Mariela a dormir a su casa para ver unas películas. El tema de una de las películas parecía ser solo para adultos. ¿Qué harías si fueras Mariela?
- Diego invitó a Bruno a su casa después de clases. Después de cenar, Diego sacó unas revistas. Cuando Bruno vio la portada se dio cuenta de que eran revistas pornográficas. ¿Qué harías si fueras Bruno?

Juego de memorización

Use las mismas tarjetas de la clase anterior, y colóquelas sobre una mesa. Cada participante debe ir a la mesa, tomar una tarjeta y pegarla en la pizarra, conforme el orden del texto bíblico.

Cuando hayan concluido, repitan el texto un par de veces como repaso.

PARA TERMINAR

Muestre a sus alumnos los recipientes con agua, y dígales que cuando el pecado contamina al hombre, su corazón luce como el agua sucia. Pero cuando decidimos vivir como Cristo y obedecer los mandamientos de Dios para guardarnos en pureza, nuestro corazón se vuelve tan limpio y cristalino como el agua purificada.

Guíelos en oración, pidiendo a Dios que los ayude a alejarse de las tentaciones y a mantenerse en pureza sexual.

Recuerde invitarlos a la próxima clase, para estudiar la lección "Si no es tuyo, ¡déjalo!"

Si no es tuyo, ¡déjalo!

Base bíblica: Éxodo 20:15; Efesios 4:28.

Objetivo de la lección: Que los preadolescentes sepan que robar es pecado delante de Dios, y que acarrea serias consecuencias.

Texto para memorizar: *"Y amarás al Señor tu Dios con todo tu corazón, y con toda tu alma, y con toda tu mente y con todas tus fuerzas. Este es el principal mandamiento. Y el segundo es semejante: Amarás a tu prójimo como a ti mismo"* (Marcos 12:30-31a).

¡PREPÁRESE PARA ENSEÑAR!

Aunque robar es algo común entre los preadolescentes y los de menos edad, algunos dirán que nunca tomaron nada que no les pertenezca. Quizá estén en lo cierto, o tal vez tengan una idea equivocada sobre el robo. Algunos desconocen que robar incluye hacer trampa en los juegos o copiarse durante los exámenes.

Puesto que la imagen personal y el reconocimiento popular son muy importantes para los jovencitos en esta etapa, tratan de hacer cualquier cosa para ganar la aceptación de sus compañeros.

A algunos los presionan a robar en una tienda para probar que son valientes. Otros buscan las mejores estrategias para engañar a los maestros y ser el centro de atención del grupo.

Es importante que sus alumnos entiendan que para Dios el robo es pecado, ya sea que se trate del robo de una revista o de un asalto al banco. Robar siempre traerá consecuencias negativas para sus vidas y, sobre todo, en su relación con Dios.

COMENTARIO BÍBLICO

Éxodo 20:15. El octavo mandamiento es simple y directo: "No hurtarás". A veces pensamos que no tendremos problema de cumplir esta ordenanza de Dios porque nunca hemos robado. Sin embargo, algunos ignoran que este mandamiento abarca mucho más de lo que piensan. Por ejemplo, también hurta el empleado que toma, sin que otros se den cuenta, artículos de la oficina para su uso personal, el que no paga sus impuestos, el amigo que pide dinero prestado sin intención de devolverlo, el estudiante que hace trampa en el examen, etc.

El pueblo de Israel tenía un concepto de propiedad muy distinto al que nosotros conocemos. Para ellos, la propiedad era una extensión del propietario. Por tanto, hurtar una propiedad era una violación contra la persona misma.

Robar o hurtar es pecar contra las personas, porque pensamos solo en nuestro bien, olvidando las necesidades del prójimo. Pero también es pecar contra Dios, porque violamos sus mandamientos.

Por supuesto, robar o hurtar siempre trae consecuencias. Estas pueden ser morales, emocionales, familiares e incluso legales, pero la consecuencia más grave es que nos aleja de la presencia de Dios.

DESARROLLO DE LA LECCIÓN

¡Sorpresa!

Pida a sus alumnos que coloquen sobre la mesa alguno de sus objetos de valor (reloj, anillo, monedero, llaves, etc.), y luego regresen a sus asientos.

Muestre todos los objetos a la clase y haga algunos comentarios sobre ellos. Después, separe dos de los objetos y entregue el resto a sus dueños.

Mostrando los objetos que separó, diga a sus alumnos que desea quedarse con ellos porque son muy lindos y guárdelos en su bolsillo. Seguramente, los dueños no estarán de acuerdo, así que aproveche y pregúnteles por qué.

Use esta actividad para ayudar a los alumnos a comprender cómo se sienten las personas cuando les roban algo. Dígales: *A todos nos desagrada perder objetos de nuestra propiedad, sobre todo cuando nos los robaron. Todos sabemos que robar es malo. En la clase de hoy veremos qué nos dice la Escritura acerca del robo.*

¡Arriba las manos!

Pida a los alumnos que abran la página 25 del libro de trabajo, y escriban cinco objetos de su propiedad que no extrañarían si se los robaran. Deje que algunos voluntarios cuenten lo que escribieron.

Luego, pida que escriban cinco objetos que no les gustaría que les robaran.

Pregúnteles: *¿Cómo se sentirían si les robaran un objeto que han cuidado por mucho tiempo?*

Escuche sus respuestas, y explíqueles que no importa el valor del objeto, el robo siempre hace que las personas se sientan inseguras. La lección de hoy nos enseña lo que la Biblia dice sobre el robo.

HISTORIA BÍBLICA

Le sugerimos que use la actividad de la página 26 del libro del alumno para enseñar la verdad bíblica de esta lección.

Provéales un diccionario bíblico para que busquen la definición de robo y restitución, y las comparen con las que se presentan en el libro de trabajo.

Después, reúnalos en pequeños grupos para que respondan las cuatro preguntas que se sugieren, consultando los pasajes bíblicos. Dé tiempo para que cada equipo diga sus respuestas a toda la clase.

ACTIVIDADES

Diferentes clases de robo

Centre la atención de los preadolescentes en el libro del alumno, y dígales: *A menudo, pensamos que robar solo significa tomar algo que no nos pertenece, pero el robo abarca otras acciones que no agradan a Dios. Esta actividad nos ayudará a reconocer algunas.*

Permita que sus alumnos lean las diferentes manifestaciones del robo.

Hurtar: tomar algo sin que se den cuenta y no pagarlo. También comete hurto la persona que da menor peso o medida cabal que el que dice dar.

Copiar: usar las ideas de otra persona como si fueran de uno.

Defraudar o estafar: quitarle a una persona algo mediante engaños.

Difamar: Desacreditar a una persona, de palabra o por escrito, para dañar su reputación.

Vandalismo: Dañar la propiedad de otra persona a propósito.

Ratear: Robar o hurtar con destreza y sutileza cosas pequeñas.

Ayúdelos a entender que para cumplir el octavo mandamiento no debemos caer en ninguna de las formas de hurto que acabamos de mencionar. Así honraremos a Dios y obedeceremos su Palabra.

¿Es pecado?

Permita que sus alumnos lean las situaciones que se describen en las páginas 26 y 27 del libro de trabajo. Luego, discutan si los mencionados en esos casos están quebrantando este mandamiento de Dios.

Si lo desea, pida que trabajen en parejas. Use los ejemplos para ilustrar las diversas formas en que se puede caer en este pecado.

Las consecuencias de robar o hurtar

Dé tiempo para que sus alumnos lean las frases de la página 28 del libro. Pídales que piensen en cada situación y escriban posibles consecuencias que ese tipo de robo podría acarrearles.

Sin dudas obtendrá una variedad de respuestas. Pero, ayúdelos a comprender que cualquier tipo de robo es pecado y afecta nuestra relación con Dios. Esa es la mayor consecuencia.

Luego, reflexionen sobre la pregunta: "¿Cómo puedes evitar las consecuencias?" Dígales que es necesario pedir perdón a Dios y a la persona a la que dañamos. La Biblia nos enseña que la restitución es muy importante. Levítico 6:5 dice: "Lo restituirá por entero a aquel a quien pertenece".

Sin embargo, la forma más importante de evitar las consecuencias es alejándonos de toda clase de pecado.

PARA TERMINAR

Reúnanse formando un círculo para mencionar pedidos de oración. Solicite que dos alumnos intercedan por sus compañeros.

Luego, dé gracias a Dios por habernos dado pautas de conducta que nos ayudan a vivir correctamente delante de él.

Anímelos a evitar toda clase de robo para mantener firme su relación con Dios.

Por último, repasen juntos el texto para memorizar un par de veces, y entonen cánticos de alabanza para concluir.

Mentir trae consecuencias

Base bíblica: Éxodo 20:16; Proverbios 12:22; Hechos 5:1-10; Efesios 4:25.

Objetivo de la lección: Que los alumnos comprendan que mentir tiene serias consecuencias.

Texto para memorizar: *"Y amarás al Señor tu Dios con todo tu corazón, y con toda tu alma, y con toda tu mente y con todas tus fuerzas. Este es el principal mandamiento. Y el segundo es semejante: Amarás a tu prójimo como a ti mismo"* (Marcos 12:30-31).

¡PREPÁRESE PARA ENSEÑAR!

¿Notó que algunas personas hacen mucho énfasis en la honestidad y la verdad, pero solo aplican el principio a otros y no a ellos mismos? Esta actitud es común entre los preadolescentes. Aunque afirmen que mentir es incorrecto, no tienen problema en exagerar una historia o mentir para agradar a sus amigos. El deseo de ser aceptados los lleva a tergiversar la verdad.

Nuestros alumnos necesitan aprender a vivir en integridad porque si no es así, crecerán sin una noción adecuada de la honestidad. En una sociedad en decadencia, nuestras iglesias deben esforzarse en enseñarles principios bíblicos que los ayuden a ser mujeres y hombres íntegros, honestos y santos.

COMENTARIO BÍBLICO

Éxodo 20:16. Cuando Dios les dio este mandamiento a los israelitas, él sabía el impacto que tendría sobre su pueblo. En una sociedad que vivía errante por el desierto, muchos de los crímenes que se cometían se castigaban con la pena de muerte. Mentir podía llevar a la persona a sufrir el castigo capital. El sistema de justicia hebreo era muy estricto respecto a cuestiones morales relacionadas con la integridad de la persona.

Hechos 5:1-10. La historia de Ananías y Safira nos enseña dos verdades importantes: Cuando una persona miente afecta su relación con la víctima de esa mentira y, por supuesto, también afecta su relación con Dios.

Cuando Ananías y Safira trataron de engañar a los apóstoles, dándoles menos dinero del que habían recibido por la tierra que vendieron, no solo estaban mintiendo a los siervos de Dios sino al Espíritu Santo. Su mentira trajo como consecuencia un terrible castigo: la muerte, pero sobre todo, su separación eterna de Dios.

DESARROLLO DE LA LECCIÓN

¿Qué es mentir?

Escriba en la pizarra la siguiente definición:

Mentir es *"decir o manifestar lo contrario de lo que se sabe, cree o piensa; fingir; falsificar algo; faltar a lo prometido; quebrantar un pacto"* (RAE).

Pida a los preadolescentes que lean la definición y den algunos ejemplos de lo que es la mentira.

Increíble, pero real

Entregue tarjetas o papeles pequeños a sus alumnos para que escriban dos hechos (sobre ellos mismos o sus familiares) que sean increíbles pero reales. Por ejemplo: "Mi tío Fernando tiene una colección de más de 150 lapiceras". "Mi hermano menor puede mover los ojos y las orejas al mismo tiempo", etc.

Le sugerimos que, a medida que lleguen los alumnos, les cuente sobre esta actividad. Así tendrán más tiempo para pensar.

Recoja las tarjetas, y lea el contenido de cada una para que ellos adivinen a quién pertenece.

Pregúnteles: *¿Por qué es tan difícil distinguir entre la verdad y la mentira?*

Después de escuchar sus respuestas, dígales que hoy estudiarán lo que la Biblia dice sobre la mentira.

HISTORIA BÍBLICA

Que sus alumnos se sienten formando un círculo. Dígales: *La historia bíblica de hoy nos muestra cómo la mentira entra en el corazón de una persona y daña su relación con Dios.*

Pídales que busquen Hechos 5:1-10 en sus Biblias, o la página 29 del libro del alumno.

Asigne versículos o párrafos para que los alumnos los lean. Si su grupo es pequeño, una persona puede leer un párrafo completo o todo el pasaje bíblico.

Es importante que les aclare cuál fue el pecado de Ananías y Safira que los condenó a la muerte. Organice una ronda de preguntas y respuestas para conversar más sobre el tema de la mentira y sus consecuencias en la vida de los preadolescentes.

ACTIVIDADES

¿Es mentira?

A través de esta actividad sus alumnos aprenderán que la mentira, al igual que el robo, se presenta de diferentes formas.

Escriba las siguientes palabras en tarjetas de colores: mentira piadosa, chisme, exageración, perjurio, difamación. Esconda las tarjetas por el salón para que todos las busquen.

Cuando hayan encontrado todas, péguenlas en la pizarra y explique el significado de cada una. Es importante que sus alumnos entiendan que mentir no es solo decir algo falso, sino exagerar la verdad, ocultarla, tergiversarla, etc.

¿Creerías estas mentiras?

Divida la clase en pequeños grupos para que trabajen con las páginas 30 y 31 del libro del alumno.

Lo primero que deben hacer es escribir algunas situaciones que ejemplifiquen cada tipo de mentira. Después, escribirán una o más consecuencias que puedan derivarse de cada situación.

Cuando todos los grupos hayan concluido, comenten las conclusiones. Luego, explíqueles que la mentira siempre trae consecuencias, afectando nuestra relación con las personas, pero sobre todo afecta nuestra relación con Dios.

Recuerde que siempre es importante verificar la información que sus alumnos hayan escrito en sus libros de trabajo, y esclarecer los conceptos en los que tengan dudas.

La prueba de la verdad

Den vuelta la hoja, y pídales que centren su atención en la página 32 del libro del alumno. Dígales: *Lean cada una de las frases y decidan si son falsas o verdaderas. Escriban el número 1 si se trata de una declaración verdadera y el 2 si es falsa.*

Luego, que lean otra vez las frases, reemplazando "muchos jovencitos" por "yo", haciendo los cambios necesarios. Recuérdeles que deben ser honestos al contestar las preguntas. Si reconocen que aún se inclinan a mentir, dígales que Dios desea ayudarlos a ser honestos y a decir siempre la verdad.

¿Qué dice Dios sobre la mentira?

Pida a sus alumnos que busquen Proverbios 12:22 y lo lean. Explíqueles que, a través de esta porción del Antiguo Testamento, Dios nos enseña que él detesta los labios mentirosos, pero se deleita en los hombres que dicen la verdad.

Luego, busquen Efesios 4:25 y léanlo en voz alta. Dígales que Pablo enseñó a los cristianos a decir la verdad y a ser honestos con su prójimo.

Use la concordancia de la Biblia para buscar otros pasajes relacionados con la mentira, que puedan servir a sus alumnos para comprender esta verdad bíblica.

PARA TERMINAR

Exhorte a la clase a decir siempre la verdad para cumplir con las ordenanzas de Dios. Recuérdeles una vez más que mentir trae consecuencias, y lo peor de todo es que deteriora nuestra relación con Dios.

Dediquen un tiempo para interceder por las peticiones y por los alumnos que faltaron a clase o están enfermos. También pidan al Señor que los ayude a hablar siempre la verdad y evitar la mentira y el engaño.

Invite a los preadolescentes a la siguiente clase para estudiar la última lección de la unidad.

notas

No codiciarás

Base bíblica: Éxodo 20:17; Mateo 6:19-21, 24-31; Filipenses 4:10-13, 19; Hebreos 13:5.

Objetivo de la lección: Que los preadolescentes comprendan por qué es importante evitar la codicia.

Texto para memorizar: *"Y amarás al Señor tu Dios con todo tu corazón, y con toda tu alma, y con toda tu mente y con todas tus fuerzas. Este es el principal mandamiento. Y el segundo es semejante: Amarás a tu prójimo como a ti mismo"* (Marcos 12:30-31).

¡PREPÁRESE PARA ENSEÑAR!

Solo basta dar una mirada a nuestro alrededor, o a los medios de comunicación, para darnos cuenta de que vivimos en una sociedad materialista. El éxito no se mide por la espiritualidad, la inteligencia o la integridad, sino por las posesiones materiales y la posición económica. Vecinos y parientes compiten entre sí para ver quién puede tener la mejor casa, el auto más costoso, más ropa o más joyas.

Desear tener posesiones no es malo. Pero, desear las posesiones ajenas, envidiar la prosperidad material o afanarse por conseguir lo material es peligroso, porque se convierte en codicia.

Los jovencitos no están ajenos a eso. Incluso la escuela puede convertirse en el lugar donde cada uno quiere lucir sus mejores pertenencias. En esta lección aprenderán que los mandamientos de Dios nos ordenan no codiciar las pertenencias de los demás, y que la codicia es un pecado que nos aleja de él.

COMENTARIO BÍBLICO

Éxodo 20:17. Dios les dio este mandamiento a los israelitas para ayudarlos a que vivieran en armonía en su comunidad. El mandamiento prohíbe el deseo de tener lo que otros poseen. Es importante saber que la codicia muchas veces nos lleva a violar otros mandamientos.

La palabra hebrea que se usa para codiciar significa "desear" o "desear para sí mismo". El deseo de poseer algo no es malo, pero cuando se convierte en obsesión caemos en el pecado de la codicia.

Si codiciamos algo, nos sentimos insatisfechos con lo que tenemos y buscamos por todos los medios satisfacer nuestra "necesidad".

En el Nuevo Testamento, Dios nos da el remedio para alejarnos de la codicia: "Sean vuestras costumbres sin avaricia, contentos con lo que tenéis ahora" (Hebreos 13:5a).

Pero lo más importante es comprender que no son las posesiones las que nos hacen felices, sino el gozo de saber que Dios prometió que no nos dejaría ni nos desampararía.

DESARROLLO DE LA LECCIÓN

Repaso general

Hoy concluimos el estudio de la unidad más extensa de todo el año, así que le sugerimos que realice una actividad para repasar con sus alumnos los mandamientos que estudiaron. Por ejemplo, podría organizar una pequeña mesa redonda para discutir por qué es importante guardar los mandamientos de Dios. O pida que algunos voluntarios digan en voz alta cada uno de los mandamientos.

¡Lo quiero todo!

Para esta actividad necesitará hojas, pegamento, tijeras y revistas usadas.

Coloque los materiales sobre la mesa y reparta una hoja a cada uno. Pida que en las revistas busquen ilustraciones de cosas que desearían poseer, que las recorten y las peguen en la hoja. Le sugerimos que lleve suficientes revistas para todos.

No se sorprenda si el espacio de la hoja no es suficiente o si los deseos de sus alumnos son demasiado materialistas. Recuerde que viven en una sociedad en la que el valor de las personas se determina por el valor de sus posesiones.

Luego, pregúnteles por qué y para qué necesitan esos objetos. Es muy probable que la mayoría solo "los quiera", sin tener una razón lógica.

Use esta actividad para ayudarlos a comprender que desear algo no es malo. Pero, cuando nos obsesionamos y hacemos cualquier cosa para adquirirlo caemos en el pecado de la codicia. Dígales: *Muchas veces decimos que necesitamos algo, pero en realidad solo lo deseamos. La Biblia nos habla de lo que sucede cuando deseamos las posesiones de otras personas: se llama codicia. Hoy estudiaremos lo que es la codicia y por qué Dios la prohíbe.*

HISTORIA BÍBLICA

¡Quiero lo que tienes!

Dirija la atención de sus alumnos a la página 34 del libro de trabajo. Sepárelos en pequeños grupos para que, basándose en los pasajes bíblicos, respondan las seis preguntas sugeridas.

Conversen sobre las respuestas, y haga énfasis en las enseñanzas que el Antiguo y el Nuevo Testamentos nos dan sobre la codicia.

Si el espacio para contestar no es suficiente en la hoja de trabajo, provéales hojas para que completen la información.

ACTIVIDADES

Deseos y necesidades

Escriba en la pizarra la siguiente lista de objetos, uno debajo del otro, encolumnados. Luego, pida que varios voluntarios pasen al frente y escriban una "D" al lado a la palabra si se trata de un deseo, y una "N" si se trata de una necesidad.

Las palabras son: zapatos, mascota, bicicleta, comida, videojuegos, pantalón, joyas, el mejor reloj, muñeca, etc.

Puede añadir palabras a la lista, de acuerdo con el tiempo y el número de participantes que tenga.

Esclavos de la codicia

Abran el libro del alumno en la página 33. Dé tiempo para que sus alumnos escriban en los espacios, al lado de la cadena, las etapas por las que pasa una persona desde que desea algo hasta que comete un delito para conseguirlo.

Algunas de estas etapas pueden ser: 1) *Ver y desear* un objeto que le pertenece a otra persona; 2) *decidir* que tomaremos el objeto; 3) *planear* cómo tomarlo; y 4) *tomarlo*.

Pongan en común las respuestas. Haga énfasis en que la codicia nos lleva a quebrantar otros mandamientos, como "no matarás" o "no dirás falso testimonio".

Antídoto contra la codicia

Con anticipación, pida a los padres de sus alumnos que lo ayuden a conseguir frascos vacíos y limpios. Necesitará uno para cada jovencito.

Recorte tiras de papel, y entregue varias a cada alumno junto con el frasco. Indíqueles que en cada tira deberán escribir un motivo de agradecimiento a Dios (por ejemplo: "Doy gracias a Dios por mis padres"; "doy gracias a Dios por mi casa"; "estoy agradecido por mis juguetes", "por las flores", etc.).

Que en una de las tiras escriban: "Antídoto contra la codicia". Luego, pida que la peguen en la parte exterior del frasco. Después, que cada uno guarde en su frasco las tiras de agradecimiento que escribió.

Dígales que cuando estén descontentos y sientan un deseo fuerte de poseer algo que no les pertenece, abran el frasco y saquen una de las tiras. Eso los ayudará a recordar las bendiciones que reciben a diario de parte de Dios, y aprenderán a estar contentos con lo que tienen.

¡Esquiva la tentación!

Para esta actividad necesitará un globo desinflado para cada alumno y un trozo de estambre o lana.

Reparta los globos para que sus alumnos los inflen y escriban en ellos la tentación que los conduce con frecuencia a quebrantar alguno de los Diez Mandamientos (por ejemplo: mentir a mis compañeros, hacer trampa para ganar el partido, tomar dinero de mi mamá, etc.).

Luego, dígales que tomen un trozo de estambre o lana y amarren el globo a la parte exterior de uno de sus tobillos.

Haga hincapié en que los amigos cristianos se ayudan para vencer la tentación. Explique que, cuando dé la señal se ayudarán unos a otros para hacer que se revienten los globos. Recuérdeles que sean cuidadosos para no lastimar el tobillo de sus compañeros.

Cuando hayan reventado todos los globos, déles tiempo para que recojan la basura y la tiren. Luego, dígales que se sienten, y explíqueles que con la ayuda de Dios y el apoyo de sus amigos de la iglesia pueden vencer la tentación y seguir las leyes que Dios nos ha dado en su Palabra.

PARA TERMINAR

Abran la Biblia, y lean todos juntos Éxodo 20:1-17 como repaso final. Luego, oren dando gracias a Dios por habernos dado leyes que nos ayudan a vivir correctamente y a obedecer su voluntad.

Distribuya todos los trabajos manuales y actividades que realizaron durante estas nueve clases para que los lleven a su casa. Anímelos a obedecer y respetar los mandamientos de Dios en su vida diaria.

Dígales que en la próxima unidad estudiarán sobre un personaje bíblico que sufrió mucho, pero aprendió una gran lección.

DIOS ESTÁ CONTIGO

Bases bíblicas: Job 1:1-22; 2:1-12; 4:1-8; 8:1-6; 11:13-17; 32:1-5; 33:8-14; 38:1-11; 40:1-9; 42:1-17; Josué 7—8.

Texto de la unidad: *Todo lo puedo en Cristo que me fortalece* (Filipenses 4:13).

PROPÓSITOS DE LA UNIDAD

Esta unidad ayudará a los preadolescentes a:

❖ Reconocer la soberanía de Dios y confiar en él en los tiempos difíciles, aunque no comprendan por qué tienen que lidiar con problemas.

❖ Apreciar la presencia de Dios en medio de los tiempos de dificultad.

❖ Decidirse a seguir a Dios, y así evitar las consecuencias de tomar decisiones equivocadas.

LECCIONES DE LA UNIDAD

Lección 10: El sufrimiento de Job

Lección 11: ¿Por qué sufrió Job?

Lección 12: ¿Dónde estaba Dios?

Lección 13: Vale la pena obedecer a Dios

POR QUÉ LOS JOVENCITOS NECESITAN LA ENSEÑANZA DE ESTA UNIDAD

Es común que los preadolescentes tengan héroes y personas a las que admiran. En esta unidad estudiarán la vida, las vivencias y las decisiones de dos personajes del Antiguo Testamento que son dignos de admiración.

En este mundo, lleno de injusticias y sufrimientos, a diario enfrentamos problemas que afectan nuestra forma de sentir y pensar. Existen problemas familiares y económicos, desastres naturales, enfermedad, muerte, etc. Sus alumnos no están exentos de atravesar el "valle de sombra de muerte". Sin embargo, la palabra de Dios es clara. A través del ejemplo de Job comprendemos que, aun en medio de la situación más adversa, Dios recompensa a los justos.

Dios tiene control absoluto de todo y, siendo él soberano, no tiene que explicarnos sus acciones. Cuando los preadolescentes experimenten tiempos difíciles y de sufrimiento, quizá se pregunten por qué les sucede todo eso. En esos momentos, aunque Dios no les responda en persona, podrán recordar la historia de Job, sabiendo que Dios tiene control de toda situación. Además, aprenderán que Dios puede darles el poder y la fuerza para sobreponerse y seguir confiando en él.

El sufrimiento de Job

Base bíblica: Job 1:1-22; 2:1-10.

Objetivo de la lección: Que los alumnos comprendan que Dios tiene el control de todas las situaciones, sin importar lo difíciles que sean.

Texto para memorizar: *Todo lo puedo en Cristo que me fortalece* (Filipenses 4:13).

¡PREPÁRESE PARA ENSEÑAR!

Todos sabemos que, tanto para los adultos como para los niños, la vida no siempre es justa. Tal vez, muchas veces sus alumnos se sentirán desanimados y se preguntarán por qué tienen que atravesar problemas. Es importante que comprendan que todas las personas del mundo enfrentan situaciones complicadas y problemas difíciles de resolver. Algunos de estos son resultado de nuestras decisiones; otros ocurren porque vivimos en un mundo de pecado que nos complica.

Los jovencitos necesitan comprender que los cristianos debemos tener una actitud distinta ante los problemas. Nosotros servimos a un Dios soberano que tiene el control del mundo; sin embargo él nos da la libertad para decidir. Por lo tanto, algunos cristianos sufren las consecuencias de sus malas decisiones. Cualquiera que sea la razón del problema, los cristianos debemos confiar en Dios y reconocer que su poder es infinito.

COMENTARIO BÍBLICO

Job 1:1-22; 2:1-10. La corte divina estaba reunida, y Satanás entró a dar el reporte de sus actividades. Le dijo a Dios que Job era justo solo porque él lo había bendecido con bienes materiales. Acusándolo de comprar la lealtad de Job, afirmó que si este lo perdía todo renegaría de Dios. Puesto que el Señor confiaba en la pureza del corazón de Job, aceptó el reto de Satanás y le permitió probar la fidelidad de su siervo. Sin embargo, Dios puso un límite a las acciones del tentador.

Dios confiaba plenamente en Job, y estaba seguro de que superaría la prueba y continuaría fiel a él.

Entonces, de forma inexplicable, Job perdió todo: sus hijos, sus posesiones, sus rebaños, su salud y su prestigio. Pero, a pesar de todo, su confianza en Dios continuó intacta; durante el largo período de prueba, Job nunca renegó de él.

Lo importante en esta historia es la reacción de Job frente a esa terrible situación. Mediante estas lecciones, Dios quiere enseñarnos a soportar la prueba tomados de su mano, confiados en que junto a él siempre estaremos seguros, no importa cuán fuerte sea la tormenta.

DESARROLLO DE LA LECCIÓN

Deseos y necesidades

Divida la pizarra en dos columnas. En una escriba, como título, "Deseos", y en la otra, "Necesidades". Permita que los preadolescentes escriban una lista de cosas que desean y otra de las que necesitan. Conversen sobre la diferencia que existe entre necesitar y desear algo.

¡Problemas!

Para esta actividad le sugerimos que provea barro o masa para modelar (plastilina). Pida a los alumnos que elaboren un símbolo que represente los problemas que enfrentan (por ejemplo: un corazón si tienen problemas emocionales, una tumba si acaban de perder a un familiar, etc.).

Permita que cada uno pase al frente y explique lo que representa la figura que hizo.

Boletín de malas noticias

Para esta actividad necesitará periódicos (diarios) viejos, cartulina, pegamento, tijeras y marcadores de colores.

Antes de llevar los periódicos al salón, revíselos para asegurarse de que no haya ninguna foto o imagen ofensiva o de violencia. Luego, coloque todos los materiales sobre una mesa y permita que sus alumnos trabajen en pequeños grupos para elaborar un boletín de malas noticias.

Deben buscar en los periódicos algunas noticias de tragedias y problemas, recortarlas, pegarlas en la cartulina y poner un título a su boletín. Cuando todos hayan terminado, dé oportunidad para que cada equipo pase al frente y explique el contenido de su trabajo.

Luego, conversen sobre las posibles razones por las que la gente hoy en día experimenta tanto sufrimiento. Escríbalas en la pizarra mientras dialogan.

¿Por qué sufren las personas?

Pida que un voluntario lo ayude a distribuir los libros del alumno.

Luego pregunte: *¿Por qué le suceden cosas malas a los cristianos?*

Permita que conversen sobre los encabezados que aparecen en la página 35 del libro.

Dígales: *Nosotros no podemos encontrar la explicación de todas las tragedias que ocurren. En la historia bíblica de hoy aprenderán sobre una persona que amaba a Dios. Sin embargo, en su vida atravesó una serie de tragedias.*

HISTORIA BÍBLICA

En esta ocasión le sugerimos que permita que sus alumnos lean la historia de Job, ya sea de la Biblia o de las páginas 36 y 37 del libro del alumno.

Si desean, elaboren en la pizarra una lista de todas las tragedias que Job enfrentó, desde la pérdida de sus posesiones materiales hasta la terrible enfermedad que lo atacó.

Manténgase alerta para resolver cualquier duda que surja entre los miembros de su clase.

ACTIVIDADES

¿Cómo reaccionó Job?

Dirija la atención de sus alumnos a las páginas 36 y 37 de sus libros. Pídales que subrayen los versículos que nos muestran la reacción de Job ante las malas noticias.

Después pregunte: *¿Cómo creen que hubieran reaccionado ustedes ante la misma situación? ¿Hubieran mostrado la fe que tuvo Job?*

Recuérdeles que lo más importante de esta historia es la forma en que Job encaró el sufrimiento y se mantuvo firme en su fe en Dios.

¿Quién tiene el control?

Pídales que lean la historia otra vez, y subrayen todas las frases que muestran que Dios tenía control sobre lo que le sucedía a Job.

Explíqueles que cuando los cristianos atravesamos dificultades no es necesariamente un castigo de Dios. Es un recordatorio de que vivimos en un mundo imperfecto, lleno de pecado e injusticia. Sin embargo, a veces sufrimos debido a nuestras malas decisiones.

Sé un puente

Den vuelta la página, y encontrarán la ilustración de un puente que une el abismo entre Dios y las personas. En el espacio del agua, sus alumnos deberán escribir algunos de los problemas que están enfrentando.

Pregúnteles qué nos ayuda a confiar en Dios, aun cuando todo parece ir de mal en peor. La respuesta es la "FE". Escriban esta palabra sobre el puente, y conversen acerca de su significado.

Anime a los niños a recordar que Dios siempre tiene el control de todas las situaciones, por muy difíciles que parezcan.

PARA TERMINAR

Repasen el texto de Filipenses 4:13, y anímelos a repetirlo cuando se sientan desanimados o los problemas los agobien. Guíelos en oración, e interceda por las peticiones que hayan traído.

Le sugerimos que elabore un "Mural de peticiones" en el que registren las respuestas y la forma en que Dios obró en cada situación en particular.

Despídalos con cariño e invítelos a la clase de la próxima semana.

¿Por qué sufrió Job?

Base bíblica: Job 2:11-12; 4:1-8; 8:1-6; 11:13-17; 32:1-5; 33:8-14.

Objetivo de la lección: Que los preadolescentes comprendan que las circunstancias difíciles no siempre son un castigo de Dios.

Texto para memorizar: *Todo lo puedo en Cristo que me fortalece* (Filipenses 4:13).

¡PREPÁRESE PARA ENSEÑAR!

Es muy probable que no todos los jovencitos enfrenten problemas tan graves como los de Job. Sin embargo, cada uno vive situaciones adversas que están fuera de su control y los perturban. Tal vez algunos provengan de hogares divididos y se sientan culpables, o hayan sufrido la muerte de un ser querido, o estén enfermos. Quizá algunos sean o hayan sido víctimas de abuso, y se sientan inferiores.

Recuerde que los preadolescentes no siempre expresan sus sentimientos y pensamientos con facilidad, pero en su interior quizá tengan preguntas y sentimientos que los asedian.

Aproveche la oportunidad que le brinda esta lección para recordarles que los problemas no son un castigo de Dios. Al contrario, muchas veces son el resultado de malas decisiones. Job no era culpable de lo que le acontecía, pero decidió seguir confiando en Dios y esperar su ayuda.

Recuérdeles que lo importante no es la gravedad del problema ni de dónde provenga, sino saber que todo lo pueden en Cristo, el que los fortalece.

COMENTARIO BÍBLICO

Job 2:11-12; 4:1-8; 8:1-6; 11:13-17; 32:1-5; 33:8-14. Tres de los amigos de Job al escuchar lo que le había ocurrido, fueron a verlo. Cuando llegaron, les costó reconocerlo. Su amigo, antes saludable y alegre, se había convertido en un hombre desfigurado y deprimido.

Sus amigos demostraron su tristeza rasgando sus vestiduras y poniéndose ceniza sobre la cabeza. Luego, permanecieron sentados con él durante siete días, sin pronunciar ni una palabra.

Cuando al fin hablaron, aunque no entendían por qué un justo podía estar sufriendo semejante castigo, cada uno le dio a Job una "receta diferente" para la solución de su problema. Pero todas sus ideas estaban equivocadas.

Elifaz, el mayor y más respetado, habló primero y dijo que la gente cosecha lo que siembra. Job expresó su desacuerdo ante las palabras de su amigo, y le aseguró que no había hecho nada malo.

Bildad se enojó, y consideró que la actitud de Job era irreverente. Le dijo que Dios era justo y que sus hijos habían muerto como consecuencia de su pecado.

Zofar, pensando también que Job había pecado, le dijo que debía arrepentirse y restaurar su relación con Dios.

Job se entristeció mucho por la actitud de sus amigos, quienes, en vez de consolarlo, habían ido a causarle más problemas. Sin embargo, su fe no se quebrantó, y continuó afirmando que confiaba en Dios, a pesar de los problemas y el sufrimiento.

DESARROLLO DE LA LECCIÓN

Mejores amigos

Provea a sus alumnos hojas y lápices de colores para que elaboren un dibujo y escriban una descripción de su mejor amigo o amiga.

Después, dé tiempo para que cada uno pase al frente, pegue su dibujo en la pizarra y haga una breve reseña de las características de la persona que eligió, y mencione el porqué son amigos.

Dígales que los amigos son un apoyo en tiempo de problemas. Sin embargo, en la lección de hoy hablaremos acerca de tres amigos que, en vez de consolar y ayudar, causaron más complicaciones.

¿Dónde buscas consejo?

Distribuya los libros del alumno, y pregunte a su clase: *¿A quién recurren ustedes para buscar consejo?* Escuche sus respuestas, y anticípeles que realizarán una encuesta sobre el tema. Pida que abran el libro en la página 39 y respondan las cuatro preguntas, eligiendo una de las tres opciones disponibles.

Explique que a veces no recibimos buenos consejos porque no se los pedimos a las personas adecuadas. En la historia bíblica de hoy aprenderemos sobre tres amigos de Job que fueron a consolarlo y darle consejos. Presten atención para decir si esos consejos fueron buenos o malos.

HISTORIA BÍBLICA

Que sus alumnos se sienten en círculo, y haga un breve repaso del relato de la semana pasada. Luego, use la siguiente introducción para el tema de hoy: *Job estaba muy triste, sentado sobre cenizas y cubierto de llagas. Tres de sus amigos fueron a visitarlo y quedaron impresionados al verlo. Luego, se sentaron con él durante siete días, sin pronunciar ni una sola palabra. Luego, uno por uno comenzó a hablar.*

Dirija la atención del grupo a la página 40 del libro del alumno. Pida que cuatro voluntarios lean los párrafos que corresponden a los amigos.

ACTIVIDADES

¿Tenían razón?

Usen la actividad de la página 41 para repasar la historia bíblica. Pida a sus alumnos que, en grupos de tres o cuatro, conversen sobre las siete preguntas sugeridas, y escriban las respuestas en los espacios en blanco.

Luego, lea en voz alta Job 33:9, dando tiempo para que, con sus propias palabras, escriban un breve testimonio sobre la vida de Job.

¿Calamidades o consecuencias?

Tenga a mano algunos diccionarios para que sus alumnos busquen la definición de las palabras: "calamidad" y "consecuencia". Escríbanlas en la pizarra.

Después de abrir el libro del alumno en la página 42, conversen sobre cuáles de esas situaciones son una calamidad o una consecuencia de malas decisiones (por ejemplo: el cáncer de pulmón es una consecuencia para los que poseen el hábito de fumar cigarrillos u otros productos que contienen tabaco).

Esté atento para ayudar a los preadolescentes a responder correctamente cada una de las preguntas.

Invitado especial

Busque en su congregación a una persona que haya enfrentado una situación difícil (por ejemplo: una enfermedad, la muerte de un ser querido o la pérdida del empleo). Pídale que le cuente a la clase cómo Dios lo ayudó a salir adelante. Esta actividad permitirá a los alumnos relacionar la verdad bíblica con un hecho de la vida real.

PARA TERMINAR

Explique al grupo que a veces nos ocurren hechos desagradables como consecuencia del pecado y la desobediencia. Sin embargo, en ocasiones sufrimos sin una razón aparente, como fue el caso de Job. A través de su historia aprendimos cómo él enfrentó la situación y siguió confiando en Dios, a pesar de lo que le sucedía.

Formen un círculo de oración, e intercedan por las peticiones del grupo. Luego, repasen el texto para memorizar, y despídanse entonando una alabanza.

notas

¿Dónde estaba Dios?

Base bíblica: Job 38:1-11; 40:1-9; 42:1-17.

Objetivo de la lección: Que los preadolescentes aprendan a confiar en el poder de Dios en medio de las dificultades.

Texto para memorizar: *Todo lo puedo en Cristo que me fortalece* (Filipenses 4:13).

¡PREPÁRESE PARA ENSEÑAR!

En algún momento de nuestra vida todos nos hemos preguntado por qué se producen ciertas situaciones. Deseamos saber la causa de tragedias que no podemos comprender ni controlar: la muerte trágica de un joven, la grave enfermedad de una madre con hijos pequeños, o la fuerza de la naturaleza que arrasa ciudades, dejando muerte y destrucción.

Y entonces nos preguntamos: "¿Por qué, Señor?"

El libro de Job no dice por qué suceden eventos como estos, ni explica por qué los seres humanos sufrimos. Sin embargo, nos enseña a confiar en el Dios todopoderoso, creador del cielo y de la tierra.

Es importante que los preadolescentes tengan un concepto adecuado de Dios. Deben aprender que su poder va más allá de nuestra comprensión humana, y que, aunque muchas veces las situaciones sean desastrosas, él es fiel y no dejará a sus hijos desamparados.

COMENTARIO BÍBLICO

Job 38:1-11; 40:1-9; 42:1-17. Job sintió que Dios lo había abandonado en medio de sus problemas y que había sido injusto con él. Pero, aunque había tristeza en su queja, continuó creyendo en la soberanía de Dios.

El Señor le recordó a Job que tenía el control de la naturaleza y que siempre había estado a su lado, aunque él no se hubiera dado cuenta.

Job, al comprender su insignificancia, en comparación con la majestad de Dios, se arrepintió de sus quejas y acusaciones. Entendió que los caminos de Dios están fuera del alcance de la compresión humana y que solo él sabe el porqué de todas las situaciones.

Cuando la prueba terminó, Dios bendijo a Job, le dio más hijos e hijas, le restituyó todas sus posesiones y multiplicó su ganado. El Señor le mostró su fidelidad a Job, dándole más riqueza y prosperidad de la que poseía antes.

El libro de Job no responde por qué la gente sufre. Sin embargo, da un mensaje de ánimo a los que atraviesan situaciones difíciles, mostrando que la fe puede sobrevivir aun en medio de la confusión y la duda. También nos revela que Dios obra en medio de las circunstancias más terribles porque su poder no tiene límites.

Muchos años después de Job, otro hombre sufrió sin merecerlo. Fue Jesús, quien sufrió y murió en una cruz, pero su sufrimiento fue el precio de nuestra libertad y nuestro perdón.

Dios honró a Job y, a través del ejemplo de Jesús, nos enseña a ser fieles y obedientes en medio del sufrimiento.

DESARROLLO DE LA LECCIÓN

Símbolos para recordar

Para esta actividad necesitará hojas o cartulina, y lápices de colores. Distribuya los materiales para que sus alumnos elaboren un símbolo (logotipo) que represente la declaración de Filipenses 4:13. Cuando terminen los trabajos, cuélguenlos en las paredes del salón como recordatorios del texto para memorizar. Al finalizar la clase, cada uno podrá llevar el trabajo a casa y colocarlo en su habitación.

Decisiones y consecuencias

Escriba en tarjetas las siguientes frases:
- Ver televisión, en vez de hacer la tarea.
- Robar un caramelo, en vez de comprarlo.
- Decir mentiras, en vez de decir la verdad.
- Pasear en bicicleta por las calles yendo en sentido contrario al tráfico.
- Burlarse de un compañero discapacitado.
- Hacer trampa en un examen del colegio.
- Divulgar un rumor falso sobre un compañero.
- Esconder algo que rompiste para que no te castiguen.
- Guardar la ropa sucia debajo de la cama en vez de limpiar tu habitación.
- Ir a jugar con tus amigos en vez de ayudar a tu mamá.

Guarde todas las tarjetas en una caja. Pida que un voluntario pase al frente y saque una tarjeta. Luego que lea en voz alta la frase y dé una breve explicación acerca de cuáles serían las consecuencias de esa acción.

Cuando hayan leído todas las tarjetas, explíqueles que muchas veces el sufrimiento es consecuencia de malas decisiones que tomamos. Sin embargo, como en la historia de Job, en ocasiones enfrentaremos sufrimiento sin razón aparente, pero eso nos ayudará a fortalecer nuestra fe y confianza en Dios, como lo estudiaremos en la lección de hoy.

Decisiones importantes

Abran el libro del alumno en la página 43, y dé tiempo para que los preadolescentes escriban una lista de nueve decisiones que hayan tomado, y que escriban qué fue lo que los ayudó a tomar esas decisiones.

Conversen acerca de las listas que elaboraron. Escriba en la pizarra las respuestas más comunes en cuanto a lo que los ayudó a tomar esa decisión (por ejemplo: padres, amigos, maestros, etc.).

HISTORIA BÍBLICA

Antes de iniciar la historia, dedique unos minutos para repasar lo que estudiaron en las lecciones anteriores.

Si su clase es grande, divídala en tres grupos. Asigne Job 38:1-11 al primer grupo, Job 40:1-9 al segundo, y Job 42:1-6 al tercero. Indíqueles que cada grupo deberá leer su pasaje y escribir los dos puntos más importantes que encuentra.

Permítales trabajar de 8 a 10 minutos en esta actividad. Después, cada grupo pasará al frente y comentará sus conclusiones a los demás.

Si piensa que no podrán concluir en ese tiempo, realice la actividad con toda la clase en vez de dividirla.

Después de escuchar las conclusiones, asegúrese que los conceptos hayan quedado claros o provea mayor información aclaratoria sobre el tema.

ACTIVIDADES

¿Qué pensaba Job? ¿Qué pienso yo?

Use la actividad de las páginas 44 y 45 para complementar o enriquecer el estudio de hoy. Agrupe a los alumnos en dos equipos para que respondan las preguntas sugeridas.

El primer equipo analizará y responderá las preguntas de la página 44, mientras que el segundo trabajará con las preguntas de la página 45.

Luego, ambos equipos leerán sus respuestas y las escribirán en sus libros de trabajo. Lo importante de estas actividades es que sus alumnos conversen y reflexionen entre ellos. Así ejercitarán el aprendizaje y retendrán la mayor cantidad de conceptos aprendidos.

¡Emergencia!

Muestre a sus alumnos algunos objetos que se usen para realizar primeros auxilios o responder ante una emergencia (por ejemplo, curitas o banditas adhesivas, vendas, gasa, una linterna y un extintor de incendios).

Explíqueles que esos objetos se usan en caso de emergencia. Por ejemplo, cuando hay un incendio, el extintor ayuda a apagarlo, por eso es recomendable tenerlo a mano.

Lo mismo sucede en nuestra vida cristiana. Cuando enfrentamos el sufrimiento y estamos en emergencia, existen una serie de procedimientos que debemos seguir: orar, leer la Biblia y esperar con confianza la respuesta del Señor.

Así como el extintor se usa para apagar el fuego, la oración nos ayuda a mitigar el dolor en el tiempo de sufrimiento. Anime a los preadolescentes a buscar a Dios durante los tiempos difíciles, y a ejercitar su confianza en él, aunque las circunstancias parezcan terribles.

¿Qué es lo más importante que aprendió Job?

Pida a los alumnos que abran su libro en la página 46 y lean el párrafo realizando las pausas necesarias para su mejor comprensión. Que luego conversen sobre la importancia de cada una de esas afirmaciones. Hágales saber que cuando obedecen la palabra de Dios, oran, aman a sus prójimos y son fieles, Dios los ayudará a salir victoriosos de todos los problemas que enfrenten.

PARA TERMINAR

Repasen el texto para memorizar y den gracias a Dios por la enseñanza de esta lección. Entonen algunas alabanzas antes de despedirse, y no olvide invitarlos a la próxima clase para estudiar la última lección de esta unidad.

Vale la pena obedecer a Dios

Base bíblica: Josué 7—8.

Objetivo de la lección: Que los alumnos decidan obedecer a Dios para fortalecer su relación con él.

Texto para memorizar: *Todo lo puedo en Cristo que me fortalece* (Filipenses 4:13).

¡PREPÁRESE PARA ENSEÑAR!

Todos somos conscientes de que vivimos en una sociedad permisiva. Muchos padres rehúsan o temen disciplinar a sus hijos. Otros están tan ocupados que prefieren ignorar el mal comportamiento de sus hijos, en vez de dedicar tiempo para corregirlos. Como resultado, muchos jovencitos se inclinan a la desobediencia.

Es normal que sus alumnos sientan que es injusto que a ellos los corrijan mientras que otros actúan mal.

Todos necesitan saber que Dios demanda nuestra obediencia, y que la desobediencia deliberada es pecado y tiene consecuencias. Muchas veces los preadolescentes no comprenden que sus acciones pueden afectar a otros y a ellos mismos. Deben entender que la desobediencia no es una conducta aislada; al contrario, repercute en muchas áreas de su vida y la de su familia. A través de esta lección, ayúdelos a comprender que la obediencia es el único camino seguro para no sufrir las consecuencias de la desobediencia.

COMENTARIO BÍBLICO

Josué 7—8. Josué fue un gran líder para el pueblo hebreo. Poseía muchas de las características de Jesús: carecía de ambiciones egoístas, no se guiaba por el odio y la venganza, y su objetivo era hacer la voluntad de Dios. Debido a ese carácter, Dios lo escogió como sucesor de Moisés y líder de los israelitas.

La victoria de Israel en Jericó ilustra los resultados de obedecer a Dios. Los israelitas no tuvieron que preparar complejas estrategias de guerra, ni poner a los mejores hombres al frente de la batalla. Tan solo siguieron al pie de la letra las instrucciones de Dios y confiaron en su poder. Sin embargo, la historia de Acán nos recuerda también las consecuencias de la desobediencia. Este, rompiendo el pacto con Dios, robó objetos que estaban prohibidos para los israelitas, porque pertenecían al *anatema* (eran objetos que Dios había ordenado destruir). Este relato nos muestra cómo el pecado puede afectar a una comunidad completa. La confesión y el castigo de Acán ilustran lo seria que era la desobediencia para el pueblo de Dios.

La desobediencia acarrea graves consecuencias, mientras que la obediencia trae paz, perdón y restauración a los que creen en Dios.

DESARROLLO DE LA LECCIÓN

¿Quién fue Josué?

Después de dar la bienvenida a sus alumnos y orar para iniciar la clase, divídalos en parejas o tríos para que busquen toda la información posible sobre Josué. La fuente de consulta será la Biblia, pero, si es posible, provéales diccionarios y comentarios bíblicos.

Cada equipo pasará al frente para contar brevemente lo que investigó sobre este personaje bíblico. Complemente la información, y dígales que esta última lección de la unidad tratará acerca de este siervo de Dios.

¡Tú eres el juez!

Pida que dos voluntarios lo ayuden a distribuir los libros del alumno, y ábranlos en la página 47.

Elija a tres niños para que lean en voz alta cada una de las situaciones. Luego, entre todos discutan si el veredicto fue justo o injusto, y por qué.

Luego, dígales: *En cada situación hubo alguien que desobedeció a Dios y sufrió las consecuencias de sus acciones. A veces, aunque no hayamos hecho nada malo, sufrimos las consecuencias por la desobediencia de una persona del grupo. En la historia de hoy veremos lo que la desobediencia de un hombre causó a una nación entera.*

Sigue las instrucciones

Distribuya varias hojas y lápices para que sus alumnos realicen un dibujo. Para ello, deberán obedecer las instrucciones que usted les dará. Explíqueles que deben seguir las indicaciones al pie de la letra para que los dibujos de todos sean iguales.

Elija figuras que sean fáciles de hacer. Por

ejemplo: *En el ángulo superior derecho dibujen un círculo; después tracen una línea horizontal en la mitad de la hoja; ahora, únanla al círculo con una línea vertical, etc.*

Permita que todos muestren sus dibujos y compárenlos. Explíqueles que para llegar a un fin común siempre se deben obedecer las indicaciones al pie de la letra. En la historia bíblica de hoy estudiaremos sobre un hombre que obedeció a Dios y otro que decidió hacer lo malo y recibió un terrible castigo.

HISTORIA BÍBLICA

Pída a sus alumnos que se sienten formando un círculo, y dígales: *En las tres lecciones anteriores estudiamos la vida de Job y los terribles sufrimientos que enfrentó aunque era un hombre justo. Hoy hablaremos de un hombre que, al igual que Job, confió en Dios en los tiempos difíciles, y de otro personaje que decidió pecar y sufrió severas consecuencias.*

Con la Biblia abierta en el pasaje de estudio, relate la historia de Josué en la toma de Jericó y el pecado de Acán. Haga énfasis en que las leyes judías eran muy estrictas en cuanto a la obediencia y la lealtad a Dios, y que por eso Acán recibió ese terrible castigo.

ACTIVIDADES

Josué, el líder

Dependiendo del número de alumnos, divídalos en parejas o pequeños grupos. Asígneles una pregunta de la página 48 para que la respondan, según lo que aprendieron en la historia bíblica. Permita que consulten su Biblia para corroborar la información.

Luego, dé tiempo para que intercambien las respuestas unos con otros y completen el ejercicio.

Sigue el ejemplo de Josué

Indique a los preadolescentes que, en la página 49, rodeen con un círculo los adjetivos que describen la personalidad de Josué. Luego, que los comparen con la personalidad de Jesús.

Escriba en la pizarra los adjetivos que eligió la mayoría. Haga hincapié en que es importante que le pidan a Dios que los ayude a ser honestos, obedientes, humildes, responsables y valientes, como este personaje bíblico.

¡Piensa y responde!

Divida la pizarra en tres columnas. En la primera, escriba: ¿Cuáles son las consecuencias de desobedecer a Dios? En la segunda: ¿Cuáles son los beneficios de obedecer a Dios? Y en la tercera: ¿Por qué quiere Dios que le obedezcamos?

Pida que algunos voluntarios pasen al frente y escriban las respuestas correctas. Después de haberlas revisado todos juntos, déles tiempo para que las escriban en el espacio correspondiente de sus libros.

Examen médico

Abran el libro en la página 50, y solicite a sus alumnos que llenen los espacios con la información requerida. Dígales que no miren las respuestas de sus compañeros, porque es un ejercicio de reflexión personal. Por lo tanto, deben contestar con honestidad.

Puede explicar que, así como acuden al médico para que los examine cuando tienen problemas físicos, también es necesario revisar su salud espiritual y pedirle a Dios que restaure las áreas débiles que necesiten ser fortalecidas.

PARA TERMINAR

Guíelos en un tiempo de oración, e interceda por las peticiones especiales que tengan. Pida al Señor que ayude a sus alumnos a ser fieles en medio de los problemas, y a confiar siempre en la soberanía y el poder de Dios.

Entregue los trabajos que elaboraron durante esta unidad, y anímelos a asistir a la siguiente clase. Recuérdeles que la próxima vez iniciarán el estudio de la unidad titulada "Un gran acontecimiento".

notas

UN GRAN ACONTECIMIENTO

Bases bíblicas: Mateo 21:1-17, 23-27; 26:14-16; 27:11-26, 32-66; 28:1-20; Marcos 14:53-63; Lucas 22:39-62; 23:4-12; Juan 18:12—19:16.

Texto de la unidad: *Yo soy la resurrección y la vida; el que cree en mí, aunque esté muerto, vivirá. Y todo aquel que vive y cree en mí, no morirá eternamente* (Juan 11:25-26).

PROPÓSITOS DE LA UNIDAD

Esta unidad ayudará a los preadolescentes a:

❖ Comprender que Jesús soportó un juicio injusto y la muerte en la cruz por amor a nosotros.

❖ Reconocer que el sacrificio de Jesús es suficiente para perdonar nuestros pecados y limpiarnos de toda maldad.

❖ Saber que Jesús, el Hijo de Dios, vino a la tierra para salvarnos.

❖ Tomar la decisión de aceptar a Cristo como salvador personal.

LECCIONES DE LA UNIDAD

Lección 14:   La autoridad de Jesús

Lección 15:   La oración: fuente de poder

Lección 16:   El juicio de Jesús

Lección 17:   La muerte de Jesús

Lección 18:   ¡Jesús vive!

POR QUÉ ES NECESARIA LA ENSEÑANZA DE ESTA UNIDAD

En estos tiempos, la Semana Santa representa para muchas personas un período de descanso, paseo y vacaciones. Sin embargo, el significado real de esta celebración especial es muy diferente.

La tradición religiosa ha convertido en ritos todo lo referente a la muerte y resurrección de Cristo. Es común ver largas procesiones por las calles principales de las ciudades del mundo, rituales elaborados que nos recuerdan el paso por la Vía Dolorosa y los últimos momentos en el Calvario.

Para los cristianos, la Semana Santa es más que una simple celebración religiosa. Es la conmemoración de la muerte y resurrección de nuestro Señor y Salvador. Además, es un tiempo para reflexionar en el regalo de nuestra salvación y dar gracias por ella.

En esta unidad sus alumnos estudiarán algunos eventos de la vida de Jesús, desde la entrada triunfal hasta su resurrección. Aprenderán que la oración es la fuente de poder para enfrentar los problemas. También estudiarán acerca de la humildad y mansedumbre que tuvo Jesús para soportar los maltratos, y sabrán que a través de la muerte del Hijo de Dios nosotros tenemos vida en abundancia.

Ore para que el Señor lo guíe mientras prepara estas lecciones tan especiales, las que seguramente impactarán la vida de los alumnos.

La autoridad de Jesús

Base bíblica: Mateo 21:1-17, 23-27; 26:14-16; 28:18.

Objetivo de la lección: Que los preadolescentes reconozcan y acepten la autoridad de Jesús en su vida.

Texto para memorizar: Yo *soy la resurrección y la vida; el que cree en mí, aunque esté muerto, vivirá. Y todo aquel que vive y cree en mí, no morirá eternamente* (Juan 11:25-26).

¡PREPÁRESE PARA ENSEÑAR!

Para un gran número de personas, Jesús es solo un personaje histórico. Lo consideran un buen maestro o un profeta de los tiempos bíblicos. La historia lo reconoce como un maestro de la antigüedad que murió en tiempos del imperio romano. Sin embargo, los alumnos deben aprender que Jesús es el Hijo de Dios y tiene autoridad divina sobre nuestra vida.

En toda relación interpersonal es necesario que las partes involucradas se conozcan cada vez más, para cimentar la relación y crear vínculos más estrechos. Lo mismo sucede en nuestra relación con el Señor. ¿Cómo podremos amar a Jesús si no lo conocemos?

Use las enseñanzas de estas lecciones para que sus alumnos conozcan más de cerca a Jesucristo, y decidan seguirlo día a día.

COMENTARIO BÍBLICO

Mateo 21:1-17. La última semana que Jesús estuvo en la tierra experimentó muchas emociones: gozo, enojo, preocupación y sufrimiento. Cuando llegó triunfante a Jerusalén, afirmó su condición como Mesías prometido y la multitud lo recibió como a un rey. La gente, emocionada al pensar que los libraría del sufrimiento y la opresión romana, arrojaba palmas en el camino para que él pasara. Las palmas eran un símbolo de prosperidad, justicia y triunfo.

Luego, se dirigió al templo, pero no le agradó lo que vio. Cuando la gente iba allí a adorar, debía ofrecer animales como sacrificio. Muchas personas viajaban largas distancias, así que preferían comprar los animales en el atrio del templo. Algunos viajeros llegaban de otros países y debían cambiar sus monedas extranjeras por dinero local. Pero, el problema era que los cambistas y vendedores engañaban a la gente para obtener mayores ganancias.

Sabiendo esto, Jesús no dudó en echar de allí a los vendedores y voltear las mesas de los cambistas, limpiando el templo de aquellos que explotaban al pueblo. Luego, se le acercaban cojos y ciegos, y los sanaba.

Después, Jesús enfrentó a los fariseos que desafiaban y cuestionaban su autoridad. Ellos querían saber con qué autoridad él había sacado del templo a los comerciantes y sanado a los enfermos.

Jesús, usando un método común entre los fariseos, les respondió con otra pregunta: "El bautismo de Juan, ¿de dónde era? ¿Del cielo o de los hombres?" (v. 25).

Los fariseos no sabían qué responder. Sabían que el pueblo se enojaría con ellos si respondían que era de los hombres, pero si contestaban que era del cielo tendrían que reconocer a Jesús como el Hijo de Dios, porque Juan ya lo había profetizado.

DESARROLLO DE LA LECCIÓN

¿A quién obedeces?

Coloque dos hojas sobre la mesa, y divida la clase en dos equipos. Pida que cada equipo forme una fila lo más lejos posible de la mesa. Entregue a la primera persona de cada fila un plumón o marcador (asegúrese de que sea de punta redonda o muy gruesa, para evitar accidentes).

Dígales que, sin hablar entre ellos, piensen en las figuras que poseen autoridad sobre sus vidas, es decir, aquellos a quienes deben obedecer. Luego, indíqueles que el primero de cada equipo deberá correr hacia la mesa y escribir el nombre de una figura de autoridad. Después deberá regresar corriendo para entregar el marcador al próximo jugador. Continúe el juego hasta que ya no se puedan añadir más nombres. Permita que un miembro de cada equipo lea su lista.

Después dígales: *¿Cómo se sienten al tener que obedecer a tantas personas?* (Permita que respondan). *¿Escribieron el nombre de Jesús en sus listas? ¿Por qué es importante que obedezcan a Jesús?* (Escuche sus respuestas). *En la historia de hoy contaremos acerca de unas personas que cuestionaron la autoridad de Jesús.*

¿Quién es la autoridad?

Solicite a dos voluntarios que lo ayuden a distribuir los libros del alumno y lápices. Luego, abran los libros en la página 53 y conversen acerca de lo que sucede cuando obedecen a una persona con autoridad.

Permita que algunos voluntarios lean cada una de las situaciones y, entre todos, respondan las siguientes preguntas en relación con cada caso: *¿Quién es la autoridad? ¿Qué pierdes obedeciéndolo? ¿Qué ganas obedeciéndolo?*

HISTORIA BÍBLICA

Si el tamaño de su clase lo permite, agrupe a sus alumnos en cuatro equipos y asígneles uno de los rectángulos con preguntas de la página 52. Déles tiempo para que lean el pasaje y respondan. Pida que cada grupo nombre un secretario, quien leerá el pasaje bíblico y comentará las respuestas a los demás equipos.

Para concluir, dígales: *A través de estos pasajes aprendimos que Jesús tiene toda la autoridad. Cualquier autoridad que una persona ejerce en la tierra se debe a que él lo ha permitido. Jesús juzgará a los que hacen mal uso de la autoridad o abusan de ella.*

ACTIVIDADES

¿Quién es él...?

Solicite a los alumnos que realicen en forma individual la actividad de la página 54. Después, conversen sobre quién es Jesús para ellos. Si el tiempo se lo permite, anímelos a contar un breve testimonio sobre su relación con Jesús.

Lean un par de veces el texto para memorizar del cuaderno. Luego pida que, sin ayudas, traten de repetirlo de memoria.

¿Por qué debo obedecer?

Escriba esta pregunta en la pizarra y dé tiempo para que sus alumnos participen con sus respuestas. Haga énfasis en que, en primer lugar, debemos obedecer a Jesús y sus mandamientos; y después a nuestros padres y maestros.

Solicite a sus alumnos que escriban en una hoja la pregunta y las respuestas que están en la pizarra. Indíqueles que la peguen en un lugar visible de su casa, como recordatorio de que deben obedecer.

PARA TERMINAR

Asegúrese de que recojan los materiales que utilizaron y acomoden los libros de trabajo antes de despedirse.

Haga hincapié en la importancia de recordar la autoridad de Jesús y obedecerlo. Él no vino como dictador, sino como Salvador y Redentor.

Invite a sus alumnos a examinar su vida esta semana, reconociendo qué áreas necesitan rendir a Jesús. Déles unos minutos para que oren en silencio. Luego, concluya dando gracias a Dios por haber enviado a su único Hijo. Entonen algunas alabanzas antes de despedirse, y anímelos a asistir a la clase de la próxima semana.

notas

La oración: fuente de poder

Base bíblica: Lucas 22:39-62.

Objetivo de la lección: Que los alumnos sigan el ejemplo de Jesús, y busquen fuerza y seguridad a través de la oración.

Texto para memorizar: Yo *soy la resurrección y la vida; el que cree en mí, aunque esté muerto, vivirá. Y todo aquel que vive y cree en mí, no morirá eternamente* (Juan 11:25-26).

¡PREPÁRESE PARA ENSEÑAR!

Para sus alumnos es muy importante lo que sus amigos digan y piensen acerca de ellos. Se esfuerzan por ser aceptados y pertenecer a los grupos más populares. Los preadolescentes no quieren ser diferentes, y temen que las personas que ellos aman los abandonen.

Muchos de ellos cuentan con el respaldo de su familia y de sus amigos durante los tiempos difíciles, y se sienten protegidos. En esta lección aprenderán que, aunque en algunas ocasiones no tendrán la ayuda de nadie y estarán solos, Dios siempre estará con ellos. Él ha provisto la oración como fuente de poder para que encontremos fortaleza y seguridad.

COMENTARIO BÍBLICO

Lucas 22:39-62. El jueves por la tarde Jesús celebró la pascua con sus discípulos, y les dijo que el tiempo de su muerte se acercaba. Ellos no entendieron lo que Jesús les anticipaba ni lo cercano que estaba este acontecimiento.

En esa cena Pedro le confirmó a Jesús su lealtad. Sin embargo, el Señor sabía que Pedro tenía un temperamento impetuoso y que esa misma noche lo negaría tres veces.

En el monte de los Olivos, Jesús dejó a ocho discípulos en la entrada y llamó a Pedro, Jacobo y Juan para que fueran con él al jardín. Allí les pidió que oraran, mientras él se alejaba para orar a solas. Probablemente Jesús necesitaba la compañía y el respaldo de sus amigos para la difícil situación que iba a enfrentar. Pero, sabía que también necesitaba pasar un tiempo en oración, hablando con su Padre celestial.

La oración de Jesús reflejaba su angustia y temor ante el sufrimiento y la muerte que le esperaban. Por eso, le pidió a Dios que lo librara de esa "copa" amarga. Pero, a pesar de lo que él deseaba, Jesús se sometió por completo a la voluntad del Padre.

La Biblia nos dice que un ángel fue a confortarlo, dándole fuerzas para soportar la dura jornada que tendría por delante.

En dos ocasiones Jesús les dijo a sus discípulos que oraran para no caer en tentación. Lamentablemente, en ambas ocasiones los encontró durmiendo. No se dieron cuenta de la importancia de la petición de su Maestro, y no estaban preparados para lo que sucedería horas después. Cuando los sacerdotes y soldados los confrontaron, ellos se alejaron, dejando a Jesús solo.

La oración era muy importante para Jesús. Él nos enseñó la necesidad de hablar con Dios y contarle sobre nuestros problemas y sufrimientos. Esa noche, en el jardín, les pidió a sus discípulos que oraran y, aun hoy, nos recuerda que la oración es nuestra fuente de poder.

DESARROLLO DE LA LECCIÓN

¡Me siento solo!

Para esta actividad le sugerimos que escriba en varias tarjetas los siguientes casos. Pida que tres parejas de voluntarios, que acepten hacer una dramatización, pasen al frente y tomen una de las tarjetas.

La pareja debe representar, frente al grupo, el caso descrito en la tarjeta. Déles cinco minutos para que los participantes se pongan de acuerdo y elijan el personaje que representarán.

1. Mariana le ofreció un cigarrillo a Sofía. Como esta no aceptó, Mariana se burló de ella y la amenazó diciéndole que convencería a todas las niñas del salón de que no le hablaran. Ahora Sofía se siente muy sola y piensa que ya no tiene amigas.

2. Gonzalo está enfermo, y el médico le dijo que no podía salir de su casa por dos semanas. Su amigo Mauricio fue a visitarlo, y le dijo que él y todos los demás niños del barrio irían a un campamento de verano durante dos semanas. Gonzalo siente que ahora que está enfermo todos sus amigos lo abandonaron.

3. Alejandra y Victoria fueron amigas por mucho tiempo. Y en estos días los padres de Victoria decidieron que se mudarían a otra ciudad. Cuando llegó el momento de despedirse, Alejandra se puso muy triste. Victoria también se fue llorando, porque piensa que no tendrá otra amiga como Alejandra, y que estará sola en una ciudad desconocida.

Cuando las tres parejas hayan participado, dígales que en muchas ocasiones pasamos por momentos difíciles y sentimos que todos nos abandonaron. En la clase de hoy hablaremos acerca de lo que hizo Jesús el día en que se sintió más triste y solo.

Actividad de investigación

Para esta actividad necesitará varias Biblias que tengan concordancia. Divida a los alumnos en pequeños grupos, según el número de Biblias que tenga a mano.

Pídales que busquen por lo menos diez pasajes que contengan las palabras: orar, oración, oraciones, orando, etc. y que lean la cita bíblica.

Dígales: *La Biblia nos enseña mucho sobre la oración. Jesús les dijo a sus discípulos que debían orar. Por medio del Padrenuestro, él mismo nos enseñó cómo hacerlo. En la historia bíblica de hoy estudiaremos lo que hizo Jesús una noche que estaba muy triste.*

HISTORIA BÍBLICA

Haga una breve introducción antes de comenzar la historia bíblica (por ejemplo: *Jesús había llegado a Jerusalén y decidió celebrar la pascua con sus discípulos. Luego, sabiendo que el momento de su muerte se acercaba, decidió ir a un jardín para hablar con Dios*).

Una vez más divida la clase en pequeños grupos, y asígneles algunas de las preguntas de la página 55. Dé tiempo para que cada equipo busque el pasaje bíblico que le tocó y responda las preguntas correspondientes.

Un voluntario de cada equipo deberá leer en voz alta las respuestas, o escríbalas usted en la pizarra para que todos las anoten en sus libros de trabajo.

Haga las aclaraciones pertinentes, y refuerce las respuestas de sus alumnos con el pasaje de estudio.

ACTIVIDADES

La fuente de poder

Pida a los alumnos que abran sus libros en la página 56, mientras usted escribe en la pizarra la palabra "ORACIÓN". Pida a siete alumnos que busquen los pasajes bíblicos y los lean. Después, decidan cuál de esos versículos habla sobre la importancia de la oración en la vida de los preadolescentes.

Escriba las respuestas en la pizarra, y dé tiempo para que las anoten en su libro.

Salmos 25:11 — Cuando confesamos nuestro pecado Dios nos perdona.

Jeremías 29:12 — Dios nos escucha cuando oramos.

Jeremías 42:3 — A través de la oración podemos pedir a Dios que nos guíe.

Mateo 5:44 — Debemos orar por los que nos persiguen.

Lucas 6:28 — Debemos orar por los que nos maltratan.

Lucas 22:40 — Orar nos da fuerza para resistir la tentación.

Santiago 5:13-14 — Podemos orar cuando estamos enfermos o tenemos problemas.

¿Cuál debo usar?

Conversen sobre los tipos de oración que se mencionan en la página 57 del libro del alumno. Luego, relacionen las oraciones de la izquierda con los tipos de oración que se encuentran en el enchufe múltiple de la ilustración.

Para concluir la actividad, dígales: *A algunas personas les gusta hacer largas oraciones con palabras muy complicadas, y no está mal, pero eso no quiere decir que Dios los escuchará con más atención. Dios escucha a todos los que oran con corazón sincero y desean agradarlo.*

Cuando pasamos tiempo en oración, podemos conocer más a Dios y acercarnos más a él.

Mi fuente de poder y fortaleza

Provea tijeras para que sus alumnos recorten la página 58 del libro y la doblen para formar un libro de oración.

Explíqueles que en ese librito deberán escribir cada día sus pedidos de oración y las respuestas que reciban. Haga énfasis en que la oración no es presentar nuestra lista de peticiones a Dios, sino tener un tiempo de comunión con él.

Anime a sus alumnos a guardar el libro de oración en la Biblia y a usarlo durante su tiempo devocional.

PARA TERMINAR

Pida que dos voluntarios intercedan por las peticiones que los miembros del grupo hayan traído.

Concluya dando gracias a Dios por habernos dado la oración como fuente de poder y fortaleza.

Invítelos a la clase de la próxima semana, y no olvide contactar a los que están enfermos y a los que faltaron por otros motivos.

El juicio de Jesús

Base bíblica: Mateo 27:11-26; Marcos 14:53-63; Lucas 23:4-12; Juan 18:12; 19:16.

Objetivo de la lección: Que los jovencitos se mantengan firmes en su fe, a pesar de la persecución.

Texto para memorizar: Yo *soy la resurrección y la vida; el que cree en mí, aunque esté muerto, vivirá. Y todo aquel que vive y cree en mí, no morirá eternamente* (Juan 11:25-26).

¡PREPÁRESE PARA ENSEÑAR!

Una de las características de la mayoría de los preadolescentes es que son perseverantes. Cuando creen en algo, o toman alguna decisión, la defienden con vehemencia. La lección de hoy los hará conocer la perseverancia de Jesús, quien permaneció firme aun en medio de la más terrible persecución.

La historia del injusto juicio de Jesús los ayudará a comprender que, aunque enfrenten oposición y peligro, si permanecen firmes en su fe en Dios, él los ayudará a salir victoriosos.

Aproveche la perseverancia de sus alumnos para animarlos a defender su fe con amor y sabiduría ante aquellos que los cuestionen.

COMENTARIO BÍBLICO

Juan 18:12; 19:16. En cuestión de horas, Jesús fue arrestado y llevado ante Anás, Caifás, Pilato y Herodes, y sentenciado a muerte.

Quizás lo llevaron ante Anás durante la noche. Esto violaba las leyes religiosas judías, y mostraba la urgencia que tenían los sacerdotes y líderes fariseos de condenarlo.

Aunque Jesús era inocente, el sanedrín usó el testimonio de testigos falsos para acusarlo y someterlo a un juicio ilegal. Estos lo acusaron de blasfemia por decir que era el Hijo de Dios.

Según las leyes romanas, la blasfemia no se castigaba con la pena de muerte. Sin embargo, los líderes del templo también lo acusaron de traición, lo cual justificaba que muriera crucificado.

Cuando Jesús estaba frente a Pilato, el gobernador mostró cierto grado de respeto por él, y estaba convencido de su inocencia. Una y otra vez le dijo al pueblo que no encontraba razón para castigarlo. Esperando satisfacer a la multitud que quería ver muerto a Jesús, ordenó que lo azotaran. Tal vez pensó que después de ese castigo podría dejarlo en libertad. Pero no fue así. Aunque vieron las torturas y el sufrimiento de Jesús, el pueblo y los líderes judíos no estuvieron satisfechos hasta no verlo en el madero.

Todos los intentos de Pilato fueron inútiles. Cuando el jefe de los sacerdotes lo acusó de ir en contra del César, el temor a perder su posición hizo que entregara a Jesús en manos de la multitud enardecida.

DESARROLLO DE LA LECCIÓN

¿Quién fue Pilato?

Sin decir el nombre del personaje, narre a sus alumnos la siguiente biografía:

Este hombre fue el gobernador romano de la provincia de Judea (26-36 d.C.). Es famoso por su intervención en el juicio y ejecución de Jesucristo.

Como gobernador de Judea, tenía autoridad absoluta sobre todos los ciudadanos que no fueran romanos. Pero, a muchos casos, sobre todo los relacionados con la religión, los juzgaba el sanedrín, que era el consejo y tribunal supremo de los judíos. Después de que este tribunal decidió que Jesucristo era culpable de blasfemia, lo envió al tribunal romano, porque no podía dictar una sentencia de muerte.

Cuando este gobernador se negó a condenarlo a muerte, los sacerdotes judíos presentaron otras acusaciones falsas contra Jesús. Entonces el gobernador lo interrogó a solas. Impresionado por la dignidad y franqueza de sus respuestas, intentó salvarlo (Juan 18:38-39; 19:12-15), pero el temor a un levantamiento judío hizo que finalmente aceptara las demandas del pueblo. Por lo tanto, Jesús fue crucificado.

Pregúnteles: *¿Cómo se llama este personaje?* Escuche sus respuestas y felicite a los que contesten correctamente. Dígales que en la historia de hoy estudiarán acerca del juicio que le hicieron a Jesús frente a este gobernador romano.

Persecución

Escriba en la pizarra la palabra "persecución" y su definición. Pida a su clase que den algunos ejemplos de la persecución que sufren los cristianos alrededor del mundo (por ejemplo, en ciertos países los cristianos no pueden congregarse, y si lo hacen los encarcelan. En algunas zonas rurales expulsan a los cristianos de su comunidad).

Explíqueles que aunque no todos experimentamos ese grado de persecución, enfrentamos críticas, burlas y maltratos de personas que no comprenden nuestra fe. Dígales que en la historia de hoy aprenderán de un hombre que soportó la persecución y se mantuvo firme hasta el final.

HISTORIA BÍBLICA

Reparta los libros del alumno, y que los abran en la página 60.

Elija a varios alumnos para que dramaticen el guión de teatro que se sugiere. Cada uno representará a un personaje, modulando la voz para que sea lo más real posible. Si cuenta con túnicas o disfraces úselos, y organice una pequeña representación escénica.

Mientras sus alumnos leen o dramatizan el guión, pídales que pongan mucha atención en la forma en que la multitud perseguía a Jesús.

Luego pregúnteles: *¿Cómo respondió Jesús ante las acusaciones? ¿Cómo creen que se sentía mientras sucedía todo esto?*

ACTIVIDADES

Una historia de la vida real

Que sus alumnos se sienten formando un círculo, y reláteles la siguiente historia.

Li Ying era jovencita cuando decidió trabajar para la obra de la iglesia. Desde que aceptó a Cristo en su corazón, sabía que el camino no sería fácil, sobre todo porque vivía en China, un país en el que el cristianismo está prohibido. Cuando entró a la universidad, Li Ying decidió estudiar periodismo. Después de muchos años de estudio, se graduó y comenzó a trabajar. Sin embargo, sabía que debía usar su talento para la obra de Dios. Por lo tanto, aunque las autoridades lo prohibían, decidió publicar una revista cristiana.

Poco después de haber iniciado la impresión y distribución de la revista, a Li Ying la arrestaron por violar las leyes chinas, y ahora cumple una condena de 15 años de cárcel. Parte de su castigo es mantenerse en completo silencio. No puede decir ni una sola palabra a sus compañeras de prisión. Además, tiene que trabajar 16 horas al día, elaborando artesanías que después se venden en los mercados turísticos.

Invite a sus alumnos a reflexionar acerca de esta historia, y ayúdelos a comprender que la persecución cristiana es mucho más grave y más frecuente de lo que ellos se imaginan (si desea más información sobre esta y otras historias de cristianos que sufren persecución, visite la página *www.persecution.com* o *www.persecución-cristiana.com* —Ambos sitios electrónicos pertenecen a la organización cristiana "La voz de los mártires").

Cartas para Li Ying

Provéales hojas y lápices para que escriban algo que les gustaría decirle a Li Ying. Cuando terminen, coloquen todas las cartas en una canasta o sobre la mesa, y formen un círculo para interceder por esta hermana que está sufriendo solo por haber creído en Cristo.

Invítelos a recordar a Li Ying en sus oraciones diarias, así como a miles de cristianos que, como ella, sufren cada día a causa de su fe.

PARA TERMINAR

Repitan varias veces el texto para memorizar y concluyan entonando cantos de alabanza. Recuérdeles que en la próxima clase estudiarán la lección sobre la muerte de Jesús, y anímelos a asistir puntualmente.

notas

La muerte de Jesús

Base bíblica: Mateo 27:32-66.

Objetivo de la lección: Que los jovencitos comprendan que Jesús murió por ellos.

Texto para memorizar: Yo *soy la resurrección y la vida; el que cree en mí, aunque esté muerto, vivirá. Y todo aquel que vive y cree en mí, no morirá eternamente* (Juan 11:25-26).

¡PREPÁRESE PARA ENSEÑAR!

En general, los preadolescentes reconocen cuando hicieron algo malo. Los niños que crecieron en hogares cristianos saben que deben pedir perdón cuando desobedecieron a Dios en forma deliberada. Por otro lado, los que se criaron en familias no cristianas conocen la diferencia entre lo bueno y lo malo, y saben que su conciencia los alertará cuando vayan por el camino equivocado.

Además, todos los niños saben que, tarde o temprano, la desobediencia y la mala conducta traen consecuencias, y ya lo experimentaron. Por ejemplo, saben que recibirán castigo si lastiman a su hermano menor o si le faltan el respeto a un adulto.

Todos deben comprender que, a través de la muerte de Jesús, pueden recibir perdón por sus pecados. Esta lección los ayudará a entender que el sufrimiento y la muerte de Jesucristo son el precio de nuestra salvación.

COMENTARIO BÍBLICO

Mateo 27:32-66. La persecución de Jesús no terminó con el juicio injusto. En el camino al Calvario, los líderes judíos iban al lado de Jesús, burlándose y desafiándolo a que mostrara su poder y se salvara a sí mismo. Los golpes y latigazos lo habían debilitado de tal forma que no podía soportar el peso de la cruz. Entonces le ordenaron a un hombre de Cirene que ayudara al Salvador a cargar el pesado madero. Los historiadores dicen que la cruz pesaba aproximadamente entre 34 y 56 kg. (75 a 125 libras).

Jesús sentía que su Padre lo había desamparado. El pecado separa a las personas de Dios y, en esta triste ocasión, Jesús llevaba los pecados de todo el mundo.

Las únicas que permanecieron con fidelidad al lado de Jesús fueron las mujeres que lo acompañaron, al pie de la cruz, durante todo el tiempo de su agonía.

José de Arimatea demostró mucha valentía al presentarse ante Pilato para pedirle el cuerpo de Jesús, a fin de sepultarlo. José y Nicodemo tomaron el cuerpo y, envolviéndolo en lienzos con especias aromáticas, lo colocaron en una tumba que estaba en un jardín.

Los líderes judíos trataron de que Jesús se sintiera como el peor de los criminales, sentenciándolo a la muerte, la cual estaba destinada para la gente más terrible. Sin embargo, José de Arimatea y Nicodemo honraron al Maestro, poniendo su cuerpo en una tumba nueva y envolviéndolo en una sábana perfumada con costosas especias aromáticas.

En el momento en que Jesús murió, el velo del templo se rasgó por la mitad, dándonos acceso directo a Dios. Ahora nosotros podemos adorar a Dios en cualquier lugar y momento. La muerte de Jesús proveyó un puente para restaurar nuestra relación con Dios y darnos vida eterna.

DESARROLLO DE LA LECCIÓN

Dé la bienvenida a sus alumnos, e inicien la clase entonando algunas alabanzas. Le sugerimos que haga un breve repaso de las lecciones anteriores antes de iniciar el estudio de hoy, sobre todo si vinieron alumnos nuevos.

Actividad de memorización

Como repaso del texto para memorizar, pida a los integrantes de la clase que busquen las palabras escondidas en el rompecabezas de la página 66 del libro del alumno.

Luego, repitan todos juntos el versículo, y ayude a los que tengan dificultad para aprenderlo.

¿Por qué los romanos crucificaban a los criminales?

La semana pasada vimos que a Jesús lo sentenciaron a morir en la cruz. Sin embargo, es probable que sus alumnos no comprendan lo que eso significa en su totalidad.

Explíqueles que la crucifixión era una forma de ejecución, que consistía en atar o clavar a la víctima a una cruz. Esa pena de muerte fue común desde el siglo VI a.C. hasta el IV d.C., sobre todo entre los persas, egipcios, romanos y cartagineses. Los romanos la utilizaban para ejecutar a los esclavos y criminales; nunca la aplicaban a sus propios ciudadanos. Las leyes romanas especificaban que al condenado lo debían azotar. Luego, tenía que llevar la cruz desde el punto donde se lo había sometido a suplicio hasta el lugar de la ejecución.

La historia de hoy nos habla acerca de aquel día triste en que a Jesús lo clavaron en una cruz.

¿Qué sacrificarías por tus pecados?

Pida a sus alumnos que abran sus libros en la página 63. Use esta actividad para dar una breve explicación del sistema de sacrificios que se usaba en el Antiguo Testamento.

Dígales: *En el tiempo del Antiguo Testamento, las personas ofrecían sacrificios para expresar agradecimiento a Dios o para pedir perdón por sus pecados. El primer animal sacrificado fue para expiar los pecados de Adán y Eva. Aunque también se presentaban ofrendas de granos, el sacrificio común era de animales.*

Los profetas advirtieron al pueblo que los sacrificios no eran suficientes si no amaban y obedecían a Dios. Los sacrificios del Antiguo Testamento eran una señal de la forma en que Jesús iba a morir.

El tema de la clase de hoy se refiere al último sacrificio que se ofreció en la tierra por el perdón de nuestros pecados: la muerte de Jesús.

Construye un altar

Para esta actividad necesitará varias piedras de tamaño mediano. Que los alumnos se sienten formando un círculo. Entregue una piedra a cada uno. Pídales que usen las piedras para construir un altar, acomodando las piedras unas sobre las otras. Luego, coloque algunas varas de madera en la parte superior.

Dígales: *Mucho tiempo atrás las personas construían altares similares a este para ofrecer sacrificios a Dios. ¿Qué sacrificarían ustedes a Dios para mostrarle que están arrepentidos de todo lo malo que han hecho?* (Permita que respondan). *¿Qué le ofrecerían para expresarle su agradecimiento y amor por haber perdonado sus pecados?*

Dígales que en la historia de hoy aprenderemos que no es necesario ofrecer más sacrificios, porque Dios proveyó otro medio para el perdón de los pecados.

HISTORIA BÍBLICA

Pida a un hermano de su congregación que se vista con una túnica y represente a un mensajero de los tiempos bíblicos, dando la siguiente información:

Noticia de último momento: ¡A Jesús de Nazaret lo condenaron a morir! Pilato fue quien dio la orden. Después de golpearlo y azotarlo, la corte romana lo declaró culpable de traición, y dentro de unas horas será ejecutado.

El condenado tendrá que llevar su cruz, de alrededor de 50 kg. hasta el Gólgota (lugar de la Calavera), donde será crucificado.

Una gran multitud se ha reunido cerca del lugar de la ejecución para presenciar el acontecimiento. Si quiere saber más detalles de esta historia, lea nuestra sección informativa en Mateo 27:32-66.

Dé gracias al visitante por su participación. Luego, pida a cada uno que se turne para leer en voz alta el pasaje de Mateo.

ACTIVIDADES

¿Por qué tuvo que morir Jesús?

Abran el libro del alumno en las páginas 64 y 65. Divida la clase en parejas o pequeños grupos, e indíqueles que deben ayudarse unos a otros para buscar los versículos bíblicos y encontrar las palabras perdidas. Después, conversen sobre la importancia de la muerte de Jesús y su significado para todos los cristianos del mundo.

El plan de salvación

Para esta actividad necesitará cinco corazones de cartulina de los siguientes colores: negro, rojo, blanco y amarillo.

Pegue los corazones en la pizarra, en el orden mencionado, y úselos para explicar el plan de salvación a los preadolescentes. Recuerde que lo más importante es orar para que sea el Espíritu Santo quien toque el corazón de sus alumnos.

El corazón negro representa el pecado que hay en nosotros y que nos separa de Dios. Cuando en nuestro corazón hay pecado no podemos tener comunión con Dios y vivimos en tinieblas.

El corazón rojo representa la sangre que Cristo derramó en la cruz del Calvario para darnos la salvación. A través del sacrificio de Jesús, se borran nuestros pecados y se restaura nuestra comunión con el Padre.

El corazón blanco representa la limpieza que Jesucristo hace en nuestra vida. Él quita todo lo malo que antes había en nosotros y nos hace "nuevas criaturas".

El corazón amarillo representa la vida eterna. Jesucristo nos prometió que iremos a vivir con él a las mansiones celestiales, donde las calles son de oro y existe un "río limpio de agua de vida resplandeciente como el cristal" (Ap. 21:21b; 22:1).

Explique a sus alumnos que aceptar a Cristo en el corazón es la decisión más importante de sus vidas. Pregunte si algunos desean tomar esa decisión, y guíelos en oración. No olvide visitar a los que aceptaron la invitación, y anímelos a vivir la vida cristiana.

PARA TERMINAR

Felicite a los que recibieron a Cristo y dígales que ahora forman parte de la familia de Dios.

Para finalizar, entonen una alabanza y den gracias a Dios por haber enviado a su Hijo Jesús a morir por nosotros.

Es importante que mantenga un contacto semanal con sus alumnos, sobre todo con los que recién comienzan a asistir. Si es posible, visítelos o llámelos por teléfono, y no olvide invitarlos a la próxima clase para estudiar sobre la resurrección de Jesús.

¡Jesús vive!

Base bíblica: Mateo 28:1-20.

Objetivo de la lección: Que los alumnos sepan que Jesús resucitó de entre los muertos.

Texto para memorizar: Yo *soy la resurrección y la vida; el que cree en mí, aunque esté muerto, vivirá. Y todo aquel que vive y cree en mí, no morirá eternamente* (Juan 11:25-26).

¡PREPÁRESE PARA ENSEÑAR!

Es probable que algunos de sus alumnos aún no experimentaron la muerte de un familiar o amigo cercano. Sin embargo, la mayoría sabe que perder a un ser querido es una experiencia dolorosa.

La lección de hoy no solo nos habla acerca del sufrimiento de los discípulos y las mujeres que seguían a Jesús, sino del gozo que sintieron al saber que su Señor había vencido la muerte y estaba vivo.

Una característica distintiva de la fe cristiana es que nuestro líder vive, mientras que los líderes de otras religiones murieron hace mucho tiempo. Dios levantó a Jesús de la tumba. Ahora está sentado a la derecha del Padre, dispuesto a ayudar a los cristianos a vivir felices, victoriosos y llenos de esperanza.

Contagie a sus alumnos el gozo de saber que creemos en un Dios vivo, que no se quedó en la tumba, sino que resucitó de entre los muertos y pronto volverá por su pueblo.

COMENTARIO BÍBLICO

Mateo 28:1-20. Muy temprano por la mañana, antes de que el sol saliera el primer día de la semana, la historia comenzó un nuevo capítulo. Para las mujeres que fueron a la tumba, todo cambió. Al saber que su Maestro estaba vivo, el sufrimiento por la muerte de Jesús se tornó en un gozo indescriptible.

El ángel dio noticias de gozo y esperanza, no solo para aquellas mujeres y los discípulos, sino para todos los que ahora creemos en él.

Esas mujeres recibieron una gran recompensa por su fidelidad durante la crucifixión de Jesús: fueron las primeras en enterarse y contar las buenas nuevas a los discípulos.

Sin embargo, ellas no fueron las únicas que hablaron acerca de la resurrección de Jesús. Los soldados reportaron el acontecimiento a sus superiores. Después de una rápida reunión, el sanedrín acordó ofrecerles dinero para que dijeran que los discípulos habían robado el cuerpo de Jesús mientras ellos dormían.

Para los soldados romanos, dormir durante el tiempo de trabajo era un crimen que se castigaba con la muerte. Sin embargo, los líderes religiosos prometieron interceder por ellos ante los oficiales del gobierno si surgía algún problema. Además, les ofrecieron una gran cantidad de dinero si esparcían el rumor acerca del robo del cuerpo de Jesús.

Pero eso no amedrentó a los discípulos. Desde ese momento ellos anunciaron las buenas nuevas de la resurrección del Salvador.

DESARROLLO DE LA LECCIÓN

Reciba con gozo a sus alumnos, y dígales que en la clase de hoy les contará una buena noticia. Después de orar para iniciar la clase, pida que algunos voluntarios cuenten brevemente lo que aprendieron sobre Jesús en las lecciones anteriores.

¿Tumbas o cementerios?

Explique a sus alumnos la diferencia que existe entre los cementerios que conocemos y las tumbas del Antiguo Testamento. Dígales que la costumbre de los tiempos bíblicos era preparar el cuerpo del difunto con hierbas aromáticas, como mirra y áloe, para su preservación. Luego, lo envolvían en telas y lo colocaban en una tumba cavada en una roca o peña.

La tumba de Jesús fue especial porque era nueva y estaba en un jardín. Después de colocar allí el cuerpo del Maestro, sellaron la entrada con una piedra muy grande para evitar que alguien entrara.

HISTORIA BÍBLICA

Distribuya los libros del alumno, y que los abran en la página 68. Dé tiempo para que los preadolescentes se organicen en equipos y elijan los personajes de la historia bíblica que quieran representar.

Si desea, pídales que dramaticen la historia, o bien, que solo lean el guión, modulando la voz para hacerlo más real. Si su clase es numerosa, divídala en dos grupos. Uno representará la historia bíblica primero y el otro será la audiencia. Después intercambiarán papeles para que todos participen.

Si es posible, consiga túnicas o disfraces. Si sus alumnos se sienten lo suficientemente preparados, invite a los niños pequeños de otra clase para que observen la dramatización.

ACTIVIDADES

Periódico mural

Para esta actividad necesitará cartulinas, hojas blancas, lápices de colores, tijeras, pegamento y otros materiales para decorar.

Coloque sobre una mesa todos los materiales para que los alumnos elaboren un mural sobre la historia de la resurrección. Manténgase atento para hacer sugerencias o brindar ayuda a los que la requieran.

Pueden realizar dibujos individuales y luego pegarlos en una sola cartulina, o bien hacer un solo dibujo en el que todos participen. No olviden escribir el texto para memorizar como título del mural. Luego pueden colocarlo en algún lugar visible.

Piedras mensajeras

Durante la semana consiga una piedra lisa de tamaño pequeño para cada miembro de su clase. También necesitará plumones o marcadores de colores.

Entregue los materiales a sus alumnos y pídales que escriban en su piedra: *¡JESÚS VIVE!* Luego, permita que la decoren con los plumones. Dígales que les servirá como recordatorio de la victoria de Jesús sobre la muerte y lo que representa para ellos como cristianos.

Repaso general

Entregue a los niños una pelota u objeto suave para que lo pasen de mano en mano, mientras escuchan una melodía. Cuando pare la música, quien tenga el objeto en la mano deberá decir algo que aprendió durante esta serie de lecciones (por ejemplo: el nombre del gobernador romano que juzgó a Jesús, el animal en el cual montó Jesús al entrar a Jerusalén, etc.).

Continúen el juego hasta que todos hayan participado por lo menos una vez.

PARA TERMINAR

Solicite a los que aprendieron el texto para memorizar que pasen al frente y lo digan en voz alta. Le sugerimos que premie su esfuerzo con un regalo sencillo (por ejemplo: un lápiz o un caramelo).

Formen un círculo, y pida tres voluntarios que deseen orar. El primero deberá orar por las peticiones presentadas. El segundo dará gracias a Dios por las enseñanzas recibidas, y el tercero intercederá por los alumnos que no asistieron a la clase.

Agradézcales por su asistencia durante toda la unidad. Si es posible, confeccione tarjetas de reconocimiento por la asistencia y participación para los que no faltaron durante las semanas pasadas. Eso los motivará a seguir fieles en la asistencia.

Invítelos a la próxima clase para iniciar el estudio de la unidad IV, "Dios te ayuda", y despídanse entonando un canto de alabanza al Señor resucitado.

notas

DIOS TE AYUDA

Bases bíblicas: Josué 10:1-21; Jueces 13:1-25; 14:1-20; 15:1-17; 16:4-31.

Texto de la unidad: *Fíate de Jehová de todo tu corazón y no te apoyes en tu propia prudencia. Reconócelo en todos tus caminos, y él enderezará tus veredas* (Proverbios 3:5-6).

PROPÓSITOS DE LA UNIDAD

Esta unidad ayudará a los preadolescentes a que:

❖ Reconozcan la soberanía de Dios y confíen en su protección aunque no entiendan lo que sucede a su alrededor.

❖ Decidan seguir a Dios para evitar el pecado y sus consecuencias.

LECCIONES DE LA UNIDAD

Lección 19: Dios tiene el control

Lección 20: Un buen comienzo para Sansón

Lección 21: Un hombre muy fuerte

Lección 22: Una gran pérdida

POR QUÉ LOS PREADOLESCENTES NECESITAN LA ENSEÑANZA DE ESTA UNIDAD

En esta unidad sus alumnos estudiarán lo que vivieron y las decisiones que tuvieron que tomar dos personajes del Antiguo Testamento: Josué y Sansón. A través del desarrollo de estas lecciones, comprenderán que Dios es soberano.

Resalte la soberanía divina, haga énfasis en lo que dice el texto para memorizar (Proverbios 3:5-6) y en las actividades de cada lección.

Al conocer las decisiones que tomaron, las acciones y consecuencias que se produjeron en la vida de estos personajes, los alumnos aprenderán que Dios tiene el control de todas las situaciones. Sin embargo, él nos permite tomar decisiones con libertad, aunque después disfrutemos o suframos las consecuencias.

Cuando los jovencitos enfrenten momentos difíciles y de sufrimiento, es probable que se pregunten por qué les sucede. Tal vez Dios no les revele la respuesta, pero recordarán que prometió ayudarlos a resistir y vencer si confían en él.

Dios tiene el control

Base bíblica: Josué 10:1-21.

Objetivo de la lección: Que el alumno comprenda que Dios es soberano.

Texto para memorizar: *Fíate de Jehová de todo tu corazón y no te apoyes en tu propia prudencia. Reconócelo en todos tus caminos, y él enderezará tus veredas* (Proverbios 3:5-6).

¡PREPÁRESE PARA ENSEÑAR!

Los preadolescentes están dejando la calma y estabilidad de los últimos años de la niñez para entrar en una etapa de rápidos cambios en todas las áreas de su vida. Es probable que esta transición los desoriente, confunda e incluso les cause dolor.

Ellos necesitan un ancla sólida en su vida.

Deben aprender que aunque la situación sea difícil y dolorosa, Dios es soberano y todopoderoso.

También es importante que comprendan que Dios interviene para ordenar nuestra vida. Quizá lo haga en forma silenciosa, casi sin que nos demos cuenta, o con demostraciones milagrosas de su poder. De la forma que sea, Dios tiene el control de todo el mundo, y aun las fuerzas más poderosas de la naturaleza lo obedecen.

Como Señor soberano del universo, Dios merece nuestra lealtad, amor y obediencia.

COMENTARIO BÍBLICO

Josué 10:1-21. Los israelitas tenían una presencia militar significativa en Canaán. Habían derrotado a Jericó, a Hai y a otros pueblos vecinos. Los de Gabaón lograron engañar a Josué para que firmara un tratado de paz (Josué 9). Cuando las otras naciones se enteraron, se unieron para castigar a Gabaón.

Aunque los gabaonitas habían engañado a Josué, él cumplió su promesa y los auxilió. El ejército de Israel, que era relativamente nuevo, debía luchar contra los ejércitos de cinco grandes ciudades a la vez: Jerusalén, Hebrón, Jarmut, Laquis y Eglón. Los israelitas esperaban tomar las ciudades una a una, como hicieron con Jericó y Hai, pero el plan no funcionó.

Aunque los planes humanos fracasaron, Dios le prometió a Josué la victoria. Y mostró su soberanía sobre los ejércitos, confundiendo a los enemigos cuando Josué los atacó. Además, mostró su soberanía sobre la naturaleza, enviando una tormenta de granizo que destruyó a los ejércitos enemigos. También demostró su soberanía sobre el tiempo al contestar la oración de Josué y detener el curso de la órbita de la luna y el sol. Por último, mostró su soberanía sobre otros dioses, dándole a su pueblo la victoria sobre los ejércitos paganos.

DESARROLLO DE LA LECCIÓN

Dios lo hizo

Inicie la clase preguntando a sus alumnos: *¿Recuerdan algún momento de su vida en el que desearon que se produjera un milagro?* Permita que algunos voluntarios respondan, o pregúnteles directamente por nombre. Haga énfasis en que los milagros muestran que Dios tiene el control de la situación.

Pida a los preadolescentes que abran el libro del alumno, página 69 y divida la clase en grupos pequeños para que trabajen en la sopa de letras. Reúna a sus alumnos y comparen las palabras que encontraron. Estas son: LÁZARO, CARMELO, INVISIBLE, ELÍAS, ROJO, SANARON, PECES, DIOS, JORDÁN.

Recuérdeles que Dios es soberano; por lo tanto, tiene poder para hacer milagros. Los milagros son una forma en que Dios muestra su soberanía sobre la naturaleza y la vida de las personas. Si el tiempo lo permite, repasen cuáles fueron los milagros que Dios hizo en cada una de las historias representadas en la sopa de letras. ¿Sobre qué aspectos mostró Dios su soberanía?

HISTORIA BÍBLICA

Cinco ciudades contra un Dios soberano

Lean juntos el pasaje de Josué 10:1-21. Pida que, a medida que leen, identifiquen las diversas formas en que Dios demostró su soberanía en cada situación. Propicie una conversación sobre el tema, puede hacerlo con las siguientes preguntas:

¿Cómo demostró Dios que tenía el control de esa situación? (v. 8).

Dios le dijo a Josué que el enemigo no derrotaría a Israel. Además, confundió al ejército enemigo, enviando una tormenta de granizo para atacarlos. Esto favoreció el triunfo de Josué y los israelitas.

¿Por qué animó Dios a Josué antes de que peleara contra el enemigo?

El ejército israelita no se comparaba con el ejército de las cinco ciudades enemigas. Dios quiso asegurarle a Josué que lo acompañaría, y que el ejército hebreo triunfaría en la batalla con la ayuda del Todopoderoso.

Dios, nuestra ayuda en tiempo de problemas

Josué y los israelitas reconocieron que Dios era soberano. Este reconocimiento marcó la diferencia en el momento de enfrentarse con los enemigos.

Es importante comprender que la soberanía de Dios no está limitada por la falta de entendimiento del hombre.

Lean Josué 10:19 y reflexionen acerca de la victoria que Dios les dio a los israelitas, a pesar de que se enfrentaron con un ejército muy numeroso. Ni el tamaño del ejército, ni el poder de las armas, ni el tiempo limitaron a Dios.

Divida la clase en grupos pequeños para que respondan las preguntas del libro del alumno, página 71. Luego, debatan sobre las respuestas.

1. *¿Por qué Josué ayudó a la gente de Gabaón?*

Las fuerzas combinadas de los reyes amorreos atacarían Gabaón. Los israelitas habían hecho un trato con los gabaonitas. Aunque estos mintieron al hacer el trato, Josué sintió que debía cumplir su parte y ayudarlos en la batalla.

2. *¿Por qué Dios envió granizo?*

Él usó su soberanía sobre la naturaleza para ayudar a su pueblo en un momento de necesidad.

3. Dios no siempre usa los milagros para cumplir sus planes. *¿Qué piensan acerca de eso?*

Nuestro asombroso Dios

Divida la clase en parejas o grupos pequeños para que trabajen en la siguiente actividad del libro del alumno, página 71. Cada grupo deberá elegir un secretario que anote las respuestas.

¿Qué significa soberanía?

Dios tiene el derecho absoluto de gobernar sobre todo el universo y todo cuanto existe o quiera agregar, de la forma que crea conveniente, sin límite alguno impuesto por las circunstancias ni decisiones humanas.

¿Cómo nos ayuda la soberanía de Dios?

Dios tiene control del mundo entero, incluidas todas las personas. No importa lo difíciles que sean las circunstancias, Dios tiene todo bajo su señorío.

A veces a los reyes y reinas se los llama "soberanos", porque tienen el control de sus países. Puesto que Dios es soberano, ¿cómo debemos relacionarnos con él? Debemos respetarlo como él se merece, honrar su nombre, seguir sus enseñanzas, ser obedientes, ser reverentes cuando estamos en el templo, y cuando participamos de los tiempos de adoración y comunión.

PARA TERMINAR

¿Cómo te sientes?

Dé tiempo para que sus alumnos abran el libro del alumno, página 72, y observen la expresión del rostro de los personajes. Pídales que rodeen con un círculo los sentimientos que tienen cuando piensan en la soberanía de Dios. (Posibles respuestas: feliz, avergonzado, triste, asombrado, entusiasmado, fuerte, confundido, asustado, orgulloso).

Permita que algunos voluntarios cuenten y expliquen sus respuestas.

Es importante recalcar que la soberanía sin amor puede ser cruel y dolorosa. Hay un viejo refrán que dice: "El poder corrompe y el poder absoluto corrompe absolutamente". Sin embargo, no debemos tenerle miedo de Dios. Aunque él es soberano y poderoso, también es amor.

El soberano Dios del universo nos invita a amarlo y seguirlo.

Meditación personal

Este es un buen momento para que el grupo reflexione sobre algunos aspectos personales, relacionados con la soberanía de Dios en sus vidas.

¿Permito que Dios controle mi vida, o trato de hacerlo yo mismo?

¿Estoy preocupado por situaciones que estoy seguro que Dios tiene bajo su control? ¿Por qué?

Anímelos a dejar en las manos de Dios todos sus temores y preocupaciones.

Repasen el texto para memorizar y, por último, pida que algún miembro de la clase termine con una oración. No olvide invitarlos a la próxima clase.

Un buen comienzo para Sansón

Base bíblica: Jueces 13:1-25.

Objetivo de la lección: Que los alumnos comprendan lo que significa vivir en santidad.

Texto para memorizar: *Fíate de Jehová de todo tu corazón y no te apoyes en tu propia prudencia. Reconócelo en todos tus caminos, y él enderezará tus veredas* (Proverbios 3:5-6).

¡PREPÁRESE PARA ENSEÑAR!

Como sabemos, el mundo en que vivimos está corrompido por el pecado. La televisión, la radio y otros medios de comunicación promueven acciones y estilos de vida inmorales. De igual forma, los preadolescentes sienten la presión de sus amigos para hacer lo que es incorrecto.

Seguramente vieron a personajes que admiran —aun deportistas famosos— que fueron arrestados por manejar ebrios, consumir o tener drogas o realizar actos inmorales. Al observar tal conducta, muchos jovencitos llegan a considerarla aceptable.

Sin embargo, Dios nos pide que tengamos un estilo de vida diferente: la santidad. Es cierto que la gente que vive en santidad no constituye la mayoría, pero los preadolescentes deben comprender lo que Dios demanda: que sus hijos no se conformen a las costumbres de este mundo, sino que vivan en santidad.

Dios le dio a Sansón una misión especial para que ayudara a su pueblo. Por eso le dio una serie de requisitos que debía cumplir.

También los preadolescentes cristianos tienen la responsabilidad de vivir conforme a las ordenanzas del Señor. Y, así como Dios estuvo con Sansón, él prometió que estaría con nosotros, ayudándonos a vivir en santidad.

COMENTARIO BÍBLICO

Jueces 13:1-25. Los filisteos, un pueblo guerrero establecido en la llanura costera de Palestina, salían de sus cinco ciudades principales para atacar a los israelitas y cananeos. Eran más poderosos que los demás pueblos gracias a sus carros de guerra y a sus espadas y lanzas de hierro.

Un día, un ángel se le apareció a la madre de Sansón para decirle que tendría un hijo y que este sería nazareo. Como señal de la promesa de Dios, no debían cortarle el cabello, no podía beber vino ni comer del fruto de la vid, y tampoco tocar cadáveres. El plan de Dios para Sansón era que librara a los israelitas de los ataques filisteos.

1 Pedro 1:15. Dios desea usar a sus hijos para su servicio; sin embargo, fija normas de conducta que debemos cumplir. Él pide obediencia y santidad. No significa que debamos ser tan santos como él, pues somos seres humanos, sino que debemos tener su carácter, que es santo, porque fuimos hechos a su imagen. Así como un vaso con agua del océano tiene las mismas propiedades que el océano, los seres humanos debemos tener la pureza y santidad de Dios.

Nuestro estilo de vida y conversación deben reflejar tal santidad. Lo que hay en el corazón se manifiesta en cada aspecto de la vida. En el Antiguo Testamento, la santidad incluía ritos y ceremonias, pero en el Nuevo Testamento la santidad es parte integral de la vida diaria. Dios nos llama a ser santos y a vivir una vida íntegra que refleje el cambio que él ha hecho en nosotros.

DESARROLLO DE LA LECCIÓN

¿Quién fue Sansón?

En una pizarra o en una hoja grande de papel escriba, como título: "Sansón". Luego, pida a sus alumnos que mencionen los datos que conocen acerca de este hombre: nombres de sus padres, lugar de nacimiento, ocupación, características, dónde vivió, si era casado o soltero, etc.

Escriba en la pizarra la información que le den. Si es posible, provéales diccionarios bíblicos, enciclopedias o comentarios bíblicos, y anímelos a descubrir la mayor cantidad de datos sobre Sansón.

Repaso

Es importante que verifique si sus alumnos comprendieron lo que significa la soberanía de Dios en nuestra vida. Formule preguntas que ayuden a reforzar el aprendizaje, como por ejemplo: *¿Qué situaciones que viviste la semana pasada te preocuparon menos porque confiaste más en Dios?*

¿Qué piensas?

Dé tiempo para que sus alumnos lean individualmente las declaraciones del libro de trabajo, página 73. Luego, léanlas todos juntos siguiendo estas instrucciones:

- Si están de acuerdo con la declaración correspondiente, pónganse de pie para leerla.

- Si no están de acuerdo, léanla sentados.

Tome nota de cuántos están de acuerdo y cuántos en desacuerdo, pero evite hacer comentarios. Al final de la lección repita la actividad y observe si cambian de actitud.

Declaraciones:
1) Como cristiano, soy libre de hacer lo que quiero.
2) Como cristiano, ¿debo pedir perdón si pequé?
3) A Dios no le importa la manera en que vivo.
4) La Biblia tiene exigencias tan elevadas que a la gente le resulta difícil cumplirlas.
5) A través del Espíritu Santo, Dios nos da poder para vivir en santidad.
6) Dios quiere que vivamos en santidad.

HISTORIA BÍBLICA

Sansón y Juan el Bautista

Use esta actividad para comparar la vida de dos nazareos: Sansón, del Antiguo Testamento, y Juan el Bautista, del Nuevo.

Antiguo Testamento: Los pueblos vecinos de los israelitas adoraban a dioses falsos. Muchos niños israelitas, cuando crecieron, quisieron imitarlos. Hicieron imágenes, las pusieron en sus patios, y se inclinaban ante ellas para adorarlas.

Como la gente se alejó de Dios, él permitió que tuvieran problemas. En la zona costera vivían los filisteos, que eran crueles y fuertes. Durante 40 años dominaron a las tribus de Israel que vivían cerca de ellos. Los filisteos adoraban al dios Dagón. Este ídolo tenía cara y manos de hombre, pero cuerpo de pescado. Los filisteos construyeron un gran templo para Dagón en su capital.

Sin embargo, no todos los israelitas adoraban a dioses falsos. Algunos amaban y servían a Dios. Entre ellos estaban Manoa y su esposa, una pareja de ancianos que no tenían hijos.

Un día, un ángel le dijo a la esposa de Manoa: "Nunca has tenido hijos, pero concebirás y darás a luz un hijo. Ahora, pues, no bebas vino ni sidra, ni comas cosa inmunda, pues concebirás y darás a luz un hijo. No pasará navaja sobre su cabeza, porque el niño será nazareo para Dios desde su nacimiento, y comenzará a salvar a Israel de manos de los filisteos".

Cuando ella le contó esto a Manoa, él oró diciendo: "Señor mío, yo te ruego que aquel hombre de Dios que enviaste regrese ahora a nosotros y nos enseñe lo que debemos hacer con el niño que ha de nacer".

Cuando la mujer estaba en el campo, el ángel regresó, así que ella corrió para llamar a su esposo. Manoa le preguntó al ángel: "Cuando tus palabras se cumplan, ¿cuál debe ser la manera de vivir del niño y qué debemos hacer con él?"

El ángel respondió: "La mujer se guardará de todas las cosas que yo le dije".

Luego Manoa y su mujer ofrecieron sacrificio a Dios. Y cuando la llama del altar subió hacia el cielo, Manoa y su mujer vieron al ángel de Jehová subir en la llama.

Luego de un tiempo, la esposa de Manoa dio a luz un hijo y le puso por nombre Sansón. Sus padres lo criaron según los votos nazareos. Nunca le cortaron el pelo; no le permitían comer alimentos inmundos ni beber ninguna clase de vino; tampoco podía tocar cadáveres. Estas eran algunas de las restricciones que los nazareos debían cumplir. Sansón creció fuerte y Dios lo bendijo (Jueces 13:3-24).

Dato importante: "Sansón debía ser un nazareo. *Nazareo era la persona que, mediante un voto, se apartaba para el servicio a Dios. Los padres de Sansón hicieron el voto por él. A veces dicho voto era temporal, pero en el caso de Sansón era para toda la vida*" (Biblia del Diario Vivir).

Nuevo Testamento: El Nuevo Testamento también nos habla de otro hombre que vivió bajo votos nazareos.

Zacarías había partido de su hogar en las montañas para cumplir su tiempo de servicio como sacerdote en el templo. Como había muchos sacerdotes, estos se turnaban para ministrar.

Zacarías y su esposa Elisabet amaban y servían a Dios, y esperaban la venida del Mesías. Ellos no tenían hijos.

Dos veces al día Zacarías tomaba carbones encendidos del altar y los llevaba al santuario para ofrecer incienso a Dios. Un día, al entrar al santuario, Zacarías vio un ángel y tuvo miedo.

El ángel le dijo: *"No temas, porque tu oración ha sido oída y tu mujer Elisabet te dará a luz un hijo, y llamarás su nombre Juan. Y tendrás gozo y alegría, y muchos se regocijarán de su nacimiento; porque será grande delante de Dios. No beberá vino ni sidra, y será lleno del Espíritu Santo, aun desde el vientre de su madre. Y hará que muchos de los hijos de Israel se conviertan al Señor Dios de ellos. E irá delante de él con el espíritu y el poder de Elías, para hacer volver los corazones de los padres a los hijos, y de los rebeldes a la prudencia de los justos, para preparar al Señor un pueblo bien dispuesto".*

A Zacarías le parecía increíble lo que decía el ángel, así que preguntó: *"¿En qué conoceré esto? Porque yo soy viejo y mi mujer es de edad avanzada".*

El ángel le respondió: *"Yo soy Gabriel, que estoy delante de Dios; y he sido enviado a hablarte, y darte estas buenas nuevas. Y ahora quedarás mudo y no podrás hablar hasta el día en que esto se haga, por cuanto no creíste mis palabras, las cuales se cumplirán a su tiempo".*

La gente que estaba en el patio del templo se preguntaba por qué Zacarías tardaba en el santuario. Cuando al fin salió no podía hablar. Solo se comunicaba por señas. Entonces comprendieron "que había visto visión en el santuario". Al cumplir su ministerio, se fue a su casa. Tiempo después, su esposa Elisabet concibió y dio a luz un varón.

Según la costumbre judía, el padre le ponía nombre al hijo a los ocho días de nacido. Ese día llegaron familiares y amigos, esperando que el niño llevara el nombre de su padre.

Cuando Elisabet anunció que el bebé se llamaría Juan, todos miraron a Zacarías para ver su reacción. Pero él escribió en una tablilla: "Juan es su nombre". Entonces recobró el habla y alabó a Dios. Luego, profetizó que su hijo iría delante del Señor para preparar el camino. Juan le enseñaría a la gente que podía ser salva si se arrepentía de sus pecados.

Juan creció grande y fuerte. Cuando tenía 30 años, dejó su casa y comenzó a predicar junto al río Jordán. Gente de todas partes llegaba para oírlo, y él bautizaba a los que se arrepentían de sus pecados. Un día Juan tuvo el privilegio de bautizar a Jesús. Y como él bautizaba a la gente, lo llamaban Juan el Bautista *(Lucas 1:13-24, 57-66)*.

¿Iguales o diferentes?

Compare, junto con sus alumnos, la vida de Sansón con la de Juan el Bautista. Dividan la pizarra en dos columnas. En una escriban las similitudes, y en la otra las diferencias. Vea los ejemplos:

Similitudes: Sus padres no tenían hijos; el nacimiento de ambos fue especial; Dios los apartó para un propósito especial; eran nazareos, etc.

Diferencias: Vivieron en diferentes períodos; Juan enfrentó la oposición de los líderes religiosos; Sansón enfrentó la oposición de los filisteos. Sansón salvó al pueblo de la opresión de los filisteos; Juan predicó a las personas sobre el arrepentimiento.

Reflexionemos

Prepare con anticipación un cartel con la imagen de una persona que represente a un "santo" o que tenga una aureola en la cabeza. Pregunte al grupo: *¿Por qué decimos que esta persona es santa?* Escuche las respuestas y escríbalas en la pizarra.

Por lo general, los preadolescentes piensan que la santidad es inalcanzable o que solo es para las personas mayores.

Es importante recalcar que la vida santa va más allá de una postura o conducta en el templo. Podemos aparentar que somos santos mientras estamos en el templo o delante de los demás, pero la vida santa se demuestra en el diario vivir, en el trato con las personas.

Haga énfasis en que el egoísmo, la deshonestidad, la injusticia, las mentiras, la desobediencia, la envidia, la hipocresía, los comentarios mal intencionados, la indiferencia ante la necesidad del que sufre, los maltratos, las bromas, las palabras de doble sentido, etc., no son características de una persona que vive en santidad.

Pregúnteles: *¿Es posible que un niño o niña de su edad en pleno siglo XXI viva una vida santa? ¿Cómo pueden vivir de acuerdo a lo que Dios quiere para ustedes?*

Lean juntos 1 Pedro 1:15. Recuérdeles que la vida santa implica: compartir lo que tenemos con los demás; ser compasivos ante las necesidades de otros; ser obedientes a Dios y a los padres; ser honestos en el uso del tiempo y del dinero; hablar siempre la verdad; evitar los chismes; ser respetuosos y justos en el trato con otros. Anímelos a buscar amigos que los apoyen a leer la Biblia diariamente, a participar de los tiempos de adoración como familia o en el templo.

Lo más difícil

Divida la clase en pequeños grupos. Pídales que, usando la actividad del libro del alumno, página 76, elaboren una lista de áreas en las que les resulta más difícil someterse a la voluntad de Dios, ya sea por la presión de sus amigos, o porque esa conducta es común en el grupo o la comunidad en donde viven. Anímelos a pedir la ayuda de Dios para vivir en santidad y resistir la tentación.

PARA TERMINAR

Concluyan la clase leyendo otra vez las declaraciones del libro del alumno, página 73 y observe si cambiaron su forma de pensar. Luego, ore por cada uno y pida al Señor que los ayude a vivir de acuerdo a lo que dice 1 Pedro 1:15.

Repitan todos juntos el texto para memorizar.

Un hombre muy fuerte

Base bíblica: Jueces 14:1-20; 15:1-17.

Objetivo de la lección: Que los alumnos comprendan que su relación con Dios implica obligaciones.

Texto para memorizar: *Fíate de Jehová de todo tu corazón y no te apoyes en tu propia prudencia. Reconócelo en todos tus caminos, y él enderezará tus veredas* (Proverbios 3:5-6).

¡PREPÁRESE PARA ENSEÑAR!

Cuando los preadolescentes se enfrentan a una amistad inconstante, muchas veces deciden que no vale la pena mantenerla. Están aprendiendo que establecer y cultivar una buena amistad demanda esfuerzo. Si solo una persona da, sin recibir nada de la otra, esa relación no será perdurable.

Este ejemplo los ayudará a comprender que la relación entre Dios y su pueblo debe ser recíproca. Dios espera obediencia y fidelidad de su pueblo, como respuesta al amor genuino que él nos demuestra. Para mantener la relación, ambas partes deben trabajar por ese objetivo.

Dios hizo un pacto con Sansón. Y aunque él no siempre se comportó de manera correcta, Dios cumplió su parte del pacto y trabajó a través de un Sansón imperfecto para realizar su plan.

A los jovencitos los alentará saber que no necesitan ser perfectos para tener una relación con Dios. Sin embargo, deben cumplir los requisitos divinos para mantenerla.

COMENTARIO BÍBLICO

Jueces 14:1-20; 15:1-20. Estos dos capítulos sobre la vida de Sansón son complejos, una combinación de comedia y tragedia. Sansón demostró humildad y orgullo a la vez. Era testarudo, pero reconocía que su fuerza provenía de Dios. En Sansón vemos una fuerza increíble, pero carente de disciplina y dominada por sus emociones. Lo más importante de esta historia es que muestra la fidelidad y disposición de Dios para usar a un siervo imperfecto para realizar su plan divino.

Desde el principio vemos al obstinado Sansón actuando contra el deseo de sus padres. Escogió a su esposa, un derecho que entonces les correspondía a los padres, de entre los filisteos, no del pueblo de Israel. Sin embargo, Dios utilizó la obstinación de Sansón para animar a los israelitas, quienes parecían estar satisfechos con la opresión filistea.

Al avanzar la historia, vemos que Sansón violó su voto de no contaminarse. Cuando comió la miel del cadáver de un león, se casó con una filis-tea e instigó la competencia de acertijos, mostró su inmadurez. Esta lo llevó a usar sin control sus emociones y la fuerza increíble que Dios le había dado.

A pesar de su indisciplina, Sansón nunca olvidó la fuente de su fuerza, y Dios nunca lo abandonó.

Los preadolescentes necesitan aprender que Dios es fiel aunque nosotros le fallemos. También deben saber que tienen la responsabilidad de cuidar su relación con Dios y vivir en obediencia y amor a él.

DESARROLLO DE LA LECCIÓN

Responsables

Distribuya los libros del alumno y escriba estas preguntas en la pizarra:

¿Eres responsable? ¿Qué privilegios te gustaría recibir de tus padres o personas mayores?

Escuche las respuestas, y pídales que completen el acróstico sugerido en su libro de trabajo. Aquí le sugerimos algunas respuestas con las que puede ayudar a los que tengan dificultad para realizar la actividad.

Responder con amabilidad cuando me preguntan algo.

Estudiar con anticipación para un examen.

Saludar a las personas mayores.

Prestar atención a las instrucciones de mis padres y maestros.

Ordenar mis pertenencias (ropa, libros, discos compactos).

Negarme a ser cómplice de algo malo.

Sacar la basura sin que me lo tengan que repetir.

Alimentar a mis mascotas.

Barrer la cocina o el patio.

Leer con cuidado las instrucciones al hacer la tarea.

Entretener a mis hermanitos cuando mis padres están cansados.

HISTORIA BÍBLICA

Que sus alumnos se sienten formando un

círculo. Luego, pregúnteles: *¿Qué sucede cuando las relaciones entre padres e hijos se rompen?*

Habrá un mal funcionamiento si los padres fallan o si los hijos no cumplen su parte. Toda relación, para que sea armoniosa, requiere esfuerzo y trabajo.

En los tiempos bíblicos, Dios deseaba tener una relación armoniosa con su pueblo. Desafortunadamente, los israelitas le dieron la espalda y cayeron en manos de los filisteos. Entonces Dios eligió a Sansón para hacerlos reaccionar y hacerles ver que él era superior a los dioses paganos que los otros pueblos adoraban. El voto nazareo fue parte de esa relación especial de Dios con Sansón. Si este seguía las instrucciones de Dios, él le daría la fuerza necesaria para enfrentar a los filisteos.

Sin embargo, algo triste sucedió con Sansón, quien no cumplió su parte del trato con Dios.

Lean los pasajes bíblicos de la lección y conversen acerca de lo que sucedió con este personaje.

El camino de la venganza

Usando la actividad del libro del alumno, debatan acerca de las reacciones que tuvo Sansón. Motive a cada alumno a que participe respondiendo las siguientes preguntas:

1. *¿Cuál fue el primer error de Sansón?*
   Eligió una esposa filistea ignorando los consejos de sus padres (Jueces 14:2).
2. *¿Por qué crees que los padres de Sansón no querían que se casara con la mujer filistea?*
   Los filisteos eran idólatras; adoraban a Dagón.
   Los padres de Sansón querían que él eligiera a una mujer israelita que adorara al único Dios verdadero (14:3).
3. *¿Cómo mostró Sansón su gran fuerza?*
   Mató al león con sus propias manos (14:5-6).
4. *¿De dónde sacó Sansón la idea del acertijo?*
   Al ver las abejas y el panal de miel en el cuerpo muerto del león (14:8-9).
5. *¿Qué hizo Sansón para pagarles a los que respondieron la adivinanza?*
   Mató 30 filisteos, tomó sus ropas y se las dio a los 30 hombres que habían respondido (14:10-19).
6. *¿Por qué Sansón atrapó a las zorras y les amarró antorchas encendidas en las colas?*
   Quería vengarse, porque el suegro había

entregado a su esposa al mejor amigo de Sansón (14:20—15:5).
7. *¿Qué hicieron los filisteos después de que Sansón quemó sus cosechas?*
   Mataron a la esposa de Sansón y al padre de ella. Una mala acción trajo graves consecuencias (15:6).
8. *¿Qué les hizo Sansón a los filisteos que querían atraparlo?*
   Mató a mil hombres con la quijada de un asno (15:11-16).
9. *¿Qué hizo Dios con Sansón después de que destruyó a los filisteos?*
   Como Sansón estaba cansado y sediento, Dios abrió una fuente de agua para que se refrescara y recobrara fuerzas (15:18-20).
10. *¿Qué nos muestra esta historia sobre la relación de Dios con Sansón?*
    Algunas veces Sansón fue terco y rebelde. Él sabía de dónde provenía su fuerza; conocía el propósito de Dios para su vida. Y estaba dispuesto a usar su fuerza en contra de los filisteos. A su vez, Dios no se apartó de él y le tuvo paciencia.

Fortalezas y debilidades

¿Fueron sus buenas cualidades o sus debilidades las que metieron a Sansón en problemas? Debatan acerca de los resultados de las decisiones de Sansón. Recuerde a los preadolescentes que malas decisiones llevan a malos resultados. Sin embargo, Dios cumplió su parte en la relación con Sansón, dándole fuerza cuando la necesitó.

Pídales que usen la actividad del libro del alumno para elaborar una lista con las características de Sansón como persona.

Luego, déles tiempo para que escriban cómo se imaginan que hubiera sido la historia si Sansón hubiese tomado buenas decisiones (página 79 del libro del alumno).

PARA TERMINAR

Dé tiempo para que los todos respondan individualmente las dos preguntas de la última actividad del libro del alumno, página 80. Luego, lean juntos Filipenses 4:13, y desafíelos a tomar buenas decisiones durante la semana.

No olviden tener un tiempo de oración antes de irse, e invítelos a la próxima clase para estudiar la última lección de esta unidad.

Una gran pérdida

Base bíblica: Jueces 16:4-31.

Objetivo de la lección: Que los alumnos comprendan que el tomar decisiones necias siempre trae malas consecuencias.

Texto para memorizar: *Fíate de Jehová de todo tu corazón y no te apoyes en tu propia prudencia. Reconócelo en todos tus caminos, y él enderezará tus veredas* (Proverbios 3:5-6).

¡PREPÁRESE PARA ENSEÑAR!

Es bueno que los preadolescentes sepan que las decisiones que tomen siempre traerán consecuencias, y algunas de ellas repercutirán para toda su vida. La historia de Sansón comenzó llena de grandes promesas, pero terminó en una tragedia. Sus malas decisiones tuvieron efectos negativos. Olvidó cuál era el propósito de su vida y, al perder el enfoque, no tuvo cuidado de sus acciones.

Los jovencitos deben reflexionar sobre las decisiones que toman, en especial al escoger a sus amistades.

Mediante la historia de Sansón aprenderán que cuando las decisiones no se someten a la voluntad de Dios, siempre producen consecuencias dolorosas. Recuérdeles que él quiere alejarlos de las malas decisiones, y será fiel en ayudarlos si buscan la sabiduría divina.

COMENTARIO BÍBLICO

Jueces 16:4-31. La historia de Sansón y Dalila es trágica, porque él obstaculizó los planes maravillosos que Dios tenía para su vida. Sus decisiones insensatas lo desviaron, por ese motivo terminó ciego y como esclavo de los filisteos. Su historia nos muestra lo rápido que podemos destruir una buena relación con Dios.

Sansón debió alejarse de Dalila. La Biblia no dice que ella era filistea, pero tenía fuertes lazos con ese pueblo, y los líderes le pagaron para que descubriera el secreto de la fuerza de Sansón. Después de varias respuestas falsas, terminó cediendo ante su persistencia y le reveló su secreto.

Como resultado de tal decisión, Sansón perdió el cabello, la fuerza, la vista y su libertad. Pero la historia no termina allí. Los filisteos no contaban con la fidelidad de Dios. Mientras Sansón molía granos en la prisión, su cabello le creció de nuevo.

En la celebración en honor al ídolo Dagón, los filisteos llevaron a Sansón para burlarse de él. Pero cuando él oró pidiendo fuerzas, Dios le contestó. Entonces derribó los dos pilares del templo, y toda la estructura cayó, matándolo a él y a miles de filisteos.

La historia de Sansón muestra que tomar decisiones sin sabiduría lleva a la destrucción, pero también muestra que Dios sigue siendo fiel, a pesar de los errores humanos.

DESARROLLO DE LA LECCIÓN

Frente a las presiones

Pregunte a la clase: *¿Alguna vez se sintieron presionados a hacer algo que no es correcto?* Mencione algún ejemplo, y permita que uno de los alumnos cuente alguna situación particular. Dígales que la presión de los amigos es muy fuerte en esta etapa de la vida. En la lección de hoy aprenderán sobre un hombre que cedió a las presiones y sufrió terribles consecuencias.

Muestre figuras de personajes del medio artístico o deportivo que los alumnos conozcan. *¿Cómo se verían sin cabello? ¿Afectaría su voz o su habilidad para el deporte?* Escuche los comentarios de sus alumnos, y luego presente al personaje de esta lección, quien perdió su cabello por dejarse presionar por una mala persona.

HISTORIA BÍBLICA

Según la cantidad de alumnos de su clase, organícelos para que representen el drama sugerido en el libro del alumno, páginas 81 y 82. Otra opción es elegir a algunos que lean el pasaje de Jueces 16:4-31 en forma dramatizada, asignando a cada uno un personaje. Ambos métodos requieren práctica previa para que sea dinámico y de interés para los demás.

Decisiones

Divida la clase en grupos pequeños, en parejas, o asigne una pregunta a cada persona, y pídales que trabajen en la actividad sugerida en el libro del alumno, página 83. Conceda un tiempo determinado para que contesten las preguntas. Al cumplirse el plazo, permita que intercambien sus respuestas.

1. *¿Cuándo comenzó la caída de Sansón?*
Cuando confió en Dalila.

2. *¿Qué pudo haber hecho Sansón para evitar su caída?*
   Alejarse de Dalila. Pedir ayuda, sabiduría y fuerza a Dios.
3. *¿Qué le sucedió a Sansón por revelar su secreto a Dalila?*
   Rompió sus votos con Dios, perdió su fuerza y los filisteos lo capturaron.
4. *¿Qué hechos le demostraban a Sansón que no tenía que confiar en Dalila?*
   La insistencia de sus preguntas y que ya otras veces le había informado a los filisteos la fuente de su fuerza.
5. *¿Qué crees que Dios deseaba para la vida de Sansón?*
   Que fuera obediente a sus leyes y que usara la fuerza que él le había dado.
6. *En tu opinión, ¿por qué la vida de Sansón terminó de esa manera?*

Malas decisiones = malas consecuencias

Escriba las siguientes oraciones en tarjetas pequeñas, y reparta una a cada uno de sus alumnos. Estos se deberán turnar para leer sus tarjetas. Unos leerán las decisiones y otros las respectivas consecuencias. Después de leer cada "consecuencia", dediquen un breve tiempo para dialogar sobre el tema. Esta es una buena oportunidad para recalcar los valores cristianos en la vida de sus alumnos.

Decisión	Consecuencia
Elegir malas compañías.	Tendré problemas.
Hacer trampa en los exámenes.	No aprenderé.
Quedarse con algo ajeno.	La gente no confiará en mí.
Tener relaciones sexuales antes del matrimonio.	Embarazo no deseado.
Insultar a las personas.	Provocará peleas.

Usted puede añadir más tarjetas, según el número de alumnos.

Memorización

Es probable que muchos de sus alumnos hayan memorizado algunos de los versículos. Le sugerimos que los premie con alguna golosina u otro regalo simbólico como incentivo. De esta manera se reconoce el esfuerzo de cada alumno.

PARA TERMINAR

Reúna a sus alumnos formando un círculo. Oren pidiéndole a Dios la fuerza para enfrentar presiones negativas de sus amistades, de manera que tomen siempre las decisiones correctas.

Hagan un breve repaso de lo que aprendieron durante estas cuatro lecciones, y anímelos a asistir a la próxima clase para iniciar el estudio de una nueva unidad.

notas

LA CREACIÓN

Bases bíblicas: Génesis 1:1-28; 1:26-30; 2:15, 16-17; 3:1-24; 8:22; Job 38:1-11; Salmos 8:1-5; 8:3-9; 95:3-5; 102:25-27; Isaías 48:12-13; Jeremías 10:11-13; Romanos 3:23; 5:8, 18-19.

Texto de la unidad: *Tú formaste mis entrañas; tú me hiciste en el vientre de mi madre. Te alabaré; porque formidables, maravillosas son tus obras; estoy maravillado, y mi alma lo sabe muy bien* (Salmos 139:13-14).

PROPÓSITOS DE LA UNIDAD

Esta unidad ayudará a los preadolescentes a:

❖ Aprender sobre Dios el Creador y a descubrir que fuimos creados a "su imagen y semejanza".

❖ Reconocer el impacto del pecado en nuestra relación con Dios.

❖ Aceptar la responsabilidad que Dios nos dio de cuidar de su creación.

LECCIONES DE LA UNIDAD

Lección 23:   Nuestro gran Creador

Lección 24:   No es casualidad

Lección 25:   Somos especiales

Lección 26:   La trampa del pecado

Lección 27:   Dios nos dio una misión

POR QUÉ LOS PREADOLESCENTES NECESITAN LA ENSEÑANZA DE ESTA UNIDAD

Las enseñanzas de esta unidad ayudarán a sus alumnos a conocer su origen y la razón por la que fueron creados. En estos tiempos, cuando las teorías de la evolución y del origen de las especies son cada vez más populares, ellos reafirmarán lo que es muy posible que ya sepan, que Dios es el Creador del universo y el único que tiene potestad para infundir aliento a los seres vivientes.

Mediante estas enseñanzas aprenderán cuáles son las diferencias entre las teorías evolucionistas y los principios bíblicos sobre la creación del universo.

Es importante que los alumnos tengan el conocimiento adecuado para defender sus creencias y permanecer firmes frente a las enseñanzas evolucionistas que reciben en la escuela. Ayúdelos a comprender que Dios, como creador y sustentador del universo, merece nuestra obediencia, gratitud y amor.

Nuestro gran Creador

Base bíblica: Génesis 1:1-28; 8:22.

Objetivo de la lección: Que los alumnos tengan la certeza que Dios es el Creador y sustentador del universo.

Texto para memorizar: *Tú formaste mis entrañas; tú me hiciste en el vientre de mi madre. Te alabaré; porque formidables, maravillosas son tus obras; estoy maravillado, y mi alma lo sabe muy bien* (Salmos 139:13-14).

¡PREPÁRESE PARA ENSEÑAR!

Probablemente la mayoría de sus alumnos hayan escuchado la historia de la creación desde que eran pequeños. Sin embargo, en esta ocasión la estudiarán desde otra perspectiva. Como ya saben el orden en que Dios creó el cielo, la tierra, las estrellas, los animales y al hombre, ahora deben aprender lo que implica ser parte de la maravillosa creación de Dios.

En sus libros de geografía, biología e historia aprendieron acerca del comportamiento de los animales, el furor de los volcanes y la complejidad de los átomos. Esta vez aprenderán a conocer al Creador de todas esas maravillas.

Es nuestra oración que, a través de esta serie de lecciones, sus alumnos aprendan a cuidar la creación, honrar al Creador y comprender que Dios los creó a su imagen y semejanza.

COMENTARIO BÍBLICO

Génesis 1:1-28; 8:22. Cuando leemos la historia de la creación, nos damos cuenta de la majestad y el dominio de Dios sobre todo cuanto existe. La Biblia no trata de probar la existencia de Dios; tan solo afirma que él existe (Génesis 1:1). En medio del caos y el vacío, Dios en su soberanía convirtió un lugar desordenado en el mundo maravilloso que ahora conocemos y disfrutamos. Él creó el mundo y todo cuanto existe. Eso quiere decir que, como Creador, todo le pertenece.

La historia de la creación es más que una lista de lo que Dios hizo. Nos habla de la naturaleza misma de Dios. Cuando leemos la frase "hágase la luz", nos damos cuenta del poder y la autoridad de Dios sobre los acontecimientos y la naturaleza.

El orden de la creación nos revela a un Dios sabio y cuidadoso. Un ejemplo de esto es que creó el agua antes que los peces, el cielo antes que las aves, formó la tierra antes de crear las plantas y los animales.

Lo más importante es que no solo es el Creador, sino también el sustentador de todo cuanto existe. Es por su mano que el mar no se desborda y los ríos siguen su cauce natural. Sin embargo, los seres humanos muchas veces olvidamos nuestro lugar de criaturas, y asumimos el papel de gobernantes absolutos, pretendiendo incluso crear nuevas formas de vida a través de la ciencia. Pero, Dios nos creó para alabarlo y vivir en comunión con él.

DESARROLLO DE LA LECCIÓN

Manos creativas

Para esta actividad necesitará masa para modelar (plastilina) o barro artesanal, palitos de madera y manteles de plástico.

Antes de que sus alumnos lleguen, proteja las mesas con manteles o bolsas de plástico, y distribuya los materiales de trabajo. Explique a toda la clase que la actividad consiste en usar sus manos y su imaginación para crear algún elemento de la naturaleza (por ejemplo: un árbol, un volcán, una flor, un animal, etc.).

Luego, permita que cada uno muestre el trabajo que realizó. Explíqueles que así como de una porción de barro, sin forma, ellos crearon una figura, Dios creó el universo cuando solo había caos y tinieblas. Durante esta unidad estudiarán acerca de Dios, el Creador del universo.

¡Qué vida!

Pida que dos voluntarios distribuyan los libros del alumno. Luego pida a la clase que los abran en la página 85.

Lea las preguntas en voz alta para que el grupo las conteste, y anote las respuestas en la pizarra. Luego, conversen sobre la importancia que tienen los árboles en la naturaleza.

Explíqueles que los árboles producen oxígeno. Además, su madera se usa para fabricar casas, muebles, lápices, papel, etc.

Sigue las pistas

Dirija la atención de los alumnos a la página 86. Pídales que, observando con detenimiento la ilustración, identifiquen las preferencias y actividades favoritas del niño, y hagan una lista en la pizarra.

Después, pregúnteles: *¿Creen que podemos*

conocer la personalidad de este niño a través de sus actividades favoritas?

Basándose en la lista, determinen cuáles son algunas de las características de la personalidad del niño. Por ejemplo, la ilustración muestra que se interesa por la música. Esta actividad requiere paciencia para aprender a tocar un nuevo instrumento y determinación para practicar de continuo. También muestra su gusto por los deportes. Esta actividad requiere destreza física y disciplina.

Para concluir la actividad, dígales: *A través de las actividades favoritas de este niño, conocimos parte de su personalidad. Hoy estudiaremos la creación y aprenderemos qué nos dice acerca de la personalidad de Dios.*

HISTORIA BÍBLICA

Elija alguno de los siguientes métodos para contar la historia bíblica: Narre la historia de la creación con sus propias palabras; permita que sus alumnos la lean de la Biblia o use materiales visuales para ejemplificar la narración.

Recuerde que siempre debe tener la Biblia en un lugar visible, así sus alumnos sabrán que es una historia mencionada en la palabra de Dios.

Es probable que muchos de sus alumnos conozcan detalles de la historia. Por lo tanto, le sugerimos que les permita una participación activa durante la narración.

ACTIVIDADES

Solo Dios...

Reparta hojas y lápices de colores. Pida a sus alumnos que escriban como título "Solo Dios pudo hacer..." Luego, indíqueles que hagan una ilustración al respecto.

Cada uno deberá pasar al frente y, mostrando su trabajo terminado, decir: "Solo Dios pudo hacer... (los volcanes, los ríos, la nieve, etc.)".

Coloquen todos los trabajos en un lugar visible para formar un mural de la creación, el que irán enriqueciendo con cada lección de la unidad.

Encuentra las respuestas a tus preguntas

Divida la clase en parejas. Luego, pídales que busquen los versículos sugeridos en la concordancia de la página 87 de sus libros.

Después, dígales que escriban en la parte inferior las referencias bíblicas que corresponden a cada frase.

1) Dios creó el mundo (Marcos 13:19).
2) Todo lo que Dios creó es bueno (1 Timoteo 4:4).
3) Dios creó al hombre a su propia imagen (Génesis 1:27).
4) El séptimo día, Dios descansó de todo lo que había creado (Génesis 2:3).
5) Debes recordar a tu Creador mientras eres joven (Eclesiastés 12:1).
6) Desde la creación del mundo, Dios se ha manifestado claramente (Romanos 1:20).

¿Qué te enseña la creación sobre...?

Una vez más, divida la clase en parejas para que respondan las preguntas de la página 88 del libro. Dígales que dialoguen acerca de lo que aprendieron sobre Dios en la historia de la creación.

Luego, cada pareja contará sus respuestas a los demás.

PARA TERMINAR

Pida a sus alumnos que en su Biblia busquen Salmos 139:13-14 y lo lean en voz alta. Explíqueles que este es el texto para memorizar de la unidad, y dígales: *Dios hizo el mundo y creó a los seres humanos. Sin embargo, a veces olvidamos lo maravilloso que es el cuerpo que Dios nos dio. Este versículo nos recordará la importancia de saber que fuimos creados por Dios para alabarlo.*

Repasen el texto para memorizar un par de veces. Luego, despídanse dando gracias a Dios por su creación maravillosa y por permitirnos conocerlo a través de ella.

_____

_____

_____

_____

_____

No es casualidad

Base bíblica: Génesis 1:1, 27; Job 38:1-11; Salmos 95:3-5; 102:25-27; Isaías 48:12-13; Jeremías 10:11-13.

Objetivo de la lección: Que los alumnos comprendan que el origen de la vida y el universo proviene de Dios, el Creador.

Texto para memorizar: *Tú formaste mis entrañas; tú me hiciste en el vientre de mi madre. Te alabaré; porque formidables, maravillosas son tus obras; estoy maravillado, y mi alma lo sabe muy bien* (Salmos 139:13-14).

¡PREPÁRESE PARA ENSEÑAR!

Ciencia y fe no son dos palabras que comúnmente se relacionen. Al contrario, la sociedad se encargó de separarlas. Muchos maestros seculares usan la teoría de las especies y la evolución para refutar las creencias religiosas de sus alumnos.

Los preadolescentes necesitan permanecer firmes en la verdad de que Dios es el Creador, comprendiendo que la ciencia es efectiva para entender el mundo físico. Es decir, la ciencia existió después de la creación, pero explicar el origen de la creación compete al terreno de la fe.

En esta etapa de su vida escolar, sus alumnos comenzarán a estudiar el origen de las especies y otras teorías de la evolución. Estas sostienen que todo fue creado por una explosión cósmica, o que los seres vivos eran bacterias que mutaron, convirtiéndose en organismos complejos. Por eso es importante que aprendan lo que dice la Palabra sobre este tema, y que sepan que Dios es el único creador, dueño y Señor de todo cuanto existe.

Pida la guía del Espíritu Santo para que, por medio de esta lección, los preadolescentes sepan cómo defender sus creencias y permanecer firmes en la verdad de la palabra de Dios.

COMENTARIO BÍBLICO

Génesis 1:1. En la Biblia encontramos evidencias de que Dios es el creador. El primer versículo de la Biblia dice: "En el principio creó Dios". Eso quiere decir que Dios existía antes de todo.

Job 38:1-11. En esta conversación, Dios habla con Job acerca de los misterios y secretos de la creación. La descripción que Dios hace del mundo es tan compleja y maravillosa que las personas no pueden comprenderla ni controlarla. Dios es el arquitecto del mundo y solo él merece nuestra adoración y servicio.

Salmos 95:3-5; 102:25-27. Estos versículos describen a Dios como creador. El ser humano fue creado para adorar y alabar a Dios por su dominio sobre el mundo.

Isaías 48:12-13. Isaías reconoce a Dios como el creador, el único Dios verdadero. Por lo tanto, es digno de confianza, y la gente debe creer en él como único soberano.

Jeremías 10:11-13. Jeremías da un mensaje a los hebreos en el exilio. Su advertencia incluye una sentencia contra los ídolos, pero también una afirmación de que Dios es el único creador del mundo.

DESARROLLO DE LA LECCIÓN

Identifica los objetos

Antes de la clase, guarde 15 objetos diferentes en una bolsa (por ejemplo: una cuchara, una moneda, un lazo, una hoja, algodón, un sonajero, etc.). Elabore una lista de los objetos que guardó, y elija a cuatro participantes para esta actividad.

Pida a los cuatro que salgan del salón. Luego, llámelos uno por vez.

Pida al primero que toque los objetos dentro de la bolsa y adivine qué son. Después permítale que escriba sus respuestas en una hoja.

El segundo alumno deberá agitar la bolsa, adivinar el contenido mediante los sonidos y confeccionar su propia lista.

Llame al tercero para que mire dentro de la bolsa durante tres segundos y escriba cuáles son los objetos que vio.

Esconda la bolsa.

Luego, pida al cuarto alumno que pase al frente y dígale: *Hace un rato guardé varios objetos dentro de esta bolsa e hice una lista del contenido. Ahora lee esta lista y dime cuáles objetos crees que guardé en la bolsa.*

Comparen las listas que elaboraron y muestre al resto del grupo los objetos que se encontraban en la bolsa. Enfatice que los cuatro participantes estaban describiendo los mismos objetos, pero cada uno lo hizo de una forma diferente.

Explíqueles que las personas también usan diferentes medios para entender el origen de nuestro mundo. Algunos usan la ciencia para entender el punto de vista físico y otros recurren a los principios bíblicos. En la historia de hoy aprenderemos cuáles son las diferencias entre estos dos puntos de vista.

¿Igual o diferente?

Distribuya los libros del alumno, y pida a los jovencitos que los abran en la página 89. Allí deberán leer las afirmaciones bíblicas y las científicas.

Divídalos en pequeños grupos para que debatan acerca del porqué deben o no creer tales afirmaciones. Cada grupo nombrará un secretario que anotará las conclusiones y se las contará al resto de la clase.

HISTORIA BÍBLICA

Reuna y diga a sus alumnos: *La Biblia nos habla acerca de la creación en el libro de Génesis. Sin embargo, otros pasajes bíblicos también dan testimonio de que Dios es el creador. Hoy exploraremos lo que nos dice la Biblia acerca de Dios y su creación.*

Divídalos en tres grupos, y asegúrese de que cada grupo tenga una Biblia. Abran los libros del alumno en la página 90 y, después de asignar las preguntas, pídales que busquen los pasajes y encuentren las respuestas. Cuando todos hayan terminado, pida que comenten sobre las conclusiones a las que llegaron.

ACTIVIDADES

Mural de la creación

Para esta actividad necesitará cartulina, pegamento, tijeras, marcadores de colores, lápices y objetos naturales que sus alumnos hayan recolectado (hojas, piedras, flores, ramitas, etc.).

Indíqueles que usen los materiales para crear un mural acerca de la creación. Mientras trabajan, anímelos a alabar a Dios por su creación maravillosa.

Cuando terminen, coloquen el mural en la puerta del salón para que los padres y familiares lo vean.

¿Ciencia o religión?

Observen la ilustración de la página 91, e identifiquen qué frases corresponden al punto de vista científico.

Explique a sus alumnos que muchas personas tratan de refutar la verdad bíblica con teorías científicas. Pero Dios es claro al afirmar que él creó el cielo, la tierra y todo cuanto existe.

Dígales que, cuando se enfrenten a esas ideologías, deben permanecer firmes en el conocimiento de Dios como único Señor y soberano del universo.

¿Puedes explicar...?

Pregunte a los preadolescentes si saben cómo recibe el televisor las señales, y las transforma en imágenes y sonidos. Escuche sus respuestas y pregunte: *Entonces, ¿por qué siguen viendo los programas que transmite?*

Siga los ejemplos sugeridos en el libro del alumno y déles tiempo para que escriban las respuestas. Concluya explicándoles que hay algunos aspectos de la creación que tal vez nunca entendamos por completo. Solo Dios sabe todo, porque es el creador del universo. Pero, eso no nos impide confiar en su poder y soberanía.

PARA TERMINAR

Oren y den gracias a Dios por su creación y la bendición de formar parte de ella. Entonen algunas canciones de alabanza antes de despedirse, y repasen el texto para memorizar.

notas

Somos especiales

Base bíblica: Génesis 1:26-30; Salmos 8:1-5.

Objetivo de la lección: Que los preadolescentes se den cuenta del honor, el privilegio y la responsabilidad que implica el hecho de que Dios nos creó a su imagen y semejanza.

Texto para memorizar: *Tú formaste mis entrañas; tú me hiciste en el vientre de mi madre. Te alabaré; porque formidables, maravillosas son tus obras; estoy maravillado, y mi alma lo sabe muy bien* (Salmos 139:13-14).

¡PREPÁRESE PARA ENSEÑAR!

Los preadolescentes atraviesan una etapa de su vida en la que los problemas de autoestima son comunes. En algunos casos, su autoestima es tan elevada que se convierte en arrogancia, mientras que en otros, su falta de amor propio los hace sentirse inseguros e inferiores.

Cuando sus alumnos comprendan que Dios los creó a su imagen y semejanza, se darán cuenta de la importancia que tiene valorarse y respetarse como parte importante de la maravillosa creación.

Los estereotipos de belleza, las altas exigencias sociales, el maltrato emocional y físico, incluso el abandono, pueden hacer que sus alumnos se sientan que son inferiores y que no son importantes para el mundo. Por eso, aproveche la enseñanza de esta lección para hacerles entender que son especiales e importantes ante los ojos de Dios, el rey del universo.

COMENTARIO BÍBLICO

Génesis 1:26-30. Dios creó al ser humano a su imagen. Eso no significa que seamos iguales a él en el aspecto físico; más bien, se refiere a que somos semejantes en inteligencia, en las emociones, la voluntad, la responsabilidad y el espíritu.

También se nos otorgó la facultad de entender y de elegir con total libertad; además, podemos aprender, amar y obedecer a nuestro Creador.

Antes de la caída, Adán y Eva podían juzgar sin temor a equivocarse. Sus afectos eran puros y poseían plena libertad, incluso se comunicaban con Dios cara a cara.

Es importante entender que Dios valora a las personas, poniéndolas por encima del resto de la creación. Sin embargo, tener la "imagen de Dios" conlleva una serie de responsabilidades, además del honor y el privilegio.

Salmos 8:1-5. Este salmo nos ayuda a comprender el valor que Dios les da a las personas. Aun siendo insignificantes, en comparación con el maravilloso universo, Dios nos da un lugar de honor en la creación. Nos recuerda que él nos hizo dignos ante sus ojos; por eso debemos darle honra y gloria por siempre.

DESARROLLO DE LA LECCIÓN

Hombrecitos de papel

Para esta actividad necesitará periódicos o papel reciclado, tijeras y marcadores de colores.

Mueva las mesas y sillas, dejando un espacio libre para que sus alumnos trabajen en el suelo. Pídales que usen el periódico para elaborar una imagen de ellos mismos (por ejemplo, pueden acostarse en el periódico y pedir a un compañero que trace su silueta y, luego, decorarla con los marcadores de colores).

Déles suficiente tiempo para que realicen la actividad.

Luego, pregúnteles: *¿Fue fácil o difícil crear una imagen de ustedes mismos con los materiales que tenían? ¿Refleja algo de su personalidad la figura que hicieron?*

Después de escuchar sus respuestas, dígales que en la historia bíblica de hoy hablarán acerca de lo que significa que Dios nos hizo conforme a su imagen y semejanza.

¡No al rechazo!

Pida a sus alumnos que conversen sobre las preguntas de la página 93 de sus libros de trabajo, y luego escriban las respuestas en los espacios en blanco.

Enfatice el hecho de que todos tenemos días en que estamos tristes y nos sentimos desanimados; incluso estamos descontentos con nosotros mismos. Hay individuos que poseen baja autoestima, es decir, piensan que no tienen ningún valor como personas. En la lección de hoy aprenderemos lo que significa que Dios nos hizo a su imagen y por qué eso nos hace valiosos.

HISTORIA BÍBLICA

Que sus alumnos se sienten formando un círculo, y dígales: *En las lecciones anteriores aprendimos acerca de Dios y su creación. También vimos que su amor, belleza y orden se revelan en la majestad de su creación. Después de crear los cielos y la tierra, Dios hizo las plantas y los animales, pero su trabajo no terminó allí.*

Pida a sus alumnos que busquen Génesis 1:26-30 y lo lean.

Luego, pregúnteles: *¿Por qué Dios hizo al hombre distinto del resto de la creación?*

¿Qué piensa Dios acerca de las personas que él creó? ¿Por qué los seres humanos somos importantes para Dios?

Lean los pasajes de estudio, y anoten las respuestas en la pizarra. Al conversar sobre la importancia que los seres humanos tenemos en la creación, haga énfasis en que, sin importar los defectos de cada uno, Dios nos mira con amor y nos considera su creación especial.

ACTIVIDADES

¿Qué es la imagen de Dios?

Permita que los alumnos lean el párrafo de la página 94 de su libro. Explíqueles que la imagen divina en una persona no es física. Dios es Espíritu, es decir, no posee forma ni posee un cuerpo como nosotros. Sin embargo, él nos dio su misma naturaleza espiritual. Esta cualidad espiritual es la que hace únicas a las personas, y las distingue de los demás seres creados. Además, nos permite tener comunicación y comunión con Dios.

Déles tiempo para que lean las tres preguntas de la parte inferior de la página. Indíqueles que busquen las respuestas en el párrafo y las subrayen.

Mis cualidades

Para esta actividad necesitará hojas, lápices y cinta adhesiva.

A través de ella los preadolescentes deberán reconocer las cualidades de los demás y, a la vez, comprender lo que otros piensan de nosotros. Pegue una hoja en la espalda de sus alumnos, y entregue un lápiz a cada uno.

Todos deberán escribir en la hoja de sus compañeros alguna de sus cualidades (por ejemplo: simpático, amable, servicial, alegre, etc.). Haga énfasis en que los comentarios deben ser positivos. Tenga sumo cuidado para que no escriban nada que resulte hiriente.

Cuando todos hayan escrito algo en las hojas de los demás, ponga en la pizarra algunas de las cualidades de Dios: misericordioso, amoroso, justo, compasivo, paciente, etc.

Comparen las listas con las características de la pizarra. Luego, anímelos a tratar de vivir cada día a imagen y semejanza de Dios. Felicite a los que demostraron una conducta cristiana, y anime a los que están procurando hacerlo. Recuerde que en este tipo de enseñanza el ejemplo del maestro es muy importante.

PARA TERMINAR

Escriba el texto para memorizar en la pizarra (Salmos 139:13-14), y léanlo todos juntos. Luego repítanlo, a medida que va borrando palabra por palabra, hasta que la pizarra quede vacía y digan el texto de memoria.

Pida a dos voluntarios que dirijan el tiempo de oración. Que el primero interceda por las peticiones especiales y por los enfermos, y que el segundo dé gracias a Dios por habernos creado a su imagen y semejanza.

Despídanse con una canción de alabanza a Dios, y recuerde invitarlos a la clase de la próxima semana para seguir estudiando sobre la creación.

notas

La trampa del pecado

Base bíblica: Génesis 2:16-17; 3:1-24; Romanos 3:23; 5:8, 18-19.

Objetivo de la lección: Que los preadolescentes comprendan que el pecado los aleja de Dios y que decidan fortalecer su relación con el Señor.

Texto para memorizar: *Tú formaste mis entrañas; tú me hiciste en el vientre de mi madre. Te alabaré; porque formidables, maravillosas son tus obras; estoy maravillado, y mi alma lo sabe muy bien* (Salmos 139:13-14).

¡PREPÁRESE PARA ENSEÑAR!

Es importante que sus alumnos comprendan que todos enfrentamos distintas tentaciones. Ahora que los jovencitos comienzan a tomar decisiones más importantes, deben estar alertas para no caer en la trampa del pecado.

Explíqueles que a veces la tentación se presenta de manera muy sutil, haciéndonos creer que no hay nada malo en ello. Sin embargo, los resultados son trágicos y siempre afectan la vida de otras personas.

Desde que el pecado entró en el mundo, el ser humano se ha inclinado a la desobediencia y la maldad. Solo a través de la gracia de Dios podemos restaurar nuestra relación con él y encontrar el perdón para nuestros pecados.

COMENTARIO BÍBLICO

Génesis 2:16-17; 3:1-24. Si la creación de Dios es tan maravillosa, ¿de dónde provino el mal? Estos pasajes responden la pregunta. Los versículos nos muestran con claridad que Dios no es el responsable de la maldad del mundo. Él les dio a Adán y Eva regalos maravillosos. El jardín del Edén era un lugar idílico para vivir, y les dio la libertad de decidir. Además, podían alimentarse de todos los frutos del huerto, excepto de uno.

Pero, la serpiente supo cómo tentarlos. Apelando a los apetitos humanos, le ofreció el fruto a Eva, y despertó en ella el deseo de sabiduría y poder.

Al principio, la idea pareció no agradarle a Eva, pero a medida que la serpiente continuó hablándole, su corazón se convenció y desobedeció a Dios en forma deliberada. Desde ese momento fue drástico el cambio en la historia de la humanidad. El pecado separó al hombre de Dios. El miedo, la vergüenza, la ansiedad y la preocupación se hicieron presentes en la vida de Adán y Eva.

La debilidad de una sola persona ha causado miles de años de dolor, lágrimas, guerras y sufrimiento.

La Biblia es clara cuando dice que Dios no tolera el pecado, y que la paga del pecado es muerte. Sin embargo, Dios no deja a su pueblo sin esperanza. Por medio de Jesús, el pecador puede recibir perdón y restaurar su relación con Dios.

DESARROLLO DE LA LECCIÓN

¿A qué precio?

Que sus alumnos se sienten formando un círculo, y pregúnteles si creen que existen ciertas cosas que es mejor no conocer o aprender. Anote las respuestas en la pizarra. Luego explíqueles que algunas personas probaron las drogas, el tabaco, el licor y vieron pornografía, pero, en el proceso, se hicieron daño ellos mismos y lastimaron a otros.

No es bueno que tratemos de experimentar con lo que es malo, porque el precio puede ser demasiado alto incluyendo problemas y dolor. La historia bíblica de hoy es un buen ejemplo de ello.

Tentación

Escriba cada una de las siguientes preguntas en papeles pequeños: *¿Qué significa tentación? ¿De qué forma los preadolescentes pueden incitar a otros a caer en la tentación? ¿Cuál es la peor tentación para ellos? ¿Qué tipo de personas se enfrentan a la tentación?*

Doble los papelitos, e introduzca cada uno dentro de un globo. Infle los globos y cuélguelos alrededor del salón.

Permita que los alumnos revienten un globo y respondan la pregunta que les tocó. Después de escuchar las respuestas, dígales que la historia de hoy habla de una pareja que se enfrentó a la tentación.

HISTORIA BÍBLICA

Pida a su grupo que ponga especial atención a las técnicas que usó el tentador para convencer a Eva de que desobedeciera a Dios.

Asigne a dos alumnos los pasajes de Génesis 2:16-17 y Génesis 3:1-19 para que los lean en voz alta, mientras los demás siguen la lectura con la vista. Por último, lean todos juntos Génesis 3:22-24.

A la luz de estos pasajes bíblicos, reflexionen en base a las siguientes preguntas:

- ¿Qué regalos les dio Dios a Adán y Eva?
- ¿Qué técnicas usó la serpiente para tentar a Eva?
- ¿Qué fue lo que convenció a Eva para que desobedeciera?
- ¿Cuáles fueron los resultados de la desobediencia de Adán y Eva?

ACTIVIDADES

¿Por qué fue tan malo comer una fruta?

Pregunte a los jovencitos: *¿Por qué creen que Dios se enojó tanto con Adán y Eva? ¿Era tan malo comer una fruta?* Permita que respondan. Luego, haga hincapié en que el pecado no fue comer la fruta, sino desobedecer a Dios. El pecado destruyó la comunión de los hombres con Dios.

Después pregunte: *¿Qué aprendemos acerca de Dios en esta historia?*

Explíqueles que Dios es justo y no tolera el pecado; por eso tuvo que expulsar a Adán y Eva del jardín. Sin embargo, Dios no es un dictador. Él nos da el derecho de elegir con libertad. Adán y Eva eligieron escuchar al tentador, desconfiar de Dios y caer en la trampa del pecado.

¡Cuidado con la trampa!

Pida a sus alumnos que abran sus libros en la página 96, y allí encuentren el camino a través de los pozos de la tentación. Dígales que lean los versículos bíblicos para saber a qué tentaciones se enfrentaron Adán y Eva.

Conversen acerca de los pecados que Adán y Eva cometieron cuando cayeron en la trampa de la tentación (por ejemplo: desobediencia, rebelión, desconfianza en Dios, etc.).

¿Qué puedes hacer para no caer en la tentación?

Divida la clase en parejas o pequeños grupos. Déles tiempo para que conversen sobre las posibles respuestas a esta pregunta. Después pueden escribir sus conclusiones en el espacio indicado en la página 97.

¿Cómo nos ayuda Dios cuando somos tentados?

Muchas personas tienen un concepto incorrecto sobre la manera en que Dios interviene cuando los cristianos enfrentan tentaciones. A través de esta actividad, enseñe a sus alumnos los principios bíblicos respecto de ello.

Pídales que lean las frases de la página 97 de su libro. Indíqueles que escriban una "A" si están de acuerdo, y una "D" si están en desacuerdo con lo allí se expresa.

Revise las respuestas, y explique cómo Dios nos ayuda a resistir la tentación. Sin embargo, cada uno es responsable de elegir si obedecerá su voz o no.

Por último, dirija su atención a la página 98 y explique los pasos del plan de salvación. Pregunte a sus alumnos si alguno desea restaurar su relación con Dios, y guíelos en oración.

Anime a los que aceptaron a Cristo. Durante la semana, separe tiempo para visitarlos y confirmar su decisión.

PARA TERMINAR

Entonen canciones de alabanza, y repitan el texto para memorizar antes de despedirse.

Pida a los alumnos que durante la semana investiguen sobre algún animal que esté en peligro de extinción para que luego lo cuenten al grupo en la próxima clase.

notas

Dios nos da una misión

Base bíblica: Génesis 1:26-30; 2:15; Salmos 8:3-9.

Objetivo de la lección: Que los preadolescentes comprendan que es responsabilidad de ellos cuidar y proteger la creación de Dios.

Texto para memorizar: *Tú formaste mis entrañas; tú me hiciste en el vientre de mi madre. Te alabaré; porque formidables, maravillosas son tus obras; estoy maravillado, y mi alma lo sabe muy bien* (Salmos 139:13-14).

¡PREPÁRESE PARA ENSEÑAR!

Es común que en los medios de comunicación, en las escuelas y otros centros educativos se hable del cuidado del medio ambiente y la ecología. En muchos lugares se organizan campañas para cuidar el agua, reciclar la basura, proteger las especies en peligro de extinción o las áreas verdes que aún no fueron deforestadas.

Sin embargo, cuidar de la creación fue responsabilidad del pueblo de Dios mucho antes de que surgieran los movimientos ecologistas. Esta lección ayudará a comprender que cuidar el mundo que Dios creó es tarea de los cristianos porque somos sus mayordomos. Dios creó el mundo, y nos dio a las personas la responsabilidad de cuidarlo y protegerlo. Somos responsables ante él por la forma en que usamos su creación. Por eso es importante estudiar qué nos dice la Biblia sobre este tema.

Esta lección ayudará a sus alumnos a conocer la responsabilidad que tienen como mayordomos del Señor.

COMENTARIO BÍBLICO

Génesis 1:26-30; 2:15; Salmos 8:3-9. Dios le dio a los primeros seres humanos la responsabilidad de cuidar y proteger el huerto del Edén. Le otorgó un valor especial al cielo, la tierra, las estrellas y todo cuanto existía. También permitió que los seres humanos lo disfrutaran y aprovecharan; pero este privilegio implicaba una responsabilidad: cuidar y preservar la creación.

Después del primer pecado, esta tarea se volvió más compleja. Los cardos y las espinas hicieron más difícil sembrar y cosechar, y la gente hizo un mal uso de los recursos naturales y de los animales.

En este tiempo, nosotros también somos mayordomos de Dios. Por lo tanto, tenemos la obligación de proteger, cuidar y preservar el mundo que él creó con tanto amor para nosotros.

DESARROLLO DE LA LECCIÓN

¡Cuida el ambiente!

Durante la semana busque en revistas o diarios algunas publicidades de grupos ecologistas, o ilustraciones sobre el cuidado del medio ambiente (por ejemplo, frases como: "arroje la basura en los cestos", "cuide los árboles", etc.).

Muestre a los alumnos los recortes, y pregúnteles qué significan. Permita que sugieran otras formas de cuidar la naturaleza, y escríbalas en la pizarra.

Explíqueles que mucho antes de que existiera el cuidado ambiental y la ecología, Dios le asignó a su pueblo la tarea de cuidar y preservar su creación. En la historia bíblica aprenderemos más sobre este tema.

Reporte desde el espacio

Distribuya los libros del alumno y pida que los abran en la página 99. Diga a los preadolescentes que imaginen que son exploradores de otro planeta. Su misión es observar cómo los habitantes de la tierra cuidan de su mundo y en qué condición se encuentra este.

Pida que formen parejas o grupos pequeños para elaborar su reporte, siguiendo las preguntas sugeridas en el libro. Luego, que comenten sus conclusiones a toda la clase. Dígales que en la historia de hoy aprenderán acerca de una misión especial que Dios le dio a su pueblo.

HISTORIA BÍBLICA

Para enseñar la verdad bíblica de esta lección, le sugerimos que utilice la actividad de la página 100 del libro del alumno.

Pueden trabajar todos juntos o en grupos pequeños, según lo desee. Pida que un voluntario lea Génesis 1:26-30; 2:15; y que otro lea Salmos 8:3-9. Luego, déles tiempo para que lean el comentario de la página 100 y respondan las preguntas de la parte inferior.

Mientras trabajan, esté atento para ayudarlos si surgen dudas, si los miembros de un grupo no se ponen de acuerdo o si es necesario complementar las respuestas con mayor información. El objetivo es que comprendan con claridad que Dios es el creador de todo, y que nosotros somos los mayordomos de su creación.

ACTIVIDADES

¡Peligro de extinción!

Pregunte a sus alumnos si recordaron investigar acerca de algún animal que está en peligro de extinción. Pida que algunos pasen al frente para dar una breve explicación acerca del animal que estudiaron. Expréseles que "extinto" significa que murió y ya no existe más.

Abran los libros del alumno en la página 101, y pídales que dibujen algunos animales extintos (por ejemplo: el pájaro dodo, la vaquita de mar, el mamut, el pájaro carpintero imperial, el tigre dientes de sable, etc.). Trate de conseguir láminas con ilustraciones de estos animales para que sus alumnos puedan copiarlas. Si no le resulta posible, pídales que escriban sólo los nombres de estos animales.

Después, dibujen algunos animales que están en peligro de extinción (por ejemplo: el panda gigante, el tigre siberiano, el águila imperial, el oso gris o grizzly, el cocodrilo del Nilo, la nutria gigante, el gorila, etc.).

Conversen sobre lo que ellos pueden hacer para ayudar a proteger estas especies y cuidar la creación de Dios.

Periódico

Divida otra vez la clase en parejas. Pida que den vuelta la página y que conversen sobre algunas formas de cuidar la creación. Además, solicite que cada grupo escriba un artículo sobre una manera de proteger el medio ambiente. Al final, pueden exponer su trabajo a toda la clase.

Mi compromiso

Antes de que la clase comience, confeccione varias "cartas de compromiso", guiándose por el siguiente modelo:

En el día de hoy, ____(fecha)____, me comprometo a ____(cuidar el agua, tirar la basura, reciclar, etc.)____ para cumplir mi responsabilidad como mayordomo de Dios y cuidar la creación que él hizo.

_____ (firma)

Deje en blanco los espacios subrayados para que sus alumnos los llenen y firmen su carta. Permita que lleven la hoja a su casa como recordatorio, y recalque que deben cumplir su compromiso.

PARA TERMINAR

Den gracias a Dios por el estudio de esta unidad y, si aún hay tiempo, hagan un repaso general. Recuérdeles que Dios es el creador de todo cuanto existe. Por eso merece nuestra obediencia, lealtad y amor. También anímelos a cuidar la naturaleza y a proteger el medio ambiente.

Si desea, premie a los que memorizaron el texto bíblico de la unidad, y dígales que la próxima semana iniciarán el estudio de la unidad titulada "Vivamos como Cristo".

notas

VIVAMOS COMO CRISTO

Bases bíblicas: Marcos 9:38-40; 10:35-43; Lucas 9:51-56; Juan 19:25-27; 20:1-9; Romanos 12:2; 1 Juan 1:7; 1:5-10; 2:1-11, 15-17; 3:1-24; 4:7-19; 2:18-27; 4:1-6; 2 Juan 9.

Texto de la unidad: *Pero si andamos en luz, como él está en luz, tenemos comunión unos con otros, y la sangre de Jesucristo su Hijo nos limpia de todo pecado* (1 Juan 1:7).

PROPÓSITOS DE LA UNIDAD

Esta unidad ayudará a los preadolescentes a:

- ❖ Comprender que el amor es la característica distintiva de los cristianos.
- ❖ Entender la importancia del amor y la obediencia a Dios.
- ❖ Aprender a ser más amorosos con Dios y con el prójimo.
- ❖ Comprender y discernir que existen ideas religiosas falsas, que deben evaluarse a la luz de la Biblia.

LECCIONES DE LA UNIDAD

Lección 28: Una vida diferente

Lección 29: Vivamos como Jesús

Lección 30: La clave es el amor

Lección 31: ¿En qué creemos?

POR QUÉ LOS PREADOLESCENTES NECESITAN LA ENSEÑANZA DE ESTA UNIDAD

Es común que los menores observen atentamente la conducta de las personas mayores, tratando de encontrar modelos de conducta que puedan imitar. En particular, la influencia de los medios de comunicación acosan a los niños y adultos ya que les presentan estilos de vida ajenos a la pureza y la santidad que enseña la Biblia. Es durante esta etapa de transición que ellos comienzan a pensar de manera independiente y a buscar respuestas en todas partes. En realidad, lo que buscan es definir su propia identidad, lo cual incluye el aspecto espiritual, aunque muchas veces se piense lo contrario.

A través de los escritos de Juan, los jovencitos aprenderán más sobre algunos aspectos de la vida cristiana. Juan nos enseña la importancia de una obediencia amorosa a Dios, y que el amor no es solo un sentimiento, sino también acción. Los alumnos se darán cuenta de que Dios les demuestra su amor y, por lo tanto, desearán brindar ese amor a su prójimo.

Estas lecciones ayudarán a sus alumnos a madurar en su crecimiento espiritual y a comprender el verdadero significado del amor. Recuerde que, así como los cristianos de la iglesia primitiva enfrentaron enseñanzas y filosofías falsas, sus alumnos escuchan enseñanzas que son contrarias a la palabra de Dios. A través de estas lecciones explíqueles que deben pedir a Dios discernimiento para alejarse de las falsas doctrinas que amenazan su fe.

Una vida diferente

Base bíblica: Marcos 9:38-40; 10:35-43; Lucas 9:51-56; Juan 19:25-27; 20:1-9; Romanos 12:2; 1 Juan 1:7.

Objetivo de la lección: Que los preadolescentes comprendan que Dios tiene poder para transformar la vida del hombre.

Texto para memorizar: *Pero si andamos en luz, como él está en luz, tenemos comunión unos con otros, y la sangre de Jesucristo su Hijo nos limpia de todo pecado* (1 Juan 1:7).

¡PREPÁRESE PARA ENSEÑAR!

Durante esta etapa de su desarrollo, los preadolescentes se enfrentan con una serie de cambios significativos en su vida. Dejan atrás la niñez y comienzan la adolescencia. Su cuerpo y sus emociones cambian; su perspectiva del mundo y la forma en que se relacionan con los demás también son diferentes. Pero lo más importante es que estos cambios repercuten en su vida espiritual. Es durante este período que comienzan a cuestionar su fe. Ya no creen solo porque el maestro lo dice; ahora desean comprobar por ellos mismos la veracidad de la Biblia, buscando ejemplos específicos de una vida cristiana genuina. Por lo tanto, es muy importante que como maestro no sea solo un "transmisor de conocimientos", sino que propicie en sus alumnos la reflexión y el análisis a la luz de la palabra de Dios. El aprendizaje de sus alumnos será significativo solo si participan de manera activa, al leer la Palabra, conversar y orar, pero, sobre todo, al aplicar los principios bíblicos en su vida diaria.

COMENTARIO BÍBLICO

En esta lección se tomaron varios pasajes bíblicos para armar una pequeña biografía del apóstol Juan.

Este fue uno de los hombres privilegiados que caminó cerca de Jesús y lo conoció en persona. Jesús le pidió que fuera su discípulo, y formó parte de su círculo íntimo. Los comentaristas lo conocen como "el discípulo amado". Fue testigo de la resurrección de la hija de Jairo; estuvo cerca de Jesús en el jardín de Getsemaní; también presenció la crucifixión y recibió la tarea de cuidar a María, la madre de su maestro. Además, fue el primer discípulo que entendió el significado de la tumba vacía.

Después de la ascensión de Jesús, Juan se convirtió en el líder de la iglesia, y escribió cartas para animar y consolar a los nuevos cristianos. Tres de esas cartas están en el Nuevo Testamento.

Tiempo después, a Juan lo exiliaron a una isla rocosa, llamada Patmos. Allí vivió como prisionero, haciendo trabajos en el campo. Fue en ese lugar donde recibió una asombrosa visión de Jesucristo como el eterno Señor de la historia.

Apocalipsis fue el mensaje de fortaleza y seguridad que Dios le dio a su pueblo en el año 90 d.C., cuando sufría una intensa persecución por rehusar adorar a los dioses romanos. Pero no solo eso, sino que es una carta de ánimo para nosotros también. Sin embargo, Juan no era perfecto cuando Jesús lo escogió como su discípulo. Se lo conocía como uno de "los hijos del trueno", y su carácter necesitaba ser moldeado. A través de esta lección el Señor nos recuerda que él puede usar a personas imperfectas y transformarlas por su gracia.

DESARROLLO DE LA LECCIÓN

¿En qué cambió?

Reúna a sus alumnos en forma de círculo. Pregúnteles si conocen a alguna persona que antes vivía en pecado, pero que después de conocer a Cristo comenzó a vivir un estilo de vida diferente. Escuche los aportes, y úselos como base para hacer la introducción al tema de estudio de esta unidad. Luego, anímelos a descubrir en la Biblia la biografía de un hombre cuya vida fue transformada por Jesucristo.

¿Quién es?

Entregue hojas y lápices para que sus alumnos escriban una pequeña biografía de un personaje conocido. Pida a algunos voluntarios que lean lo que escribieron para que sus compañeros adivinen a quién se refiere la descripción.

Indíqueles que la lección de hoy trata acerca de un hombre que escribió sobre la vida de Jesús.

HISTORIA BÍBLICA

Considerando que los preadolescentes poseen la particularidad de ser activos, le sugerimos esta actividad para que no solo reciban el conocimiento, sino que sean ellos mismos quienes descubran las verdades bíblicas a través de la lectura de la Biblia.

Divida al grupo en dos equipos de investigación. El primero deberá leer los pasajes sobre la vida de Juan como "hijo del trueno" (Marcos 9:38-40; 10:35-43; Lucas 9:51-56) y anotar los resultados en un costado de la pizarra; el segundo deberá leer los pasajes de la vida de Juan como discípulo de Jesús (Juan 19:25-27; 20:1-9)) y hacer sus anotaciones del otro lado. Luego, ambos equipos deberán comparar los resultados y escribirlos en el libro del alumno. Enfatice en el cambio que tuvo Juan cuando conoció a Cristo.

ACTIVIDADES

Evidencias del cambio

Abran el libro del alumno en la página 104, para leer y analizar los pasajes bíblicos. Luego, déles tiempo para que escriban cuáles fueron los cambios en la vida de Juan.

Conversen sobre la forma en que los escritos de Juan muestran el cambio que hubo en su vida. Luego, reflexionen sobre las evidencias de cambio que debe haber en la vida de los que conocen a Cristo. Después permita que escriban ejemplos de jovencitos que tengan un problema similar al que tuvo Juan.

Reportaje especial

Dirija la atención a la página 106 del libro del alumno, y divida al grupo en parejas.

Asigne a cada pareja una de las cinco tarjetas que describen a Juan para que la estudien durante algunos minutos.

Explíqueles que deberán simular que son reporteros de televisión de un programa llamado "Personas y eventos asombrosos". Por lo tanto, deben preparar un reportaje especial para un documental sobre la vida de Juan, usando como base la información contenida en las tarjetas.

Tenga a mano algunos utensilios que le sirvan para escenificar esta actividad, como por ejemplo: vestuario, un micrófono, etc.

Amor en acción

Le sugerimos que durante este mes sus alumnos desarrollen algún proyecto fuera de clase, en el que se involucren para demostrar amor hacia sus prójimos (por ejemplo: podrían recolectar ropa y víveres para llevarlos a una comunidad necesitada; ayudar a los ancianos; dar de comer a niños de la calle; visitar a los enfermos, etc.).

Señalador para la Biblia

Provea tijeras para que sus alumnos elaboren el señalador de libro sugerido en la página 106 del libro de actividades, y lo lleven a casa. Le recomendamos pegar el señalador de libro en cartulina o cartoncillo para hacerlo más resistente. Esto les ayudará a memorizar los libros del Nuevo Testamento.

PARA TERMINAR

Reúnalos para orar e interceder por las necesidades. Recuérdeles que, de la misma forma en que Dios cambió la vida de Juan, también puede cambiar la de ellos.

Si el Espíritu Santo se lo indica, invítelos a aceptar a Cristo como su Salvador personal y Señor; guíelos en una oración de entrega. Recuerde discipular durante la semana a los alumnos que aceptaron a Cristo, y anímelos a asistir la próxima semana. Despídanse repitiendo el texto para memorizar.

notas

Vivamos como Jesús

Base bíblica: 1 Juan 1:5-10; 2:1-11, 15-17

Objetivo de la lección: Que los preadolescentes comprendan que obedecer a Dios los ayudará a crecer en su vida espiritual.

Texto para memorizar: *Pero si andamos en luz, como él está en luz, tenemos comunión unos con otros, y la sangre de Jesucristo su Hijo nos limpia de todo pecado* (1 Juan 1:7).

¡PREPÁRESE PARA ENSEÑAR!

No importa cuál sea el país donde vivamos, es un hecho que todas las sociedades atraviesan una grave crisis de valores. Hemos llegado al punto de legalizar el pecado y justificar la violación a la ley de Dios en pro del avance científico o la modernidad.

Por lo tanto, no es de extrañar que apenas se tenga un vago concepto acerca de lo que significa vivir como Jesús. Eso no implica que no necesiten vivir en rectitud, sino que no tienen los modelos de conducta adecuados. La televisión, la radio, el cine y la moda se han encargado de distorsionar los valores bíblicos.

Incluso es probable que sus alumnos vivan en hogares donde domina la violencia o donde el pecado es algo aceptable. Entonces, ¿cómo pueden ellos saber si su manera de vivir es correcta?

Es importante que, aun en una sociedad tan incongruente, aprendan que Jesús es el ejemplo perfecto. Mediante esta lección los alumnos aprenderán que es posible vivir como lo hizo Jesús. Solo necesitan estar dispuestos a reconocer sus pecados y a tomarse de la mano de Dios para obedecerlo por amor.

COMENTARIO BÍBLICO

La Biblia nos dice que Dios es luz, y cuando esta nos alumbra revela nuestra verdadera naturaleza. Cuando una persona camina en oscuridad, necesita valor para dar un paso de fe, y acercarse a la luz intensa y penetrante que expone todas nuestras imperfecciones y faltas espirituales. Jesucristo dio su vida para limpiarnos y permitir que camináramos en la luz.

Esto significa vivir como lo hizo Cristo, alejados del pecado, y cultivando una estrecha relación con Dios que nos permita dar frutos abundantes.

Vivir como Jesús también significa ser honestos con Dios, con nosotros mismos y con los demás, así como obedecer su Palabra.

Ser obediente es una prueba de nuestro amor por Dios. Los esclavos obedecen porque no tienen opción. Los empleados obedecen porque necesitan el trabajo. Sin embargo, los cristianos obedecen al Padre porque desean hacerlo, y es parte fundamental de la relación de amor entre ambos.

Juan nos da dos claves que nos ayudan a determinar si estamos viviendo como Jesús: cuando confesamos nuestros pecados y restauramos nuestra relación con el Padre, y cuando demostramos nuestro amor al prójimo.

DESARROLLO DE LA LECCIÓN

¿Por dónde caminas?

Inicie la clase pidiendo a dos voluntarios que se venden los ojos con un pañuelo y traten de caminar alrededor del salón. Quite todos los objetos que puedan lastimarlos.

Pídales que después se quiten la venda y expliquen cómo se sintieron al caminar sin ver. Exprese al grupo que lo mismo sucede en nuestra vida si no tenemos a Cristo: caminamos en la oscuridad del pecado, sin rumbo ni dirección correcta. Sin embargo, existe una esperanza si cambiamos de rumbo y le pedimos a Cristo que dirija nuestro camino.

HISTORIA BÍBLICA

Antes de la clase saque una fotocopia de la carta que aparece luego de esta explicación y póngala en un sobre. Entréguesela a un hermano, y pídale que se la dé durante la clase a la vista de los alumnos.

Pida a los jovencitos que se sienten formando un círculo. Dígales: *En la lección anterior estudiamos la vida del apóstol Juan, y aprendimos que Dios transforma la vida de los que deciden seguirlo. Ahora escuchen con atención la siguiente carta y, al final, conversaremos sobre el significado de su contenido.*

Queridos hermanos:

Me enteré de que algunos cristianos han dejado de asistir a su iglesia, y comenzaron a reunirse entre ellos para formar una nueva congregación. Normalmente esto debería ser motivo de gozo; sin embargo no están enseñando la palabra de Dios, y han confundido a muchas personas. Cuídense de los falsos maestros y manténganse en la verdad del evangelio que escucharon de mí.

Sigan amando a Dios y al prójimo, y recuerden que Dios es luz. Cuando permiten que Dios viva en ustedes, las tinieblas se alejan, porque él es la luz que llena todas las áreas de su vida. Por el contrario, si siguen en el pecado, la luz se irá de ustedes. Mediten en ello.

Por ejemplo, cuando su habitación está oscura y no pueden ver los muebles, ¿aún continúan los muebles allí? ¡Claro que sí! Sin embargo, solo la luz nos ayuda a ver con claridad.

Por eso decimos que Cristo es la luz, porque solo él puede mostrarnos con claridad la verdad de su Palabra. Cuando obedecen esas verdades, están "caminando en la luz". Obedecer la palabra de Dios es una señal de que aman a Cristo.

Jesús prometió que sería nuestra luz y que caminaría al lado de nosotros. Él no puede caminar donde hay tinieblas o pecado, porque él es luz. Así que si alguno dice que pertenece a Cristo, pero sigue pecando, está mintiendo.

Ahora bien, ¿cómo pueden saber si están caminando en la luz? Si han confesado sus pecados delante de Dios, tengan la seguridad de que fueron perdonados. De esta forma podrán sentir el amor de Dios por ustedes y expresarlo a los demás.

Sigan a Cristo y permanezcan fieles a su Palabra. Tengo mucho que decirles, pero prefiero no hacerlo por carta. Espero ir pronto a visitarlos para hablarles en persona. Así estaré muy feliz. Saludos a todos.

Su hermano,
Juan

ACTIVIDADES

Caminar en la luz

Pida a los preadolescentes que abran su libro del alumno en la página 107, y busquen los pasajes bíblicos que se sugieren. Propicie un debate acerca del significado de los pasajes y lo que implican para la vida de ellos. Dé tiempo para que sus alumnos escriban sus conclusiones en el libro.

¿Qué dice la Biblia?

Indíqueles que den vuelta la página, y que trabajen en parejas o en grupos pequeños. Luego que lean 1 Juan 1:5-10 y 2:1-11, y que unan con una línea cada versículo bíblico con su significado correcto.

Manténgase atento, y ayúdelos cuando tengan dificultades para relacionar ambas columnas.

¿Por qué debemos caminar en la luz?

Dé tiempo para que los alumnos observen los dibujos de la página 109 de sus libros y completen los espacios en blanco con la respuesta correcta.

Mientras trabajan, conversen sobre la importancia de vivir como Jesús, y reflejar la luz de Cristo a los demás.

Después, den vuelta la página y lean en voz alta 1 Juan 2:6. Escriba en la pizarra las tres preguntas de la parte inferior de la hoja, y permita que las respondan todos juntos. Anote las conclusiones en la pizarra, y déles tiempo para que las copien en su libro.

PARA TERMINAR

Anime a sus alumnos a reflejar la luz y el carácter de Cristo durante la semana. Sugiérales algunas formas en las que pueden hacerlo (por ejemplo: colaborar con el trabajo de la casa, obedecer a los padres y maestros, ser amables con los compañeros, predicar el evangelio, orar por los enfermos, etc.

Luego, solicite a dos alumnos que intercedan por los pedidos de oración, y concluya usted con una oración final, pidiendo al Señor que ayude a los jovencitos a crecer en su vida espiritual.

Repitan un par de veces el texto para memorizar, e invítelos a la clase de la próxima semana para estudiar la última lección de esta unidad.

notas

La clave es el amor

Base bíblica: 1 Juan 3:1-24; 4:7-19.

Objetivo de la lección: Que los preadolescentes comprendan que sin el amor de Dios no podemos amarnos los unos a los otros.

Texto para memorizar: *Pero si andamos en luz, como él está en luz, tenemos comunión unos con otros, y la sangre de Jesucristo su Hijo nos limpia de todo pecado* (1 Juan 1:7).

¡PREPÁRESE PARA ENSEÑAR!

En nuestro vocabulario, una de las palabras que se usa con mayor frecuencia es "amor". Sin embargo, el significado que la sociedad le da a esta palabra es muy diferente al que le da la Biblia. Es probable que sus alumnos tengan un concepto equivocado acerca del amor; por esa razón, es muy importante que a través de estas lecciones comprendan lo que Dios nos dice al respecto. Deben saber que Dios es la fuente del amor y que solo en él encontramos el amor perfecto.

Recuerde que, como maestro, su vida debe ser un ejemplo vivo del amor de Dios reflejado en sus alumnos. La manera en que trata, cuida y se dirige a ellos les enseñará cómo los cristianos deben amarse unos a otros.

En esta etapa en la que los preadolescentes buscan identificarse con su grupo, y sentir que pertenecen a él, tienden a seleccionar a las personas con las que desean relacionarse, y algunas veces excluyen a otras. Por esa razón, deben aprender que Dios ama a todas las personas, sin discriminar a nadie. Tome en cuenta que todos sus alumnos vienen de trasfondos familiares y sociales muy distintos. Tal vez algunos no hayan recibido amor en su familia, y por esa razón les resulta difícil comprender este concepto. Ayúdelos a entender que el amor de Dios es perfecto e incondicional, y está disponible para todos los que deseen recibirlo.

COMENTARIO BÍBLICO

1 Juan 3:1-24; 4:7-19. En estos pasajes de la Biblia, Juan escribe sobre permanecer firmes en el conocimiento de Cristo y sobre la importancia del amor. Esta carta la dirigió a una congregación que apenas comenzaba a crecer en el conocimiento cristiano. Algunos maestros falsos habían sembrado duda en los nuevos miembros sobre su confianza en el amor de Dios, por lo que estos empezaron a cuestionar su relación de amor con el Señor.

Juan comienza hablando del fundamento real del amor: Dios es amor. El amor no es solo una de las cualidades o atributos de Dios, sino que es parte de su naturaleza. Esto nos explica por qué envió a Jesús, su único Hijo, a pagar el precio por nuestra salvación.

Cuando nos convertimos al cristianismo experimentamos su amor, y esto nos motiva a amar a nuestro prójimo. El amor es la evidencia de nuestra vida en Cristo. El verdadero amor se traduce en acción, no solo en sentimientos y palabras.

Juan nos dice que la persona que ha nacido de Dios no continúa pecando, y nos recuerda que los cristianos debemos alejarnos del mal.

DESARROLLO DE LA LECCIÓN

A Juan se lo considera el apóstol del amor, ya que en todos sus escritos manifiesta un amor genuino hacia Dios y hacia sus hermanos. Al estudiar la primera carta de Juan aprenderemos lo que Dios nos dice acerca del amor. Para comenzar, escriba en la pizarra la siguiente pregunta: ¿Cuántas clases de amor existen y cuáles son? Distribuya los libros del alumno, y permita que los preadolescentes escriban en los corazones los diferentes tipos de amor que existen. Luego, explique las tres clases de amor más importantes (eros, filos y ágape), y dígales que en esta lección estudiaremos el concepto divino del amor.

En busca del amor

Divida al grupo en equipos, y pídales que realicen la actividad de la página 112 del libro del alumno. Deben buscar en su Biblia los pasajes de la concordancia y, basándose en ellos, responder las cinco preguntas.

Asegúrese de que cada equipo tenga por lo menos una Biblia, y si asisten nuevos alumnos incluya uno en cada equipo para ayudarlos a integrarse a la clase. Esté atento para resolver cualquier duda o pregunta que surja.

HISTORIA BÍBLICA

Para presentar la historia bíblica de este día, le sugerimos que lea con anticipación los pasajes de estudio y escriba sus conclusiones en una tarjeta. Esto lo ayudará a recordar con facilidad los puntos más importantes.

También necesitará un llavero y siete llaves que ya no use. Prepare siete papeles pequeños (que se puedan pegar en las llaves), y numérelos del 1 al 7. Después, escriba en cada uno la frase que le corresponda según el número: 1. Dios es amor. 2. Cuando somos cristianos sentimos su amor. 3. El amor de Dios nos ayuda a amar a los demás. 4. El verdadero amor es acción, no solo palabras. 5. Dios nos amó primero. 6. Dios nos mostró su amor al enviar a Jesús. 7. Dios desea que crezcamos en conocimiento y amor.

Pegue en el llavero una tarjeta que diga "El amor es la clave". Reparta las llaves, y pida que cada uno lea su frase en voz alta. Mientras narra la historia bíblica, use las llaves para ejemplificar cada uno de los conceptos que Juan señala en estos pasajes. Cada vez que usen una llave pida al alumno que la coloque en el llavero.

Luego cuelgue el llavero en la entrada del salón, y úsenlo como recordatorio de lo que aprendieron en esta lección.

ACTIVIDADES

Demostraciones de amor

Pida a la clase que abra el libro del alumno en la página 113, y pregúnteles qué piensan al ver la ilustración.

Escuche sus respuestas y, basándose en ellas, explique la importancia del sacrificio de Cristo como demostración del amor de Dios. Déles tiempo para que completen los espacios en blanco del texto bíblico, y repítanlos juntos un par de veces.

Luego, reflexionen en lo que ellos pueden ha-cer para mostrarle a Dios que lo aman. Pídales que escriban sus respuestas en la parte inferior de la hoja. Si tienen tiempo, permita que le cuenten sus respuestas al resto del grupo.

El amor es...

Pida a sus alumnos que se junten de a dos para trabajar en la actividad de la página 114 del libro. Deben completar las frases, llenando los espacios en blanco con ejemplos de la manera en que se manifiesta el amor en una situación específica. Por ejemplo: *Amor es: perdonar cuando alguien te lastimó.*

Cuando terminen, que intercambien los libros unos con los otros y lean las respuestas en voz alta.

Amor en acción

Si decidieron organizar un proyecto de ayuda social o se involucraron en un ministerio de compasión, hoy es el día para evaluar el trabajo realizado y los resultados.

Permita que cada uno exprese cómo se sintió al hablarle a su prójimo del amor de Dios.

PARA TERMINAR

Converse con sus alumnos sobre la importancia de vivir como Cristo, y anímelos a que sean ejemplo de amor, humildad, fe y pureza en todos los aspectos de su vida.

Oren unos por los otros, e intercedan por los enfermos y necesitados. Entonen un canto de alabanza, y repasen el texto para memorizar antes de despedirse.

notas

¿En qué creemos?

Base bíblica: 1 Juan 2:18-27; 4:1-6; 2 Juan 9.

Objetivo de la lección: Que los preadolescentes analicen y comprendan que la doctrina bíblica sobre la deidad de Jesucristo es la única verdad.

Texto para memorizar: *Pero si andamos en luz, como él está en luz, tenemos comunión unos con otros, y la sangre de Jesucristo su Hijo nos limpia de todo pecado* (1 Juan 1:7).

¡PREPÁRESE PARA ENSEÑAR!

Sus alumnos están descubriendo la diversidad de ideas y pensamientos que existen en el mundo. Ya sea en la escuela, entre los amigos o los vecinos encontrarán que no todos piensan de la misma manera. Nuestros alumnos son bombardeados por filosofías, ideologías y corrientes de pensamiento que buscan alejarlos de la verdad bíblica, confundiendo su mente con ideas poco convenientes para su crecimiento espiritual.

Sin embargo, la Biblia establece la importancia de reconocer la verdad. En el pasaje de hoy, Juan les dice a los cristianos qué hacer con un grupo de maestros falsos y sus doctrinas equivocadas.

Sabemos que los jovencitos son curiosos por naturaleza. En su búsqueda de respuestas, quieren experimentar e indagar por ellos mismos. Por esa razón, es importante que, mediante esta lección, aprendan que la Biblia nos dice la verdad, y que todas las nuevas ideologías y doctrinas se deben analizar a la luz de sus enseñanzas.

Es probable que sus alumnos tengan más preguntas que las habituales en esta lección. Por eso le sugerimos que se prepare para responder con claridad y, sobre todo, con la sabiduría divina.

COMENTARIO BÍBLICO

1 Juan 2:18-27; 4:1-6. Juan sabía que falsos maestros trataban de introducir falsas doctrinas en la iglesia de Jesucristo. Por lo tanto, advirtió a los cristianos que tuvieran cuidado y se alejaran de esas ideas equivocadas. Muchos de esos falsos maestros incorporaban elementos del evangelio a creencias paganas o tradiciones judías. A menudo negaban la total humanidad o la total deidad de Cristo, predicando otro tipo de enseñanzas que confundían a los creyentes.

Juan dio consejos a los cristianos primitivos, los cuales siguen vigente para nosotros. Es lamentable que, en nuestra sociedad, la verdad es un concepto en desuso. En pro de la revolución del pensamiento y el establecimiento de nuevas ideologías, la verdad se tergiversa y altera hasta convertirla en falsedad. Existen cientos de sectas que enseñan conceptos inverosímiles sobre Cristo y la salvación. Por eso Juan también nos anima a buscar la verdad y alejarnos de las falsas doctrinas. El apóstol nos dice que debemos "probar" esas enseñanzas a la luz de la palabra de Dios. Cualquier grupo, individuo o movimiento que niegue que Jesús es el Cristo está equivocado. En 1 Juan 2:22-23, el escritor señala con claridad que quien niega que Jesús es el Cristo también niega al Padre. Juan asegura que el Padre y el Hijo son una sola cosa, y no se puede negar a uno sin negar al otro.

Los cristianos debemos mantenernos firmes en nuestra fe, sin importar las corrientes y doctrinas que rijan este mundo. Por eso es muy importante que, a través de esta lección, sus alumnos aprendan que la única verdad está en Cristo y en su Palabra.

DESARROLLO DE LA LECCIÓN

Verdadero o falso

Divida al grupo en dos equipos. A medida que usted lea las siguientes declaraciones, sus alumnos deberán determinar si son verdaderas o falsas. Dígales que los que crean que son verdaderas permanezcan de pie, y los que piensen que son falsas que se sienten.

1) El animal más dormilón es el koala, que duerme 22 horas al día. (Verdadero).
2) Los científicos usaron al hipopótamo para hacer investigaciones, buscando la cura de la lepra. Los hipopótamos infectados producen una sustancia conocida como lepromina que ayuda al paciente en su recuperación. (Falso).
3) El esqueleto humano está compuesto por 205 ó 206 huesos, según el cóxis de cada uno. Más de la mitad de ellos se encuentran en las manos y en los pies, 27 en cada mano y 26 en cada pie (106 en total). (Verdadero).
4) Los mosquitos tienen 47 dientes. (Verdadero).
5) El corazón de una persona es del tamaño de una manzana. (Falso).

6) El mayor crustáceo del mundo es el cangrejo gigante de Japón. Aunque su cuerpo mide solo 33 cm., sus patas sobrepasan los cinco metros. (Verdadero).

7) El continente americano es el más poblado de todos. (Falso).

8) El mar Caspio, el mar Muerto y el mar Aral no son mares, sino lagos. De hecho, el Caspio es el lago más grande del mundo. (Verdadero).

9) En la Antártida hay una gran variedad de aves y flores silvestres. (Falso).

10) El 23 de abril se celebra el Día Internacional del Libro, pues en ese día, en el año 1616, fallecieron los dos escritores más famosos de todos los tiempos: Miguel de Cervantes Saavedra y William Shakespeare. (Verdadero).

Después de terminar el juego, pregúnteles: *¿Cómo pueden saber si alguien les está diciendo la verdad?* Permita que respondan, y luego vuelva a preguntar: *¿Cómo se sienten cuando no están seguros sobre algo? ¿Cómo se sienten cuando se dan cuenta de que alguien les mintió y ustedes pensaron que les había dicho la verdad?*

Escuche las respuestas. Luego, dígales que en la historia de hoy aprenderemos lo que Juan les dijo a unos hermanos que dudaban de la verdad de Cristo.

Creencias diferentes

Que los alumnos se sienten en semicírculo, frente a la pizarra, y pregúnteles si saben qué es una secta. Anote las respuestas en la pizarra, y explíqueles que una secta es un grupo religioso que tiene creencias diferentes a las que se han aceptado a través de la historia. En general, las sectas crecen porque tienen un líder con poder de convencimiento, pero sus creencias están equivocadas.

Explique brevemente el fin trágico de algunas sectas, como la de los davidianos, guiados por David Koresh, que murieron en Waco, Texas.

Converse con ellos sobre la importancia de elegir las creencias correctas. Dios nos dio la capacidad de elegir libremente. Sin embargo, debemos tener en cuenta que somos responsables por las decisiones que tomamos.

HISTORIA BÍBLICA

En esta ocasión le sugerimos que busque la ayuda de un joven de su congregación que represente el papel de Juan. Provéale, con anticipación, el material de estudio, y pídale que les cuente a sus alumnos lo que Juan le dijo a los cristianos en sus cartas (1 Juan 2:18-27; 4:1-6, 11-15; 2 Juan 9).

Coloque una mesa y una silla para representar el lugar en donde Juan escribía. Explique a los alumnos que recibirán la visita de una persona especial, quien les enseñará lo que deben hacer cuando se enfrenten a sectas y doctrinas falsas.

ACTIVIDADES

¿En qué creo?

Abran los libros del alumno en las páginas 115 y 116. Lean las creencias de los diferentes grupos religiosos, y pongan una X al lado de aquellas que no estén de acuerdo con la palabra de Dios.

En esta actividad sus alumnos verán ejemplos sobre las creencias de algunas sectas. Recuerde que el punto central de esta actividad no es criticar a otros por lo que creen, sino que los preadolescentes entiendan la importancia de probar toda enseñanza a la luz de la palabra de Dios. Así podrán defenderse de las falsas doctrinas y, con la ayuda del Señor, quizá puedan convencer a los que viven en el error.

El credo de los apóstoles

Esta lección le permitirá enseñar a sus alumnos una de las declaraciones de fe más importantes de los cristianos: el credo de los apóstoles.

Le sugerimos que lo escriba en una cartulina grande, y lo coloque en un lugar visible del salón. Explíquelo frase por frase, y permita que todos lo repitan junto con usted. Es importante que entiendan con claridad todos los conceptos que se expresan en esta declaración. Quizá necesite más de una clase para explicarlo en su totalidad, pero es necesario que los alumnos sepan muy bien cuáles son los fundamentos de su fe. *(Puede encontrar el credo de los apóstoles en la lectura devocional Nº 2 del Himnario Gracia y Devoción).*

PARA TERMINAR

Al concluir esta serie de lecciones, invite a sus alumnos a confirmar su fe en Jesucristo. Anímelos a estudiar la palabra de Dios para aprender de ella, pero también para tener argumentos sólidos al defender su fe. Motívelos a permanecer firmes y a no ceder ante la presión de personas que quieran confundirlos.

Siendo esta la última lección de la unidad, reconozca el esfuerzo de los alumnos que aprendieron el texto para memorizar y otros pasajes bíblicos. Si es posible, prémielos con alguna golosina o un señalador de libro para su Biblia.

Motívelos a seguir asistiendo a las clases bíblicas, y mencione el tema de la próxima unidad que trata sobre un tema muy importante: el Espíritu Santo.

EL ESPÍRITU SANTO

Bases bíblicas: Juan 14:15-18; 14:5-26; 16:5-8; 16:7-15; Hechos 1:3-8; 2:1-6; 6:1-15; 7:1, 51-60; 15:1-31; 2 Corintios 1:21-22; 13:14.

Texto de la unidad: *Pero recibiréis poder, cuando haya venido sobre vosotros el Espíritu Santo, y me seréis testigos en Jerusalén, en toda Judea, en Samaria, y hasta lo último de la tierra* (Hechos 1:8).

PROPÓSITOS DE LA UNIDAD

Esta unidad ayudará a los preadolescentes a:

❖ Conocer la doctrina de la Trinidad.

❖ Saber que el Espíritu Santo ayuda a los hijos de Dios a vivir en santidad.

❖ Valorar la necesidad de gozar del poder y la guía del Espíritu Santo en su vida diaria.

❖ Escuchar y obedecer la guía del Espíritu Santo.

LECCIONES DE ESTA UNIDAD

Lección 32: ¿Quién es el Espíritu Santo?
Lección 33: El Espíritu Santo nos enseña
Lección 34: El Espíritu Santo nos guía
Lección 35: El Espíritu Santo nos da poder

POR QUÉ LOS PREADOLESCENTES NECESITAN LA ENSEÑANZA DE ESTA UNIDAD

Tal vez muchos de sus alumnos hayan escuchado hablar del Espíritu Santo, algunos podrán decir algo acerca de él. Sin embargo, muy pocos entienden con claridad quién es él y por qué es importante. Para experimentar un crecimiento espiritual saludable, los jovencitos necesitan comprender la identidad del Espíritu Santo y su papel en la vida del creyente.

En esta lección sus alumnos estudiarán la doctrina de la Trinidad. Esta enseñanza es parte de un proceso de desarrollo espiritual que los ayudará a comprender mejor la esencia y la identidad del cristiano y su relación con Dios. Cuando eran pequeños, su aprendizaje se centró en Dios, el Padre. Después, al comienzo de la escuela primaria, el enfoque fue Jesucristo. Ahora, ellos aprenderán que el Espíritu Santo es Dios con nosotros.

También estudiarán algunos conceptos erróneos que existen acerca de la Trinidad. Por ejemplo, se cree que el Espíritu Santo está separado del Padre y del Hijo, o que tiene menor valor que Dios. Además, aprenderán acerca del papel del Espíritu Santo en la vida del creyente. Es nuestra oración que, a través de estas lecciones, enseñe a sus alumnos que el Espíritu Santo es real y desea trabajar en su vida para ayudarlos a vivir en santidad.

El concepto de la Trinidad es complejo y misterioso. Aun así, existe una manera práctica y fácil de entender los fundamentos de esta doctrina. El principio más importante para los preadolescentes es saber que Dios desea ser parte de nuestra vida cada día. Dios hace esto viviendo en nosotros, a través del Espíritu Santo.

En resumen, las verdades fundamentales sobre el Espíritu Santo son las siguientes:

❖ Es una persona, no una cosa. Debemos referirnos a él de forma personal, no como un objeto.

❖ Una de las tareas del Espíritu Santo es ayudarnos a comprender las enseñanzas de Jesús. El Espíritu Santo nunca enseñará algo contrario al ministerio de Cristo, o al testimonio de la Biblia.

❖ El Espíritu Santo nos consuela y nos ayuda a tener paz y armonía con Dios.

❖ El Espíritu Santo nos da valor y poder para tener una vida que agrade a Dios. Antes de que el Espíritu Santo viniera, los discípulos vivían su fe de un modo inconsistente. No estaban dispuestos a comprometerse del todo con el reino de Dios. Sin embargo, después de su experiencia con el Espíritu Santo, fueron transformados y recibieron fortaleza, valor y autoridad de parte de Dios.

¿Quién es el Espíritu Santo?

Base bíblica: Juan 14:16-18; 16:5-8; Hechos 1:3-8; 2:1-6; 2 Corintios 13:14.

Objetivo de la lección: Que los preadolescentes comprendan quién es el Espíritu Santo, y la importancia que tiene en sus vidas.

Texto para memorizar: *Pero recibiréis poder, cuando haya venido sobre vosotros el Espíritu Santo, y me seréis testigos en Jerusalén, en toda Judea, en Samaria, y hasta lo último de la tierra* (Hechos 1:8).

¡PREPÁRESE PARA ENSEÑAR!

Los seres humanos tenemos una inclinación natural hacia lo espiritual. Por ello, miles de personas buscan satisfacer esa profunda necesidad interior con diferentes doctrinas y prácticas religiosas. Como consecuencia, muchos resultan con heridas en el alma que difícilmente se pueden curar. Sin embargo, los hijos de Dios recibimos un trato distinto. Él nos ha provisto un Consolador; y no solo eso, sino que nos ha dado un maestro, guía y consejero: el Espíritu Santo.

En el Antiguo Testamento, la comunión con Dios se daba a través de la obediencia a la ley. En el Nuevo Testamento, los primeros discípulos experimentaron la comunión con Dios a través de la compañía de Jesucristo, quien estuvo a su lado. Pero, en la actualidad, ninguna de esas dos vías se encuentra disponible para los cristianos. Pero Romanos 8:26 y 27 dice que:

a. el Espíritu nos ayuda en nuestra debilidad,

b. intercede por nosotros con gemidos indecibles y,

c. conforme a la voluntad de Dios, intercede por los santos.

Conocer quién es el Espíritu Santo y cómo trabaja en nuestra vida es el fundamento de nuestra confianza y esperanza. Sin un conocimiento adecuado de esto, Dios se torna inalcanzable e incomprensible.

En esta lección los preadolescentes aprenderán que Dios está con nosotros a través del Espíritu Santo. La presencia física de Dios estuvo con los primeros discípulos en la persona de Jesús. Ahora Dios está con nosotros por medio del Espíritu Santo.

COMENTARIO BÍBLICO

Juan 14:16-17. En este pasaje Jesús les dijo a sus discípulos que pronto su presencia física ya no estaría con ellos. Sin embargo, les prometió que no los dejaría solos, pues el Padre les enviaría "otro Consolador". La palabra que se traduce como "otro" es muy importante, porque contiene la idea de "otro de la misma clase". Por lo tanto,

el Espíritu Santo continúa el ministerio y el mensaje de Jesús.

Este pasaje habla de uno de los roles primordiales del Espíritu Santo: es el Espíritu de verdad que vivirá en los corazones de los creyentes.

2 Corintios 13:14. Pablo les recuerda a los creyentes de Corinto que Dios trabaja en ellos y a través de ellos para cumplir su voluntad. La iglesia de Corinto había pasado por tiempos de dificultad. No obstante, Dios deseaba seguir ministrándoles a través del Espíritu Santo. Esta hermosa bendición nos recuerda la abundante presencia y preocupación de Dios por sus hijos en medio de las dificultades.

DESARROLLO DE LA LECCIÓN

Después de dar la bienvenida a sus alumnos, pregúnteles qué saben sobre el Espíritu Santo. Escuche sus respuestas, y lea en voz alta la explicación de la página 117 del libro del alumno. Divida la clase en parejas o pequeños grupos, y déles cinco minutos para que respondan las cuatro preguntas, según lo que entendieron de la lectura.

Cuando todos hayan terminado, revisen las respuestas y asegúrese de que todas estén correctas. Le sugerimos que se prepare en oración y estudio de la Palabra para que pueda explicar con veracidad y claridad el tema del Espíritu Santo.

¿Tres personas en una?

Esta actividad les ayudará a comprender mejor la idea de Dios Padre, Dios Hijo y Dios Espíritu Santo.

Consiga diferentes tipos de sombreros (por ejemplo: un casco para obras en construcción, una gorra de deportista, un gorro de cocinero, etc.) Pida que un voluntario pase al frente y se ponga uno sobre la cabeza. Mientras tanto, pregunte a sus alumnos: *¿Creen que una persona puede hacer diferentes cosas? Por ejemplo, ¿podrá un cocinero jugar algún deporte? ¿Podrá cocinar un obrero de la construcción?*

Explíqueles que, así como una persona puede tener varios títulos (como médico y padre de familia), también Dios, Jesús y el Espíritu Santo tienen diferentes nombres pero es una sola persona.

HISTORIA BÍBLICA

Reúna a sus alumnos para esta actividad. Pida a los varones que busquen el pasaje de Juan 14:15-18, y a las mujeres que busquen Juan 16:5-8.

Dé tiempo para que ambos grupos conversen sobre lo que entendieron del pasaje y escriban sus conclusiones. En base a estas, relate la historia bíblica.

ACTIVIDADES

¿Cómo nos ayuda el Espíritu Santo?

Esta actividad ayudará a los alumnos a comprender mejor algunas de las funciones del Espíritu Santo. Pídales que observen con detenimiento los dibujos de la página 118. Después, divida la clase en cuatro grupos. A cada uno asígnele tres preguntas, y déles tiempo para que las respondan.

Luego, pida que cada grupo pase al frente y comente sus respuestas. Manténgase alerta para ayudar a resolver las dudas que surjan durante la actividad.

Ayuda para los alumnos

Pida a la clase que permanezca en sus grupos para debatir los casos de la página 119 y responder las preguntas.

Después que ellos comenten sus conclusiones, invítelos a aceptar la ayuda que el Espíritu Santo ofrece a cada uno para que vivan la vida cristiana. Si lo cree conveniente, guíelos en oración, pidiendo la llenura del Espíritu Santo en sus vidas.

¿Qué haría el Espíritu Santo?

Explique a los preadolescentes que esa semana tendrán una tarea especial para realizar en casa. Se deberán llevar los libros del alumno para resolver la actividad de la página 120.

Indíqueles que, si tienen dudas o preguntas, consulten los pasajes de estudio. Recuérdeles que deben traer la actividad terminada para revisarla en la próxima clase.

Poder de lo alto

Dígales que en esta oportunidad iniciarán el aprendizaje de un nuevo versículo bíblico, Hechos 1:8: "Pero recibiréis poder, cuando haya venido sobre vosotros el Espíritu Santo, y me seréis testigos en Jerusalén, en toda Judea, en Samaria, y hasta lo último de la tierra". Explique que este pasaje está muy relacionado con el tema de estudio de esta unidad: el Espíritu Santo.

Le sugerimos la siguiente actividad para ayudar a sus alumnos a familiarizarse con el texto de la unidad.

Competencia de memorización

Lea en voz alta el versículo bíblico un par de veces. Luego, divida la clase en dos equipos, y entrégueles papel y lápiz. Coloque una mesa en el centro, y pida a los equipos que cada uno coloque su hoja en los extremos.

El objetivo es que cada miembro del equipo corra a la mesa y escriba una palabra del versículo. Luego pasará el lápiz al siguiente compañero. Si este no conoce la palabra que sigue, deberá correr a la mesa y colocar un signo de interrogación en el espacio que le tocaba. El próximo participante puede borrar el signo de interrogación y escribir la palabra faltante.

El primer equipo que escriba todo el versículo, sin ningún error, será el ganador.

PARA TERMINAR

Pida que un voluntario anote los pedidos de oración en la pizarra, y asigne a varios alumnos para que oren por cada una de ellas. Después, concluya usted pidiendo al Señor que ayude a sus alumnos a conocer mejor al Espíritu Santo. Hagan un último repaso del texto para memorizar, y recuérdeles que lleven el libro del alumno a la próxima clase.

El Espíritu Santo nos enseña

Base bíblica: Juan 14:5-26; 16:7-15; 2 Corintios 1:21-22.

Objetivo de la lección: Que los alumnos sepan que el Espíritu Santo los ayuda a comprender las enseñanzas de Jesús.

Texto para memorizar: *Pero recibiréis poder, cuando haya venido sobre vosotros el Espíritu Santo, y me seréis testigos en Jerusalén, en toda Judea, en Samaria, y hasta lo último de la tierra* (Hechos 1:8).

¡PREPÁRESE PARA ENSEÑAR!

A lo largo de su vida académica, los alumnos conocerán una gran variedad de maestros, todos con métodos y hábitos de enseñanza distintos. A algunos los recordarán por su bondad y cariño, a otros por su rigidez, y a otros por su conocimiento. Sin embargo, todos son falibles; ninguno tiene la verdad absoluta. Incluso los grandes científicos, pedagogos y filósofos cometieron errores que hicieron que sus seguidores cuestionaran sus enseñanzas.

En la actualidad también existen "falsos maestros", que contaminan la mente y el corazón del hombre. Entre ellos se encuentran la televisión, las sectas, las ideologías existencialistas, etc. Sin embargo, existe un maestro infalible que nos brinda una instrucción sabia y amorosa: el Espíritu Santo.

En esta lección es importante que sus alumnos analicen de quién están recibiendo el aprendizaje. Deben darse cuenta de que el único que puede enseñarnos la verdad es el Espíritu Santo. La razón es que él enseña únicamente las palabras y los principios que enseñó Jesús.

En esta etapa de su vida, es común que los jovencitos se rebelen ante las buenas enseñanzas de sus padres y maestros de clase bíblica. Muchas veces prefieren aprender de sus amigos, vecinos o maestros de la escuela. Es muy importante que enfatice la gran labor que el Espíritu Santo hace en nuestros corazones para ayudarnos a vivir bajo las enseñanzas de Jesús, nuestro mejor maestro.

COMENTARIO BÍBLICO

Juan 14:5-26; 16:7-15. En este pasaje leemos que Jesús instruyó a sus discípulos antes de su muerte, y prometió que no los dejaría solos. Él les enviaría al Consolador, o Espíritu Santo, quien los ayudaría a conocer la verdad y los acompañaría en su ministerio.

También les dijo que el Espíritu Santo les ayudaría a recordar sus enseñanzas y a mantenerse firmes en la fe.

A través de este pasaje comprendemos que

Dios envió al Espíritu Santo para ayudar al creyente a "pelear la buena batalla". Él trabaja por medio de nuestra conciencia para ayudarnos a resistir la tentación. Sin embargo, debemos entender que la conciencia no es lo mismo que el Espíritu Santo. La conciencia, cuando se la ignora, se vuelve negligente y la persona puede desobedecer deliberadamente las palabras de Jesús sin sentimiento de culpa. El Espíritu Santo nunca nos tratará con un tono de condena; su ministerio es gentil, pero firme, para recordarnos las enseñanzas de Jesús.

2 Corintios 1:21-22. La Palabra nos dice que los cristianos reciben la unción del Espíritu Santo. Esto significa que se consagran a Dios y se dedican a su servicio. A través del Espíritu Santo, los cristianos reciben poder para vivir en santidad y ser testigos de Cristo. Por medio de él, Dios pone el sello de propiedad en nosotros.

El Espíritu representa la maravillosa presencia de Jesús entre nosotros. Así como Jesucristo representó los atributos y la esencia del Padre, el Espíritu Santo representa los atributos, las enseñanzas y esencia de Jesús.

DESARROLLO DE LA LECCIÓN

Inicie la lección preguntando a sus alumnos cómo les fue la semana pasada, y de qué forma el Espíritu Santo los ayudó a tomar alguna decisión en su vida cotidiana. Permita que algunos cuenten sus experiencias. Dé tiempo para que revisen las respuestas de la tarea.

Luego, pídales que den vuelta la página y respondan la pregunta: *¿Qué me enseñan?*, en la página 121. Después de escuchar lo que ellos comentan, dígales que todos los días aprendemos de formas diferentes (por ejemplo, a través de nuestros padres, maestros, familiares, nuestros propios errores, los libros, la televisión, los amigos, etc.). La lección de hoy nos habla de alguien que desea enseñarnos algo muy especial.

¿Maestros?

Para esta actividad necesitará revistas o periódicos para recortar, cartulina y pegamento.

Solicite a sus alumnos que busquen en las revistas avisos o fotografías que ejemplifiquen los diferentes medios por los que la gente recibe enseñanzas: el salón de clase, la televisión, Internet, los personajes famosos, los libros, la política, etc.

Cuando tengan una buena cantidad de recortes, déles tiempo para que los peguen en la cartulina y expliquen qué representa cada uno. Mientras trabajan, explique que todos estamos expuestos a una gran cantidad de enseñanzas, muchas de ellas contrarias a la palabra de Dios. Hoy aprenderemos acerca del único maestro que nos enseña solo la verdad, quien desea ayudarnos a crecer en nuestra vida espiritual.

HISTORIA BÍBLICA

Utilice la actividad de la página 121 del libro del alumno para que los preadolescentes reflexionen. Explíqueles las palabras que no entiendan y use la siguiente actividad para que sean ellos quienes lean y mediten en la historia bíblica de hoy.

Organice a sus alumnos en tres equipos. Cada uno deberá analizar un pasaje bíblico y responder las preguntas de la página 122. Después, cada equipo deberá presentar sus respuestas ante el grupo y concluir la actividad anotando en la pizarra las funciones importantes del Espíritu Santo en la vida de cada cristiano.

ACTIVIDADES

Verdadero o falso

Antes de la clase, confeccione dos letreros. Uno que diga "FALSO" y el otro "VERDADERO". Péguelos en dos paredes opuestas del salón antes que lleguen sus alumnos.

Explíqueles que usted leerá algunas afirmaciones y ellos deberán colocarse bajo el cartel que crean correcto. Cada uno debe estar preparado para contestar por qué eligió esa respuesta.

1) El Espíritu Santo me recuerda que soy parte de la familia de Dios. (Verdadero).

2) El Espíritu Santo me da miedo. (Falso).
3) El Espíritu Santo me ayuda a darme cuenta cuando hago algo incorrecto. (Verdadero).
4) El Espíritu Santo es lo mismo que mi conciencia. (Falso).
5) El Espíritu Santo es solo para los pastores, misioneros y líderes de la iglesia. (Falso).
6) El Espíritu Santo me ayuda a entender la palabra de Dios. (Verdadero).
7) El Espíritu Santo está en todas las personas, aunque no sean cristianas. (Falso).
8) El Espíritu Santo es el mejor consejero. (Verdadero).
9) El Espíritu Santo me ayuda a mentirle a alguien cuando la verdad puede herir sus sentimientos. (Falso).
10) El Espíritu Santo es un miembro de la Trinidad: Dios Padre, Dios Hijo y Dios Espíritu Santo. (Verdadero).

¿Qué sucede?

Que los alumnos abran sus libros en la página 123. Déles tiempo para que puedan leer las historias y responder qué podría enseñarnos el Espíritu Santo en esas situaciones.

Entrégueles hojas para que cada uno escriba sus respuestas. Luego, pida que las intercambien para que otro compañero las lea en voz alta. Después de escuchar todas las respuestas, conversen para llegar a una conclusión general y escríbanla en los libros de trabajo.

PARA TERMINAR

Antes de despedirse, pida a sus alumnos que en la página 124 elaboren una lista de todo aquello que desean que el Espíritu Santo les enseñe. Esta actividad será personal, y solo el dueño del cuaderno sabrá todo lo que anotó en su lista.

Repasen el texto para memorizar, y concluya guiándolos en oración.

El Espíritu Santo nos guía

Base bíblica: Juan 16:12-14; Hechos 15:1-31.

Objetivo de la lección: Que los alumnos comprendan que es importante permitir que el Espíritu Santo guíe nuestra vida.

Texto para memorizar: *Pero recibiréis poder, cuando haya venido sobre vosotros el Espíritu Santo, y me seréis testigos en Jerusalén, en toda Judea, en Samaria, y hasta lo último de la tierra* (Hechos 1:8).

¡PREPÁRESE PARA ENSEÑAR!

Es común que algunos de los que integran la clase muestren una actitud de autosuficiencia. Sin embargo, en realidad necesitan que otras personas los guíen en las decisiones importantes de su vida. Cuando están solos actúan por impulso y sin tomar en cuenta los factores externos. Los modelos de conducta que decidan seguir serán cruciales para su formación.

Usted habrá notado que, en esta etapa, sus alumnos desean disfrutar su libertad; no quieren escuchar comentarios o sugerencias de nadie, más si se trata de sus padres y maestros. Por lo tanto, necesitan descubrir en la palabra de Dios que el Espíritu Santo es el mejor guía. Él es confiable y los ayudará en su desarrollo espiritual. En esta etapa de inmadurez emocional y espiritual de los jovencitos, la guía del Espíritu Santo será decisiva.

COMENTARIO BÍBLICO

Juan 16:12-14. En estos versículos Jesús enfatiza la función del Espíritu Santo como guía. Jesús dijo que el Espíritu Santo es el Espíritu de verdad y que, a través de él, los cristianos pueden continuar aprendiendo las verdades bíblicas.

Jesús continúa su ministerio de enseñanza por medio de la obra del Espíritu Santo en los creyentes. Muchos dicen vivir bajo el liderazgo del Espíritu Santo, pero siguen viviendo en directa contradicción con lo que Jesús enseñó.

Más adelante, este pasaje nos muestra que Dios no dejó de guiar a las personas cuando Jesús dejó esta tierra, o cuando se escribió el último libro de la Biblia. Dios continúa hablando a los creyentes a través del Espíritu Santo.

Hechos 15:1-31. Al crecer la iglesia, también los gentiles escuchaban el mensaje del evangelio. El término "gentiles" incluía a todo aquel que no era judío de nacimiento. Cuando estas personas comenzaron a convertirse al evangelio, muchos judíos se opusieron debido a sus arraigadas costumbres, a tal punto que muchos gentiles debían convertirse al judaísmo para llegar a ser cristianos. ¿Debía un gentil someterse a la circuncisión y a todas las leyes y rituales judíos, a fin de ser miembro de la iglesia? ¿Debía un gentil hacerse judío para ser cristiano? ¿Podía un gentil ser parte de la iglesia por su fe en Jesucristo?

Sin embargo, estas no eran las únicas preguntas que se hacían los primeros creyentes. Los judíos ortodoxos tenían prohibido relacionarse con los gentiles. Si estos llegaban a ser parte de la iglesia, ¿podían los judíos interactuar con ellos?

Para resolver estas preguntas, Pablo y Bernabé apelaron a los apóstoles y ancianos de Jerusalén. De esa decisión dependía si abrían las puertas del evangelio a los no judíos, o si convertirían al cristianismo en una pequeña secta judía.

La solución no era fácil. ¿Era la gracia de Dios solo para cierta gente o para todos? El Espíritu Santo guió a los apóstoles para resolver esta cuestión. El concilio de Jerusalén decidió que no habría ninguna diferencia entre judíos y gentiles.

Por lo tanto, podemos confiar en la guía y dirección del Espíritu Santo, que es el mejor Consejero.

DESARROLLO DE LA LECCIÓN

Inicie la clase con esta pregunta: *¿A cuántos les gustaría conducir algún medio de transporte?* Escuche sus respuestas y luego añada que, así como todo medio de transporte necesita de un conductor o guía para llegar a un lugar, también los seres humanos necesitamos de alguien que nos guíe por el camino correcto.

¿Quién guía tu vida?

Entregue media hoja y un lápiz a cada uno. Pídales que escriban las cinco influencias más importantes que guían su vida. Luego, lean las respuestas en voz alta, y escriban en la pizarra las que hayan repetido más cantidad de veces.

Pregunte a sus alumnos: *¿Por qué creen que estas influencias son buenas para ustedes?* Escuche las respuestas. Luego, mencione que en la clase de hoy aprenderán quién es el único que puede guiarnos con sabiduría.

¿Puedes seguir estas indicaciones?

Abran los libros del alumno en la página 125.

Pida que un voluntario lea en voz alta las instrucciones, mientras que los demás tratan de seguirlas para realizar la acción.

Después de tratar de hacer las cuatro actividades, explíqueles que muchas veces es difícil seguir indicaciones cuando son muy complicadas. Para eso necesitamos un guía que nos ayude. En la clase de hoy aprenderemos quién es el guía que Dios envió para ayudarnos a superar las pruebas de la vida.

HISTORIA BÍBLICA

Invite a leer el pasaje bíblico de Hechos 15:1-31. Luego conversen acerca del problema por el que se reunió el primer concilio de la iglesia cristiana en Jerusalén. Dividan la pizarra en dos columnas: en una escriban los argumentos de los judíos, y en la otra los argumentos de los gentiles. Luego, busquen en la página 127 cuáles fueron los acuerdos del concilio y cómo intervino el Espíritu Santo.

Espíritu Santo, ¡guíame!

Después de aprender cómo el Espíritu Santo interviene en la vida de los creyentes para guiarlos, es hora de que reflexionen acerca de su experiencia personal. Déles tiempo para que, en forma individual, respondan las preguntas de la página 128 y mediten si su vida está siendo guiada por el Espíritu Santo o por sus propios deseos. Después pida que algunos cuenten lo que escribieron. Terminen repitiendo Juan 16:13.

PARA TERMINAR

Concluyan con una oración de acción de gracias a Dios por habernos enviado a su Espíritu Santo, que nos enseña y guía. Recuérdeles que para saber cuál es la voluntad de Dios para su vida deben leer la Biblia y orar cada día. Repasen el texto para memorizar, y despídanse entonando alguna alabanza a Dios.

notas

95

El Espíritu Santo nos da poder

Base bíblica: Hechos 1:8; 6:1-15; 7:1, 51-60.

Objetivo de la lección: Que los preadolescentes aprecien el poder que el Espíritu Santo da a los cristianos para proclamar el mensaje de salvación y defender su fe.

Texto para memorizar: Pero recibiréis poder, cuando haya venido sobre vosotros el Espíritu Santo, y me seréis testigos en Jerusalén, en toda Judea, en Samaria, y hasta lo último de la tierra (Hechos 1:8).

¡PREPÁRESE PARA ENSEÑAR!

Es impresionante observar lo que la sociedad de hoy está dispuesta a hacer para obtener poder. En pocas palabras, nuestra sociedad está hambrienta de poder. Desde todos los niveles sociales, la gente lucha por dominar la vida de los demás y así tener el control de las situaciones. Sin duda, sus alumnos lo experimentaron, o al menos lo vieron en otros.

En esta lección, sus alumnos aprenderán que Dios da poder y valor a los cristianos a través del Espíritu Santo. Sin embargo, este poder es completamente diferente al que el mundo ambiciona, porque no busca el beneficio propio sino el de los demás; no destruye para abrir su propio camino, sino que cede para que Dios cumpla su voluntad.

COMENTARIO BÍBLICO

Hechos 1:8. En este versículo encontramos la promesa de Jesús de enviar el Espíritu Santo a los creyentes. Él les daría poder para ser testigos y realizar milagros. Jesús sabía que sus discípulos no podrían ser testigos por sus propias fuerzas, por lo que les pidió que esperaran "la promesa del Padre". Tal como se describe en esta porción bíblica, los discípulos debían ser testigos no solo en Jerusalén, sino hasta el último rincón de la tierra.

La palabra griega para "testigo" es *martus*, la misma que se usa para "mártir". El testigo debe estar dispuesto a ser mártir, y este tipo de fuerza solo puede venir del Espíritu Santo.

Hechos 6:1-15. Cuando la iglesia comenzó a crecer, surgió una disputa entre los griegos y los hebreos sobre la distribución de los fondos para los necesitados. Los griegos se quejaban porque sus viudas no eran atendidas. Los apóstoles no querían descuidar la predicación, así que oraron para que el Señor les ayudara a elegir personas especiales para esta tarea. Por lo tanto, designaron a siete diáconos para que se encargaran de las necesidades espirituales y materiales. Estos hombres debían ser llenos del Espíritu Santo. Esto nos recuerda que el Espíritu Santo transforma a las personas comunes en poderosos testigos de Cristo.

Hechos 7:1, 51-60. La historia de Esteban, el primer mártir cristiano, es una clara muestra del poder del Espíritu Santo en el creyente. Aunque en realidad parece una contradicción, porque Esteban murió indefenso en manos de una turba enardecida. Sin embargo, su corazón y su espíritu estaban fortalecidos y llenos de poder y amor.

En este pasaje hay tres puntos clave que debemos resaltar:

(1) El secreto del valor de Esteban fue su total dependencia de Cristo. Este tipo de poder solo puede venir del Espíritu Santo.

(2) Esteban siguió el ejemplo de Jesús. En vez de enfrentarse a sus agresores, oró para que Dios los perdonara.

(3) Aprendemos lo que significa ser testigos de Cristo sin importar las consecuencias. El poder del Espíritu Santo estaba trabajando en Esteban, aun en el momento de su muerte.

DESARROLLO DE LA LECCIÓN

El texto para memorizar nos servirá de introducción para esta última lección. En este versículo encontramos la confirmación de la promesa que Cristo les hizo a sus seguidores: que enviaría al Espíritu Santo.

Escriba en la pizarra el texto, y pregunte a los preadolescentes si ya recibieron ese poder. Basándose en las respuestas, explíqueles que en la lección de hoy aprenderán lo que significa vivir llenos del Espíritu de Dios.

¿Qué lo hace funcionar?

Para esta actividad necesitará lo siguiente: una radio o equipo de música, una lámpara pequeña y un electrodoméstico.

Haga funcionar los artefactos, y pregunte a los preadolescentes qué es lo que hace que funcionen. Escuche sus respuestas. Luego, explíqueles que así como muchos objetos necesitan la electricidad, el viento o un combustible para funcionar, también los seres humanos necesitamos poder para enfrentar los retos de la vida. En nuestra sociedad el poder es importante, y algunas personas hacen mal uso de él. Sin embargo, Dios prometió que nos daría una clase diferente de poder, como aprenderemos en la historia bíblica.

¿Podrías hacer esto?

Para comprender mejor la función del poder del Espíritu Santo en la vida de los cristianos, reflexionaremos acerca de dos historias de la vida real. Una sucedió en Jerusalén, en el primer siglo, y la otra en América del Sur, en el siglo pasado.

Abran los libros del alumno en la página 129, y dé tiempo para que los preadolescentes lean en silencio la historia de Jim Elliot.

Cuando todos hayan terminado, conversen sobre estas dos preguntas: *¿Qué capacitó a Elizabeth Elliot para hacer lo que hizo? ¿Qué crees que hubieras hecho tú en esa situación?*

Permita que todos participen y escriban las conclusiones en el libro.

HISTORIA BÍBLICA

Divida la clase en parejas o grupos pequeños, y asígnele a cada uno alguna de las preguntas de la página 130. Para encontrar las respuestas, pida que lean Hechos 6:8-15; 7:1, 51-60. Cada grupo deberá nombrar un representante, que será quien dé la respuesta al resto de la clase.

Esté alerta para corregir cualquier respuesta incorrecta y complementar la información cuando sea necesario.

ACTIVIDADES

Yo lo vi

Diga a sus alumnos que, imaginando que hu-

bieran presenciado la muerte de Esteban, escriban una carta contándole a un amigo o familiar lo sucedido. Explíqueles que deben escribir los detalles sobre cómo se sintieron cuando vieron que a Esteban lo acusaban injustamente y moría en manos de los fariseos.

Luego, permita que algunos lean sus cartas. Anímelos a seguir el ejemplo de Esteban y permanecer firmes en su fe, aun cuando las circunstancias sean adversas.

El Espíritu Santo es...

Entregue a los preadolescentes un trozo de cartulina y lápices. Pida que elaboren un dibujo, o escriban un pensamiento acerca de lo que el Espíritu Santo representa para sus vidas, luego de haber estudiado esta serie de lecciones.

Prepare una pared para hacer un mural y, si desea, invite a los padres para que vean los trabajos que sus hijos realizaron.

PARA TERMINAR

Formen un círculo de oración, y pida al Señor por cada uno de sus alumnos. Ore para que el Espíritu Santo los llene, les dé poder, los capacite y los guíe para vivir la vida cristiana. Si algún jovencito no aceptó a Cristo como su Salvador personal y Señor, sería un buen momento para que lo invite a hacerlo.

Anime a los preadolescentes a confiar y depender de la guía del Espíritu Santo en todo momento de su vida.

Recuérdeles que la clase próxima comenzará el estudio de una nueva unidad, titulada "Lecciones sobre los tres reyes".

notas

LECCIONES SOBRE LOS TRES REYES

Bases bíblicas: 1 Samuel 8—12; 13; 15; 18—19; 28; 31; 2 Samuel 11—12; Salmos 51; 1 Reyes 3; 4:29-34; 9:1-9; 11:1-13.

Texto de la unidad: *Ahora, pues, Israel, ¿qué pide Jehová tu Dios de ti, sino que temas a Jehová tu Dios, que andes en todos sus caminos, y que lo ames, y sirvas a Jehová tu Dios con todo tu corazón y con toda tu alma…?* (Deuteronomio 10:12).

PROPÓSITOS DE LA UNIDAD

Esta unidad ayudará a los preadolescentes a:

❖ Que comprendan que, en su relación con Dios, son fundamentales el respeto, la obediencia, el servicio y el amor.

❖ Que identifiquen cuáles son las causas que impiden su crecimiento espiritual.

❖ Que evalúen si sus decisiones reflejan obediencia o desobediencia a Dios.

❖ Que busquen el perdón de sus pecados y la restauración de su relación con Dios.

LECCIONES DE LA UNIDAD

Lección 36:   Israel tiene un rey

Lección 37:   El rey desobedece

Lección 38:   De mal en peor

Lección 39:   ¿Puede haber un rey bueno?

Lección 40:   La caída de un rey sabio

POR QUÉ LOS PREADOLESCENTES NECESITAN LA ENSEÑANZA DE ESTA UNIDAD

A medida que crecen, los preadolescentes tienden a relacionarse con más personas: amigos, compañeros, profesores, etc. Muchas de estas relaciones son firmes y duraderas, otras son débiles y pasajeras. Sus alumnos comienzan a entender lo que significa mantener y cuidar una amistad. Saben que es importante conocer a la persona y aceptarla con sus defectos y virtudes. Sin embargo, puesto que nuestra relación con Dios es la más importante, deben comprender que también necesitan conocerlo mejor. Por esa razón es tan importante que estudien la Biblia y oren.

La conversación de Jesús con Nicodemo (Juan 3) nos muestra cómo se debe iniciar una relación correcta con Dios. La iglesia entiende que "nacer de nuevo" es admitir que hemos pecado (arrepentimiento) y aceptar a Cristo como nuestro Señor.

Muchos pasajes bíblicos, tanto del Antiguo Testamento como del Nuevo, nos enseñan cómo mantener y fortalecer nuestra relación con Dios. Deuteronomio 10:12 nos provee cuatro elementos que nos ayudan a cumplir este propósito: el temor a Dios (honor y respeto), la obediencia (andar en sus caminos), el amor y el servicio.

Para que haya una relación armoniosa, necesitamos estos cuatro elementos juntos. Por ejemplo, si la gente sigue reglas pero no obedece a Dios se convierte en legalista, como los fariseos. Si dice amar a Dios y no respeta sus mandamientos, su fe está basada solo en sentimientos. Por otra parte, si solo se dedica al servicio, se convierte en una agencia de beneficencia. Es imposible honrar y respetar a Dios si no lo obedecemos, amamos y servimos. Cualquier otra cosa es religión superficial. Pero, al combinar los cuatro elementos, existe un equilibrio entre las actitudes y las acciones. Servimos y obedecemos a Dios porque lo amamos y respetamos.

Estas lecciones nos hablan de la época de los reyes, desde Saúl hasta Salomón. En cada historia sus alumnos evaluarán hasta qué punto Saúl, David y Salomón cumplieron los cuatro requisitos, y de qué forma influye esto en sus vidas.

Israel tiene un rey

Base bíblica: 1 Samuel 8—12.

Objetivo de la lección: Que los preadolescentes aprendan cuáles son los cuatro elementos necesarios para mantener una buena relación con Dios.

Texto para memorizar: *Ahora, pues, Israel, ¿qué pide Jehová tu Dios de ti, sino que temas a Jehová tu Dios, que andes en todos sus caminos, y que lo ames, y sirvas a Jehová tu Dios con todo tu corazón y con toda tu alma...?* (Deuteronomio 10:12).

¡PREPÁRESE PARA ENSEÑAR!

La decisión más importante en la vida de las personas es aceptar a Jesucristo como su Salvador y Señor. Sin embargo, la vida cristiana no termina con el perdón de pecados; es una relación continua que necesita enriquecerse y fortalecerse.

La Biblia nos indica con claridad lo que Dios espera de sus hijos: respeto, amor, obediencia y servicio. Estos requisitos se establecieron para el pueblo de Israel, pero continúan vigentes para nosotros. Cuando el cristiano falla en algún área es fácil percibir un cambio en su relación con Dios.

Los preadolescentes aprenden con facilidad a través de las experiencias de otras personas. Por lo tanto, a través de la historia de estos personajes bíblicos, hábleles acerca de la importancia de obedecer, amar, respetar y servir a Dios. Como estos hombres también fallaron, enséñeles a reconocer sus errores y a decidir cómo evitarán caer en pecado para no arruinar su relación con Dios.

COMENTARIO BÍBLICO

1 Samuel 8–12. Por más de 400 años Israel fue especial entre las naciones por ser un pueblo teocrático. Es decir, su gobierno se regía bajo la absoluta autoridad divina. Dios escogió a hombres y mujeres para que fueran jueces, una función que incluía liderazgo militar, así como también autoridad legal y moral. Los jueces eran los representantes de Dios, pero él era el Rey de Israel. Esto terminó en el tiempo de Samuel, unos mil años antes de Cristo.

En los manuscritos hebreos, 1 y 2 Samuel era un solo libro, al igual que 1 y 2 Reyes, y 1 y 2 Crónicas. Estos libros en conjunto documentan el inicio y la caída de la monarquía en Israel. Los primeros siete capítulos de 1 Samuel narran la transición entre la era de los jueces y la monarquía.

Samuel fue el último juez de Israel y el que ungió a los dos primeros reyes. Por lo tanto, fue un enlace importante entre los dos períodos. Advir-tió al pueblo acerca de las consecuencias de pedir un rey; y, dirigido por Dios, escuchó la petición del pueblo y ayudó a establecer la monarquía.

Los líderes de Israel le dieron a Samuel tres razones por las que deseaban un rey: (1) Samuel era anciano y sus hijos eran corruptos. (2) Pensaban que nombrar un rey evitaría futuros problemas militares —es más que evidente que habían olvidado las victorias milagrosas bajo la dirección de jueces como Débora y Gedeón. Por último, (3) querían ser como las demás naciones (8:5). Dios le dijo a Samuel que el pueblo no lo estaba rechazando a él, sino a Dios mismo como su rey.

Dios no permitiría que fueran como las otras naciones, porque Israel era el pueblo de su pacto. Ni siquiera el rey tendría autoridad absoluta en Israel; sus poderes estaban estrictamente limitados (véase Deuteronomio 17:14-20). La monarquía en Israel sería teocrática, es decir, el poder del rey estaría bajo la dirección y el control de Dios.

DESARROLLO DE LA LECCIÓN

Dé la bienvenida a sus alumnos, y dígales que en esta unidad estudiarán la vida de los primeros reyes de Israel. Recuérdeles que deben llevar su Biblia y llegar a tiempo para participar de las actividades de aprendizaje. Inicie la clase con una oración. Después, pida que un voluntario lo ayude a repartir los libros de trabajo.

¿Qué hace que una amistad perdure?

Divida la clase en grupos de tres o cuatro alumnos y pida que cada grupo nombre un secretario. Indíqueles que abran el libro del alumno en la página 131 y dialoguen sobre las características de una amistad duradera (por ejemplo: honestidad, amabilidad, compasión, perdón, amor, etc.). Déles tiempo para que escriban las respuestas en sus libros. Pida que el secretario de cada grupo lea sus respuestas y escríbalas en la pizarra.

Explíqueles que para que una amistad sea perdurable debe haber amor, respeto, lealtad y comprensión. Lo mismo sucede en nuestra relación con Dios: si deseamos ser sus amigos y aprender de él debemos conocerlo más y amarlo con todo nuestro corazón.

Reyes

Para esta actividad necesitará cartulina, marcadores de colores, pegamento e ilustraciones de coronas, tronos, cetros, palacios, reyes, etc.

Ponga los materiales sobre una mesa para que sus alumnos elaboren un mural sobre reyes. Mientras trabajan, pídales que nombren algunas características de los reyes y digan cuál es su función.

Después de colocar en la pared el mural terminado, dígales que durante esta unidad estudiarán la historia de tres reyes importantes de Israel.

HISTORIA BÍBLICA

Lea con anticipación los pasajes bíblicos de estudio, anotando los datos importantes en tarjetas para tenerlos a mano. Explique a los preadolescentes la forma de gobierno que tenían los israelitas antes de convertirse en una monarquía.

Déles tiempo para que sus alumnos lean los pasajes bíblicos y digan con sus propias palabras lo que entendieron. Explíqueles los conceptos difíciles, haciendo hincapié en que los israelitas, queriendo ser como los otros pueblos, despreciaron la autoridad de Dios y prefirieron ser gobernados por un ser humano como ellos.

ACTIVIDADES

Encuentra el camino

Pida a los preadolescentes que abran su Biblia en Deuteronomio 10:12 y trabajen en la actividad de la página 132 de sus libros. Allí deberán encontrar el camino, siguiendo el texto bíblico, y que marquen con un círculo los cuatro requisitos para tener una buena relación con Dios.

Actitudes

Abran el libro del alumno en la página 133. Pida a los varones que contesten las preguntas que corresponden a la actitud de Israel, mientras las mujeres buscan los pasajes bíblicos para relacionar las columnas en torno a la actitud de Saúl. Luego, ambos grupos deberán comparar sus resultados, y verificar que estén de acuerdo con lo estudiado en la historia bíblica.

Amistad perdurable

Le sugerimos que para esta ocasión invite a su mejor amiga o amigo a contarle al grupo alguna anécdota sobre su amistad. Esto ayudará a los preadolescentes a comprender mejor que una relación se construye sobre la base de la confianza, el respeto, la lealtad y el amor. Dígales que, así como desean pasar tiempo y divertirse con sus amigos, deben esforzarse por mantener una relación de amor y amistad con Dios.

¿Cómo empezar?

En la página 134 del libro del alumno encontrarán los pasos para comenzar una relación de amor y amistad con Dios. Pregunte si alguno de ellos desea conocer más a Dios y vivir según sus mandamientos, y guíelos en una oración. Luego, explique la importancia de la oración y del estudio de la Palabra para acercarse más al Señor y tener una relación más íntima con él.

PARA TERMINAR

Anime a sus alumnos a respetar, obedecer, amar y servir a Dios cada día. Entonen algunas alabanzas y estudien el texto para memorizar de esta unidad. Le sugerimos que lo escriba en una cartulina y lo coloque en un lugar visible del salón para recordarlo de continuo. Interceda por los pedidos de oración y recuérdeles que su asistencia es muy importante.

notas

El rey desobedece

Base bíblica: 1 Samuel 13; 15.

Objetivo de la lección: Que los preadolescentes comprendan que la obediencia a Dios es mejor que los sacrificios.

Texto para memorizar: *Ahora, pues, Israel, ¿qué pide Jehová tu Dios de ti, sino que temas a Jehová tu Dios, que andes en todos sus caminos, y que lo ames, y sirvas a Jehová tu Dios con todo tu corazón y con toda tu alma...?* (Deuteronomio 10:12).

¡PREPÁRESE PARA ENSEÑAR!

No es extraño que los preadolescentes observen que personas "buenas" desobedecen a Dios y, al parecer, no sufren consecuencias. Por otro lado, ya sea por instinto o por imitación, cuando la gente hace algo malo, después procura hacer algo bueno en compensación. Pero, tal tendencia es engañosa porque da un falso sentido de seguridad. Además, es común que muchos piensen: "Después de todo, siempre hay alguien peor que nosotros".

Las buenas obras —aun los grandes sacrificios— no borran la desobediencia. Desobedecer a Dios es pecado y solo él puede perdonarlo. Ninguna obra buena, por muchas que sean, puede compensar el pecado. Sin embargo, Dios está dispuesto a perdonar al que se lo pide y cree en él. Una vez que perdona a la persona, quizá él mismo la guíe a hacer una restitución, pero no debemos confundir a esta con ganarse el perdón, el cual es un regalo de Dios. La restitución es la respuesta que la persona a quien Dios perdonó ofrece por amor.

COMENTARIO BÍBLICO

1 Samuel 13. El pueblo había pedido un rey y Dios se lo había concedido. Ahora debía sufrir las consecuencias de su decisión.

Aunque Israel tenía rey, su gobierno era una monarquía teocrática. Dios aún era la autoridad suprema porque el poder del rey provenía del Señor, y él exigía que el rey de Israel obedeciera sus leyes.

El primer acto de desobediencia de Saúl fue asumir la función sacerdotal al ofrecer holocausto en Gilgal. Él se preocupó al ver que los filisteos se reunían y Samuel no llegaba. Su ejército, oculto y temeroso, empezó a dispersarse al ver el numeroso ejército enemigo. Y como Saúl no quería salir a pelear sin haber ofrecido sacrificio a Dios, ocupó el rol de sacerdote, violando así las leyes.

Otras culturas acostumbraban combinar los roles de rey y sacerdote. Algunos reyes paganos eran líderes supremos, tanto en lo político como en lo religioso. Encontramos un antecedente en Génesis 14:18, cuando Melquisedec, rey de Salem, actuó como sacerdote de Dios para bendecir a Abram. Pero eso ya no ocurría en Israel. La función sacerdotal estaba reservada para los levitas (Éxodo 39–40), y Saúl era de la tribu de Benjamín. Su desobediencia a la ley demostró que, indiferente al mandato de Dios, él dependía de su ejército y su dominio militar.

1 Samuel 15. El segundo gran error de Saúl fue desobedecer la orden que Dios le dio por medio de Samuel: destruyan por completo a los amalecitas. Quizá esta orden suene cruel en nuestros días, pero Saúl no protestó porque entonces era común. De lo contrario, quedaba algún enemigo que vez tras vez procuraba vengarse. Aunque Saúl aceptó la orden, por egoísmo y codicia no quiso desperdiciar el mejor ganado, ni la oportunidad de exhibir al rey amalecita como trofeo por todo Israel.

Cuando Samuel reprendió a Saúl por su desobediencia, este mintió cuando dijo: *"... he obedecido la voz de Jehová, y fui a la misión que Jehová me envió, y he traído a Agag rey de Amalec, y he destruido a los amalecitas. Mas el pueblo tomó del botín ovejas y vacas, las primicias del anatema, para ofrecer sacrificios a Jehová tu Dios en Gilgal"* (15:20-21).

Samuel respondió: *"¿Se complace Jehová tanto en los holocaustos y víctimas, como en que se obedezca a las palabras de Jehová?"* (15:22). Ningún sacrificio, aunque sean muchos, puede reemplazar a la obediencia. Este episodio al final le costó a Saúl su reino.

Lo trágico en la historia de Saúl no fue que perdió el trono, sino que decidió desobedecer a Dios. Su reinado comenzó con poder y unción divina, pero terminó en vergüenza.

DESARROLLO DE LA LECCIÓN

Repaso

En hojas de diferentes colores escriba en desorden los cuatro requisitos necesarios para mantener una correcta relación con Dios. Luego pida a los alumnos que descifren las palabras. Ejemplo: ROOLNRHA (honrarlo), OLMRAA, (amarlo), EEOEOBDCRL (obedecerlo), OVIRLR-SE (servirlo).

Consecuencias de la desobediencia

Divida la pizarra en dos columnas. En una escriba como título "Desobediencia", y en la otra "Consecuencias". Hagan una lista de actos de desobediencia a Dios que los preadolescentes cometen con frecuencia (por ejemplo: desobedecer a los padres, no hacer la tarea, faltar a la escuela sin que los padres lo sepan, tomar algo que no les pertenece, mentir, etc.).

Luego, permita que los niños pasen al frente y escriban en la segunda columna las consecuencias de cada acción.

Explíqueles que la desobediencia es pecado y que siempre tiene consecuencias negativas. En la historia de hoy aprenderán acerca de un rey a quien Dios había escogido para que le sirviera, pero él decidió desobedecerle.

HISTORIA BÍBLICA

Lea con anticipación los pasajes de estudio: 1 Samuel 13:8-15; 15:1-29. Sus alumnos tienen ese pasaje en forma de guión de teatro en sus libros, página 135. Elija a cinco voluntarios para que lean el texto en forma de dramatización; los demás serán el público.

Otra opción es proveerles algún tipo de disfraz para que representen a los personajes. Pida al resto de la clase que observe con mucha atención la dramatización para determinar si Saúl cumplió los requisitos para tener una relación correcta con Dios.

Cuando terminen, explíqueles que Dios quería que los israelitas lo honraran con todo su ser y que fueran obedientes. Sin embargo, el rey decidió seguir sus propios deseos y no escuchar la voz de Dios. Haga algunas comparaciones con las actitudes de los preadolescentes en cuanto a la obediencia y el respeto por los mandamientos del Señor.

ACTIVIDADES

Y ahora, ¿qué hago?

Para que sus alumnos relacionen la historia bíblica con lo que sucede a su alrededor, lean las historias de Paola y Víctor que se encuentran en la página 137 del libro del alumno, y conversen acerca de lo que sucedió en esas ocasiones. En realidad, ¿están arrepentidos Paola y Víctor? ¿Le agrada a Dios lo que hicieron? ¿Están restituyendo el daño?

Recalque la importancia de la restitución cuando hemos hecho algo indebido. La restitución no corrige la falta, pero muestra nuestro arrepentimiento y deseo de enmendar la mala conducta.

¿Qué quiere Dios que hagamos?

Permita que algunos voluntarios lean los diálogos de la página 138 del libro del alumno. Luego, conversen al respecto. Haga énfasis en que lo único que podemos hacer para restaurar nuestra relación con Dios es admitir que hemos pecado, arrepentirnos y pedir perdón.

Pregunte a sus alumnos: *¿Qué hizo Saúl cuando desobedeció a Dios?* Después de escuchar sus respuestas, explíqueles que Saúl trató de protegerse diciendo una mentira. Luego, culpó al pueblo, pero no reconoció su falta.

Cuando nosotros pecamos, Dios está dispuesto a perdonarnos si nos arrepentimos de corazón y buscamos su perdón con humildad.

PARA TERMINAR

Concluya con un tiempo de reflexión. Algunas de estas preguntas le pueden ser útiles:

¿Alguna vez hiciste algo incorrecto de lo que deberías hablar con Dios?

¿Estás tratando de arreglar a tu manera algún problema o salir de algún lío en el que te metiste?

Formen un círculo, y diríjalos en una oración de confesión, restitución y acción de gracias. Anímelos a acercarse con confianza al Señor para seguir aprendiendo de su Palabra.

De mal en peor

Base bíblica: 1 Samuel 18—19; 28; 31.

Objetivo de la lección: Que los preadolescentes comprendan que la desobediencia a Dios acarrea severas consecuencias.

Texto para memorizar: *Ahora, pues, Israel, ¿qué pide Jehová tu Dios de ti, sino que temas a Jehová tu Dios, que andes en todos sus caminos, y que lo ames, y sirvas a Jehová tu Dios con todo tu corazón y con toda tu alma...?* (Deuteronomio 10:12).

¡PREPÁRESE PARA ENSEÑAR!

Las sociedades modernas se enfrentan a un problema alarmante y cada vez más común: el estrés en los preadolescentes. Aunque estos no lo expresen abiertamente, viven angustiados, preocupados y confundidos por los problemas familiares, las presiones de la escuela y la influencia de los medios de comunicación. Esto muchas veces desemboca en un comportamiento rebelde.

Para los preadolescentes el mal comportamiento es algo común. No comprenden que están estableciendo patrones de conducta para el futuro, y que los pequeños actos de desobediencia pueden convertirse en problemas mayores.

No son conscientes de los daños ni de las consecuencias, porque la televisión, al dar una perspectiva distorsionada de las consecuencias, presenta el pecado como algo aceptable y hasta deseable.

La historia de Saúl nos muestra muy claro los resultados de la desobediencia y las consecuencias que acarrea a largo plazo. A través de esta historia, los preadolescentes podrán comprender que su decisión de obedecer a Dios es fundamental para mantener una relación amorosa con el Señor.

COMENTARIO BÍBLICO

1 Samuel 18—19; 28; 31. Saúl era el hombre que Dios había escogido para que fuera el primer rey de Israel. Lamentablemente, por su desobediencia se cortó su relación con Dios, y perdió la paz mental y el reino.

Si Saúl hubiera servido con fidelidad a Dios, su final habría sido diferente, y quizá su familia hubiera establecido una gran dinastía. Sin embargo, Saúl rompió su pacto con Dios. Una y otra vez despreció la palabra divina y, cuando surgían problemas, culpaba a otros.

El capítulo final de su vida llegó cuando tuvo que enfrentar a sus antiguos enemigos: los filisteos. Samuel había muerto, y Saúl, lleno de temor, trató con desesperación buscar ayuda para resolver el conflicto.

En aquellos tiempos era común que los reyes consultaran a oráculos o sabios antes de librar una batalla. Algunos sacerdotes paganos mataban animales y examinaban sus entrañas en busca de señales respecto al futuro.

La adivinación y la hechicería estaban prohibidas en Israel. Dios proveía a su pueblo la dirección que necesitaba, hablándoles a través de la oración, los profetas y sacerdotes, los sueños, o el Urim y Tumim. Ninguno de estos métodos le dio a Saúl la respuesta que deseaba. Por último, desobedeciendo lo que enseña Deuteronomio 18:9-11, fue a casa de una adivina y le pidió que llamara a Samuel (1 Samuel 28:11).

La respuesta que recibió Saúl fue desalentadora, confirmando una vez más que Dios lo había abandonado. Samuel le anticipó la derrota de los israelitas, y que él y sus hijos morirían.

Tal como dijo Samuel, al día siguiente los filisteos derrotaron a los israelitas, hirieron a Saúl y mataron a sus tres hijos. En vez de enfrentar la captura y posterior tortura por sus enemigos, Saúl se mató con su propia espada. El primer rey de Israel había muerto como consecuencia de su desobediencia y rebelión.

DESARROLLO DE LA LECCIÓN

En la pizarra, o en una hoja grande, escriba la siguiente frase: "La práctica nos perfecciona". Luego, coloque en la mesa algunos objetos que representan habilidades que requieren práctica constante; por ejemplo, una hoja con ejercicios de matemáticas; un instrumento musical; una bolsa de basura o un basurero pequeño, que representen las tareas de la casa. Luego, pida a sus alumnos que formen un círculo, y colóquese en el centro con una pelota mediana. Láncela a varios de ellos y pida que se la lancen a usted otra vez. Luego, pregúnteles si podrían mejorar en lanzar y atrapar la pelota si practicaran cada día. Después, hágales las siguientes preguntas:

- ¿Cada cuánto practicas los ejercicios de matemática?
- ¿Cuán a menudo practicas para aprender a tocar un instrumento?
- ¿Con qué frecuencia realizas las tareas del

hogar, como sacar la basura, barrer el patio, lavar o secar los platos, etc.?

Explíqueles que cuando practicamos algo, perfeccionamos esa capacidad y llegamos a ser mejores, para bien o para mal. Las personas que practican de continuo la desobediencia, se vuelven expertas en hacerlo. En la Biblia encontramos el caso de un hombre que comenzó a desobedecer a Dios y las consecuencias fueron desastrosas.

¿Qué sucede?

Distribuya los libros del alumno y pida que los abran en la página 139. Elija a siete alumnos para que lean las frases de los recuadros. Después conversen sobre la conducta de Marcos y pregúnteles: *¿Piensan que Marcos podrá ser un buen amigo?* Escuche sus respuestas. Luego, explíqueles que, aunque cada incidente por separado parece sin importancia, si la conducta es recurrente la gente pensará que esa persona es deshonesta y no confiará en ella.

En la historia de hoy aprenderemos sobre un hombre que desobedeció muchas veces, sufriendo tristes consecuencias por sus actos.

HISTORIA BÍBLICA

Para esta ocasión, sugerimos que, con anticipación, pida a dos jóvenes que lo ayuden a representar el diálogo de la página 140 del libro del alumno. Consiga túnicas, espadas o disfraces de soldados para hacer más real la representación.

Haga con sus alumnos un repaso general de la historia de Saúl, mencionando cuáles fueron algunos de los errores que cometió durante su gobierno.

Escuchen con atención el diálogo entre los dos oficiales, y después pregúnteles: *¿Qué patrón se repite en la conducta de Saúl? ¿Qué sucedió cuando Saúl se convirtió en una persona celosa, destructiva y malhumorada?*

Pida a los alumnos que lean en su Biblia el pasaje de 1 Samuel 28:3-24 para reafirmar el aprendizaje.

ACTIVIDADES

¿Qué hubiera sucedido? ¿Qué sucedió?

Divida la clase en dos grupos para que trabajen en la página 141 del libro del alumno. El primer grupo responderá las preguntas de la primera columna, mientras que los del segundo contestarán las de la segunda columna. Asegúrese de que tengan las respuestas correctas antes que las escriban en los espacios en blanco de la hoja.

¿Qué tipo de conducta?

Plantee a sus alumnos las siguientes preguntas, y escriba las respuestas en la pizarra:

- *¿Qué tipo de patrón se está formando en la vida de Marcos?*
- *¿Qué puede hacer él para cambiarlo?*
- *Ahora piensen en su propia vida. ¿Qué tipo de acciones realizan con frecuencia?*
- *¿Están formando patrones positivos, de beneficio para sus vidas?*
- *¿Muestran amor, honor, servicio y obediencia a Dios?*

Déles tiempo para que escriban las respuestas en los triángulos de la página 142.

PARA TERMINAR

Le sugerimos que aparte un tiempo para guiar a sus alumnos a que examinen su propia vida, viendo si hay algo que deben confesar a Dios por haber desobedecido su Palabra. Diríjalos en oración y, antes de despedirse, repasen el texto para memorizar.

notas

¿Puede haber un rey bueno?

Base bíblica: 2 Samuel 11–12; Salmos 51.

Objetivo de la lección: Que los preadolescentes aprendan a reconocer y confesar sus fallas ante Dios.

Texto para memorizar: *Ahora, pues, Israel, ¿qué pide Jehová tu Dios de ti, sino que temas a Jehová tu Dios, que andes en todos sus caminos, y que lo ames, y sirvas a Jehová tu Dios con todo tu corazón y con toda tu alma...?* (Deuteronomio 10:12).

¡PREPÁRESE PARA ENSEÑAR!

El arrepentimiento y la confesión son esenciales para que el hombre restaure su relación con Dios. Por supuesto, a nadie le resulta fácil admitir su pecado y apartarse de él. Es más sencillo dar excusas, culpar a otros o tratar de encubrir el pecado. Cuando los preadolescentes cometen alguna falta, quizá intenten hacer lo que hizo Saúl. Pero, deben comprender que no se puede recibir el perdón de los pecados a menos que lo reconozcan y se alejen de él.

Esta lección nos habla de uno de los grandes héroes de la Biblia: David. Los alumnos podrán comparar cómo actuaron Saúl y David ante el pecado, y de qué forma esas actitudes marcaron la diferencia en su relación con Dios y su futuro. En medio de una sociedad en la que se tolera el pecado, y muchas veces se encubre, sus alumnos deben reconocer cuando pecaron delante de Dios, confesarlo y arrepentirse de corazón.

COMENTARIO BÍBLICO

2 Samuel 11–12. La historia de David es una de las más conocidas de la Biblia. Es muy interesante leer cómo un humilde pastor de ovejas se convirtió en el rey más importante de Israel.

Aunque David realizó muchas proezas y sus historias son impresionantes, no debemos olvidar que también era humano. En una ocasión se quedó en Jerusalén después de enviar a Joab a la batalla y cometió adulterio con Betsabé, la esposa de Urías. Al saber que ella estaba embarazada, David quiso encubrir su pecado. Por lo tanto, procuró que Urías estuviera con su esposa para poder justificar el futuro nacimiento del bebé. Como eso no resultó, ordenó que pusieran a Urías en el frente de batalla para que muriera, y así sucedió.

Dios usó al profeta Natán para pronunciar juicio contra David. En circunstancias similares, Saúl hubiera dado excusas y culpado a otros, pero David admitió su pecado y pidió perdón. En Salmos 51 se relata la confesión de David.

Este rey fue un gran líder político y estratega militar que le dio a Israel importantes victorias, estabilidad y paz. El secreto de su éxito fue que estuvo dispuesto a confesar su pecado, y se arrepintió de corazón, permitiendo que Dios continuara guiando su vida. Por su devoción a Dios y su confesión sincera, se lo considera como el rey más notable de Israel.

DESARROLLO DE LA LECCIÓN

Deuteronomio 10:12

Dé la bienvenida a sus alumnos, y realicen la siguiente actividad para iniciar la clase. Siéntense formando un círculo para repasar el texto para memorizar. Un voluntario deberá empezar diciendo la primera palabra del versículo. Luego, el siguiente del círculo dirá la segunda, y así sucesivamente hasta que completen el versículo. Otra opción es que, también en círculo, pasen de mano en mano una pelota pequeña al compás de una música, o hasta que el que dirige indique "¡Alto!" Entonces, quien se quedó con la pelota debe decir la siguiente parte del versículo, y así hasta que todos hayan participado.

Repaso

Pregunte a sus alumnos si durante la semana notaron en ellos mismos, o en algún amigo o amiga, un patrón de desobediencia constante. Después, pregúnteles cómo respondieron a las indicaciones de sus padres o maestros. Si desea, use las siguientes preguntas:

¿Hicieron algo esta semana que hubieran preferido no haber hecho?

¿Qué tipo de patrón de conducta están mostrando en su vida?

Recuérdeles que pueden pedir ayuda a Dios cuando estén enfrentando la tentación y tengan problemas para ser obedientes. Después dígales: *En las historias que vimos las clases anteriores aprendimos que Saúl fue el primer rey de Israel. Al principio de su reinado actuó correctamente; fue humilde, obediente y estuvo dispuesto a permitir que Dios guiara su vida. Luego, se volvió egoísta, desobediente y orgulloso. No tuvo un arrepentimiento sincero, sino que trató de culpar a otros por lo malo que él mismo había cometido.*

En la historia de hoy estudiaremos quién fue el rey que sucedió a Saúl en el trono de Israel.

Simón dice

Elijan a un alumno para que sea el líder. Este debe pasar al frente y hacer gestos o acciones mientras da órdenes: *Simón dice que te toques la nariz.* Todos deben seguir al líder y realizar la acción. Pero si da la instrucción sin decir *Simón dice* (por ejemplo: levanta la pierna izquierda), los demás no deben obedecer.

Para hacerlo más divertido, combinen dos acciones (por ejemplo: *Simón dice que levantes la pierna izquierda y el brazo derecho).* Si alguno se equivoca en seguir la orden debe sentarse y esperar a que el juego termine.

Después, converse con ellos y pregúnteles:

¿Hubo alguna acción que no quisieron hacer?

¿Qué sucedió cuando no siguieron las indicaciones?

Escuche sus respuestas, y explíqueles que este es solo un juego. Sin embargo, en la vida real también hay consecuencias cuando desobedecemos, cuando no seguimos las instrucciones y rompemos las reglas. En la historia de hoy aprenderemos sobre un hombre que cometió un grave pecado y no sabía qué hacer.

¿Cómo los calificas?

Abran el libro del alumno en la página 143. Déles tiempo para que completen este ejercicio, basándose en las historias que han aprendido y lo que conocen de la vida de David y Saúl.

Si es una característica de Saúl, deben colocar sobre la línea la letra S. Si consideran que es una característica de David, entonces deben escribir la letra D.

HISTORIA BÍBLICA

Lea 2 Samuel 11–12 con anticipación para familiarizarse con la historia bíblica y estar preparado para explicársela a sus alumnos.

Dediquen tiempo en la clase para leer el capítulo 11 de 2 Samuel. Léales el texto, haciendo la entonación apropiada para este tipo de relatos, o pida la ayuda de alguien con habilidad para la lectura, mientras la clase siguen el relato, cada uno en su propia Biblia.

Es probable que surjan muchas preguntas en los preadolescentes sobre la actitud de David. Por eso es importante que esté listo para responder y ayudarlos a comprender que David cometió un error, pero Dios lo perdonó, lo restauró y lo prosperó como rey del pueblo escogido.

ACTIVIDADES

¡Te atrapé!

La gran diferencia entre Saúl y David fue cómo reaccionó cada uno después de desobedecer. En la página 144 sus alumnos tienen una lista de seis versículos que les permitirán comparar las reacciones de los dos reyes. Déles tiempo para que busquen cada texto en su Biblia y escriban en el libro de cuál personaje está hablando.

- 1 Samuel 15:13-16 (Saúl trató de cubrir su pecado culpando a otros).
- 2 Samuel 11:14-15 (David trató de esconder su pecado con Betsabé matando al esposo, el general Urías).
- 1 Samuel 15:24-25 (Saúl se arrepintió de su pecado, pero pidió la compañía de Samuel para guardar las apariencias).
- 2 Samuel 12:5-7, 13 (David se enojó con el relato del hombre que tomó la única oveja del hombre pobre. Cuando se dio cuenta de que el profeta Natán se refería a él, David confesó su pecado).
- Salmos 51:1-4 (David admitió su pecado y pidió misericordia a Dios).
- 1 Samuel 15:30 (Saúl dijo que había pecado, pero tal vez estaba más interesado en la opinión que la gente tuviera acerca de él que en arrepentirse de corazón).

¡Oh, no!

Cuando David se dio cuenta de lo que había hecho, confesó su pecado, pidió la misericordia de Dios y escribió Salmos 51, un salmo de confesión. Pida a los preadolescentes que lo lean (ya sea de sus Biblias o bien, la parte que se encuentra en sus libros) y contesten la siguiente pregunta: *¿Qué nos dice este salmo acerca del tipo de persona que era David?*

¿Qué pide Dios de los cristianos?

Que los alumnos vayan a la página 146, y lean la frase del centro del círculo y las preguntas de las otras secciones. Permita que busquen los pasajes bíblicos y escriban las respuestas en los espacios en blanco.

PARA TERMINAR

Para concluir la clase, recuerde a los preadolescentes lo que el profeta Natán le dijo a David: que aunque había pecado en secreto, todos conocerían su pecado. Tal vez nadie más conoce las conductas equivocadas de los preadolescentes, pero Dios está al tanto de todo lo que hacemos.

Guíelos en una oración de confesión y arrepentimiento, y anímelos a vivir de acuerdo a la voluntad de Dios.

La caída de un rey sabio

Base bíblica: 1 Reyes 3; 4:29-34; 9:1-9; 11:1-13.

Objetivo de la lección: Que los preadolescentes comprendan la importancia de obedecer a Dios y permanecer firmes en sus promesas.

Texto para memorizar: *Ahora, pues, Israel, ¿qué pide Jehová tu Dios de ti, sino que temas a Jehová tu Dios, que andes en todos sus caminos, y que lo ames, y sirvas a Jehová tu Dios con todo tu corazón y con toda tu alma...?* (Deuteronomio 10:12).

¡PREPÁRESE PARA ENSEÑAR!

¿Alguna vez escuchó a sus alumnos hablar mal de ellos mismos o menospreciarse? No se extrañe. Los cambios físicos, los desafíos de la escuela y la creciente preocupación por lo que piensen los compañeros hacen que los preadolescentes tengan un concepto erróneo sobre ellos mismos. Tal vez se sientan incómodos con los cambios que están experimentando; o al compararse con los prototipos de belleza que pregonan los medios de comunicación, quizá se pregunten: "¿Cómo podré ser fuerte, simpático o inteligente como ellos?"

Esta lección les enseñará que para Dios hay algo más importante que la belleza, la fuerza y el conocimiento: la obediencia por amor. Aun siendo el hombre más sabio del mundo, el rey Salomón tomó malas decisiones cada vez que desobedeció a Dios. En Deuteronomio 10:12 no leemos que la belleza, la fuerza y el conocimiento eran parte de los requisitos para desarrollar una buena relación con Dios, sino honrarlo, amarlo, servirlo y obedecerlo.

COMENTARIO BÍBLICO

1 Reyes 3; 4:29-34; 9:1-9; 11:1-13. Salomón tenía menos de 20 años cuando se convirtió en el nuevo rey de Israel. ¡Qué enorme responsabilidad para un joven! Debía gobernar una gran nación y, además, ocupar el lugar de David, un hombre conforme al corazón de Dios (1 Samuel 13:14).

El pacto que Dios había hecho con David era ahora una responsabilidad de Salomón. Por eso le dijo a Dios: "Yo soy joven" (1 Reyes 3:7), y le pidió que le diera un "corazón entendido" (3:9).

Dios honró su petición dándole sabiduría; además, le dio riqueza, honor y larga vida. La única condición era que anduviera en los caminos de Dios, guardando sus preceptos y mandamientos como lo había hecho David, su padre (3:14).

Pero, Salomón no cumplió su parte del pacto. Desde los inicios de su reinado fue inconstante en su observancia de la ley. Se casó con mujeres extranjeras, practicaba ritos de adoración en lugares prohibidos y, como ocurre a menudo, todo eso lo llevó a la desobediencia total.

Deuteronomio 17:17 prohibía que el rey israelita tuviera muchas esposas. Salomón quebrantó esa ley al tener 700 esposas y 300 concubinas. Además, las mujeres extranjeras lo alejaron del único Dios verdadero, trayendo juicio contra Salomón.

Los 40 años de reinado de Salomón terminaron en caos y violencia. Honrando el pacto con David, Dios permitió que Roboam, nieto de David, reinara sobre Judá. La tribu de Benjamín se unió a Judá, mientras que las otras 10 tribus se unieron bajo el gobierno de Jeroboam.

DESARROLLO DE LA LECCIÓN

Cuadro de deseos

Para esta actividad necesitará periódicos o revistas, tijeras, pegamento, hojas o cartulinas tamaño carta y marcadores. Pida que cada alumno, usando las revistas y periódicos, realice un cuadro tipo collage con todo lo que le gustaría tener. Cuando terminen, que escriban en el mismo cuadro el pasaje de Proverbios 3:13-15.

Personas sabias

Pida a la clase que mencione algunos nombres de personas que consideren sabias. Escriba en la pizarra los nombres y pregúnteles: *¿Por qué creen que son sabios? ¿Son en verdad sabios o tienen mucho conocimiento? ¿Existe alguna diferencia entre sabiduría y conocimiento?* Escriba las palabras "Conocimiento" y "Sabiduría" en la pizarra, y tenga a mano un diccionario para buscar los significados.

La sabiduría del mundo contra la sabiduría de Dios

Divida la clase en dos grupos. A cada uno asígnele tres declaraciones de la página 147 del libro del alumno. Permita que debatan si cada declaración se refiere a la sabiduría de Dios o a la del mundo.

Dígales que la lección de hoy les explicará más acerca de la diferencia que existe entre lo que piensa la gente y lo que Dios sabe que es mejor para nosotros.

HISTORIA BÍBLICA

Para relatar esta historia, estudie con anticipación los siguientes pasajes: 1 Reyes 9:4-7; Eclesiastés 1:12-14; 1 Reyes 11:11-13.

Antes de empezar el relato, pida que se sienten formando un círculo y que busquen en su Biblia los pasajes de estudio. A medida que relate la historia, pida que un alumno lea el pasaje que usted desee enfatizar.

Como conclusión, explique que cuando Salomón murió su hijo Roboam reinó sobre la tribu de Judá, y a esta se unió la tribu de Benjamín. Jeroboam llegó a ser el rey de las diez tribus restantes.

ACTIVIDADES

Promesas y advertencias

Abran el libro del alumno en la página 148. Allí encontrarán un pasaje bíblico que habla sobre lo que Dios le prometió a Salomón, y las condiciones necesarias para que se cumpliera. Diga a sus alumnos que lean el párrafo y rodeen con un círculo la promesa. Que luego subrayen con una línea las condiciones, y con línea doble la advertencia.

Consecuencias

Dé tiempo para que los preadolescentes lean 1 Reyes 11:11-13. Luego, que completen los versículos que se encuentran en la página 149 del libro del alumno.

Después, conversen sobre lo que podría haber sucedido si Salomón hubiera guardado el pacto que hizo con Dios y obedecido sus mandamientos. Explíqueles que la consecuencia de su desobediencia fue que el reino se dividió y el pueblo volvió al pecado, adorando a ídolos falsos.

¿Qué pasa conmigo ahora?

Ayude a sus alumnos a reflexionar acerca de los cuatro requisitos para mantener una correcta relación con Dios.

Use las siguientes preguntas para guiar su tiempo de meditación grupal:

¿Cuáles son los cuatro requisitos para mantener una buena relación con Dios?

¿Cuál de estos requisitos te resulta más difícil de cumplir?

¿Qué puedes hacer esta semana para fortalecer tu relación con Dios?

Si les resulta difícil *amar a Dios*, anímelos a examinar todo lo que pueda estar interfiriendo entre ellos y su amor por él.

Por otro lado, si no pueden *obedecer a Dios*, ayúdelos a pensar en las ocasiones en que son obedientes, para que cuando tengan la tentación de desobedecer recuerden que Dios los ayuda y fortalece.

Si están batallando para *honrar a Dios*, motívelos a dedicar un tiempo para pensar en su grandeza.

Por último, si tienen dificultades para *servir a Dios*, ayúdelos a preparar un horario que incluya algún tipo de servicio, o invítelos a involucrarse en algún ministerio de la iglesia.

PARA TERMINAR

Use las preguntas de la página 150 del libro del alumno para hacer un repaso de la unidad.

Luego, ore dando gracias a Dios por las enseñanzas recibidas en esta unidad, y anímelos a seguir los cuatro pasos para tener una buena relación con Dios. Después de reconocer el esfuerzo de los que aprendieron el texto para memorizar de la unidad, entonen algunas alabanzas antes de despedirse. Recuérdeles que la próxima semana iniciarán el estudio de una nueva unidad, titulada: "Cómo ser felices".

notas

CÓMO SER FELICES

Bases bíblicas: Mateo 5:1-12, 43-48; 18:21-35; Lucas 14:1, 7-14; 18:9-14; 23:26-43.

Texto de la unidad: *Bienaventurados los que tienen hambre y sed de justicia, porque ellos serán saciados* (Mateo 5:6).

PROPÓSITOS DE LA UNIDAD

Esta unidad ayudará a los preadolescentes a:

- ❖ Entender las enseñanzas de Jesús sobre la felicidad.
- ❖ Examinar sus actitudes a la luz de las enseñanzas de Jesús.
- ❖ Experimentar la felicidad que produce obedecer las enseñanzas de Jesús.

LECCIONES DE LA UNIDAD

Lección 41:   ¿En qué consiste la felicidad?

Lección 42:   Felicidad es... obedecer a Dios

Lección 43:   ¿Debo perdonar?

Lección 44:   Victoriosos en Cristo

POR QUÉ LOS PREADOLESCENTES NECESITAN LA ENSEÑANZA DE ESTA UNIDAD

La búsqueda de la felicidad es un objetivo común del ser humano. Sin embargo, muchos, al tratar de encontrarla, se desviaron por caminos equivocados.

Por otro lado, se ha malentendido el verdadero significado de la felicidad, sustituyéndolo por riquezas, placer, bienestar y poder. De acuerdo con la ideología imperante en nuestra sociedad, la felicidad depende del dinero, el nivel social, el éxito laboral y las relaciones interpersonales. Por todo esto, es común que los preadolescentes tengan actitudes egocéntricas, pensando que la felicidad se determina por la popularidad, el poder adquisitivo o la forma de vestirse. Sin embargo, la Biblia nos ofrece una perspectiva del todo distinta.

El egocentrismo no es un problema nuevo; también imperaba en los días de Jesús. En ese entonces, la gente buscaba la felicidad de una forma tan frenética como lo hace hoy.

Jesús enseñó que somos felices si tenemos una buena relación con Dios y con el prójimo.

Los preadolescentes deben saber que el secreto para tener la verdadera felicidad es: la obediencia, el amor, la humildad, la rectitud, la misericordia y el perdón.

¿En qué consiste la felicidad?

Base bíblica: Mateo 5:1-12; Lucas 14:1,7-14.

Objetivo de la lección: Que los preadolescentes comprendan que si son humildes y gentiles encontrarán la felicidad.

Texto para memorizar: *Bienaventurados los que tienen hambre y sed de justicia, porque ellos serán saciados* (Mateo 5:6).

¡PREPÁRESE PARA ENSEÑAR!

En nuestra sociedad se ha tergiversado de tal manera el significado de la felicidad que muchos lo desconocen. Para la mayoría, la felicidad consiste en obtener lo que uno quiere y en el momento en que lo desea. La televisión y la publicidad se han encargado de esparcir la idea de que la felicidad es resultado de satisfacer todos los deseos. Por ejemplo, si los jóvenes no poseen la ropa de moda o la última consola de videojuegos o el último celular sienten que los están privando de algo que deberían tener, y por lo tanto son infelices. Es decir, su estado de ánimo lo determinan el poder adquisitivo y la popularidad.

Sin embargo, la palabra de Dios nos enseña que solo en Jesús encontramos la felicidad completa. Fue eso lo que Jesús enseñó en el Sermón del monte y en otras parábolas.

Es importante que sus alumnos aprendan a examinarse, y a diferenciar entre el deseo y la necesidad. Deben conocer cuál es el plan de Dios para sobrevivir en una sociedad dominada por la codicia. Quizá algunos estén atrapados en el afán insaciable de tener todo lo que este mundo ofrece, pero deben saber que solo en Jesús encontramos el camino de la verdadera felicidad.

COMENTARIO BÍBLICO

Mateo 5:1-12. Las Bienaventuranzas, con las que comienza el Sermón del monte, constituyen el primero de los cinco sermones de Jesús que Mateo incluye en su Evangelio.

La palabra "bienaventurado" (o, tres veces feliz) se refiere al gozo espiritual que uno siente cuando Dios aprueba su conducta. Por lo tanto, las Bienaventuranzas describen las cualidades y características del verdadero discípulo de Cristo, mostrando que puede experimentar paz y gozo internos, a pesar de las circunstancias externas.

"Pobres en espíritu" (Mateo 5:3) son los que, reconocen su necesidad espiritual, comprenden que dependen de Dios en todo. La humildad verdadera resulta de reconocer que todo lo que somos, o esperamos ser, proviene de Dios.

El término "mansos" (Mateo 5:5) a menudo se interpreta mal, asociando mansedumbre con timidez o falsa humildad. La mansedumbre no es una forma de debilidad, sino una condición espiritual en la que reconocemos que Dios tiene el control. Mansos son aquellos que tienen disciplina para seguir la dirección de Dios y aceptar lo que él permite.

Lucas 14:1,7-14. En la parábola de la fiesta de bodas, Jesús les dio una lección a los invitados que deseaban ocupar los puestos de honor. Todos sabían que los asientos cercanos al anfitrión eran para los invitados especiales. Los que luchaban por ocupar los primeros lugares mostraban su orgullo y el concepto que tenían sobre ellos mismos. Sin embargo, esos asientos estaban reservados para personas a las que el anfitrión consideraba especiales.

La enseñanza de la parábola es que a Dios no le agrada que nos honremos a nosotros mismos. Más bien, permitamos que otros nos honren. Este punto de vista es contrario al del mundo, donde cada uno defiende primero sus propios intereses.

DESARROLLO DE LA LECCIÓN

¿Qué aprendiste?

Dediquen un momento a conversar sobre lo sucedido durante la semana: clases, tareas escolares, vacaciones, partidos de fútbol, etc.

Después de repasar lo que aprendieron sobre la vida de Salomón, pregúnteles: *¿Qué enseñanzas positivas encontramos en la vida de Salomón?* Enfatice la importancia de obedecer a Dios y su Palabra. Tal vez algunos preadolescentes estén asistiendo por primera vez a una clase de educación cristiana, y no deseen hablar acerca de sus experiencias, ya que es algo nuevo para ellos.

Poco a poco, sus alumnos asumirán una mayor responsabilidad por lo que hacen o dejan de hacer cada día de la semana. Esto debe darse en forma natural, no bajo presión ni por temor.

¿Qué te hace feliz?

Pida que todos los que quieran participar pasen adelante por turno y, en la pizarra o en una hoja grande, escriban todo aquello que los hace sentirse felices. Después, decidan juntos cómo numerarlas según su importancia.

Luego pregúnteles:

- *¿Por cuánto tiempo creen que esto los hará felices?*
- *Algo de lo mencionado ¿se puede destruir con facilidad?*
- *Si lo que estamos señalando desapareciera, ¿cómo creen que afectaría la vida de los jovencitos de su edad?*

Explíqueles que, muchas veces, la gente busca la felicidad en objetos o lugares equivocados, y su estado de ánimo cambia según las posesiones que tienen o lo que les sucede cada día. Eso significa que su estado de ánimo es pasajero y que su fundamento no es seguro.

Dígales: *En la clase de hoy aprenderemos el secreto para disfrutar de la felicidad de manera genuina y verdadera.*

HISTORIA BÍBLICA

Las Bienaventuranzas

Escriba la palabra "BIENAVENTURANZA" en la pizarra o en una cartulina. Pregunte a los preadolescentes si conocen el significado de esa palabra.

Escuche sus respuestas, y explíqueles que bienaventuranza significa felicidad, dicha, bendición y aprobación de parte de Dios. La persona bienaventurada es una persona feliz. Pero no se trata de la clase de felicidad que el mundo ofrece, sino de una que es perdurable y eterna.

Lean juntos Lucas 14:1,7–14. Luego, permita que sus alumnos expliquen lo que entendieron sobre el pasaje. Complemente la información a la luz de la palabra de Dios.

ACTIVIDADES

¡Obsérvalo de cerca!

Abran el libro del alumno en la página 152. Divida la clase en pequeños grupos para que respondan las preguntas sobre Lucas 14:7-11. Cuando hayan terminado, intercambien las respuestas y repasen lo que leyeron en el pasaje bíblico.

¡Crea tu historieta!

Dé tiempo para que los preadolescentes trabajen en la página 153 del libro del alumno. Ellos deben escribir en los espacios en blanco lo que creen que sucede en cada escena. Conversen acerca de la actitud que los cristianos deben tener cuando sufren injusticias y se los maltrata. Pida que algunos voluntarios cuenten lo que escribieron.

Mi compromiso

Guíe a sus alumnos a que lean en silencio cada una de las promesas de la página 154, y marquen las que se comprometan a cumplir. Esta actividad debe ser personal, ayudándolos a reflexionar acerca de la importancia de comprometerse con Dios a cambiar de actitud.

Si le resulta posible, prepare suficientes tarjetas con estas promesas. Distribúyalas para que cada uno lleve una consigo, y recuerde durante la semana su compromiso con Dios.

PARA TERMINAR

Reúnalos para orar y dar gracias a Dios por habernos enseñado, a través de las Bienaventuranzas, el secreto de la felicidad. Intercedan por los enfermos, y anímelos a asistir a la próxima clase.

No olvide llamar o visitar a los que estuvieron ausentes.

notas

Felicidad es... obedecer a Dios

Base bíblica: Mateo 5:6; Lucas 18:9-14.

Objetivo de la lección: Que el alumno descubra el gozo de tener una buena relación con Dios.

Texto para memorizar: *Bienaventurados los que tienen hambre y sed de justicia, porque ellos serán saciados* (Mateo 5:6).

¡PREPÁRESE PARA ENSEÑAR!

Un autor cristiano escribió una canción, que tituló: "Fiesta social", en la que describe a la clase de jóvenes de la escuela bíblica como una simple fiesta social. Esta canción no se aplica a todas las clases de preadolescentes y jóvenes de educación cristiana, pero lo lamentable es que describe muy bien a algunas.

Es importante mencionar que los jovencitos tienen la madurez necesaria para examinar con seriedad su relación con Dios. Aunque aún deben madurar en muchas áreas de su vida, tienen la capacidad para decidir si su compromiso con Dios es real o si solo seguirán una religión. Sin embargo, sabemos que lo que Dios quiere es un compromiso total.

Mediante esta lección, sus alumnos comprenderán que Dios desea ayudarlos a cimentar su relación con él, sin importar lo adversas que sean las circunstancias. También comprenderán lo que Jesús quiso enseñarnos mediante las Bienaventuranzas, y lo que significa tener hambre y sed de justicia.

COMENTARIO BÍBLICO

Mateo 5:6. El hambre y la sed de justicia son necesidades espirituales. Dios quiere que procuremos hacer justicia, y que esta sea un elemento esencial de nuestra vida. A menudo, no la consideramos como tal, pero en realidad lo es. Cuando deseamos amar y honrar a Dios, y seguir sus caminos, estamos en el sendero correcto hacia tener hambre y sed de justicia.

Lucas 18:9-14. Este pasaje muestra la diferencia entre la justicia interna y la hipocresía y piedad externas. Lo que luce bien por fuera quizá por dentro esté podrido. La oración del fariseo en realidad era una lista de sus buenas obras, mientras que la del publicano, que suplicaba misericordia, mostraba su necesidad de Dios.

El publicano tenía hambre y sed de justicia. En cambio, el fariseo estaba satisfecho con una falsa justicia centrada en sí mismo.

DESARROLLO DE LA LECCIÓN

Cartas anónimas

Para esta actividad necesitará revistas, pegamento, tijeras y hojas.

Pregunte a sus alumnos si alguna vez enviaron una carta anónima para que no los reconocieran. Explíqueles que la característica de estas cartas es que no llevan firma, por lo que resulta difícil reconocer al autor.

Dígales que en esta actividad deberán escribir una carta anónima a alguno de sus compañeros de clase. Para redactar la carta, deberán recortar letras o palabras de revistas, y armar con ellas el versículo bíblico que se encuentra en Mateo 5:6. Cada alumno elaborará su propia carta. Luego, en forma anónima, se la hará llegar a un compañero o compañera.

Cada alumno deberá llevar a su casa la carta que recibió, para repasar el texto para memorizar. Luego, deberá traerla consigo la próxima clase.

Un espejismo

Reparta los libros del alumno, y que los abran en la página 155 y observen con atención la ilustración, mientras que un voluntario lee en voz alta la definición de "espejismo". Después, reflexionen y respondan las preguntas de la parte inferior de la hoja.

Explíqueles que, aunque muchos no hemos experimentado lo que significa "desfallecer de hambre o de sed", podemos imaginar la desesperación de un hombre perdido en medio del caluroso desierto y con el deseo de tomar algo que lo refresque.

De la misma forma, la gente busca la felicidad con desesperación, y a veces recurre a métodos incorrectos para tratar de alcanzarla. En la clase de hoy aprenderemos lo que Jesús dijo sobre esto.

Felicidad es...

Pida a los alumnos que busquen en la página 156, y que trabajen en parejas o en pequeños grupos. Deberán enumerar diez formas diferentes a través de las cuales la gente busca la felicidad (por ejemplo: éxito, popularidad, autos, dinero, posición, amigos, posesiones, fama, etc.).

Luego, permita que algunos voluntarios lean lo que escribieron. Anote en la pizarra las respuestas más comunes. Dígales que en la historia bíblica de hoy aprenderán lo que Jesús enseñó sobre la felicidad.

HISTORIA BÍBLICA

Pida a sus alumnos que busquen Lucas 18:9-14 y lo lean en silencio. Después, explíqueles que, durante su ministerio terrenal, Jesús viajó por muchos lugares y se dio cuenta de las necesidades físicas y materiales de las personas. Por eso dedicó gran parte de su tiempo a sanar enfermos y cuidar a los necesitados. Jesús también observó la actitud de las personas. Por ejemplo, algunos eran humildes y evitaban la vanagloria; otros confiaban en su propia justicia y se envanecían. Por esa razón, Jesús relató la parábola del publicano y el fariseo.

Propicie un tiempo de reflexión sobre el pasaje bíblico y la forma en que se aplica a la vida de los preadolescentes.

ACTIVIDADES

¿Cuál es la diferencia?

Pregunte a sus alumnos: *¿Cuál es la diferencia entre la oración del fariseo y la oración del publicano?* Permita que algunos respondan.

A continuación, explíqueles que la diferencia tuvo que ver con el enfoque que le dio cada uno a la oración. El fariseo enfocó su oración en sus buenas acciones y en el alto concepto que tenía de sí mismo. Sin embargo, el publicano pidió misericordia, reconociendo su indignidad delante de Dios. Por esa razón, él escuchó y respondió la oración sincera del publicano.

Según lo que aprendimos hoy, ¿cuál de los dos hombres tenía hambre y sed de justicia?

¿Qué es justicia?

Abran el libro del alumno en la página 157 y lean las definiciones sobre **justicia** y **justo**. Déles tiempo para que conversen sobre lo que entendieron, y ayúdelos a comprender los conceptos sobre los que tengan dudas.

Permita que completen, con sus propias palabras, el texto bíblico de Mateo 5:6. Luego, den vuelta la página para responder las preguntas.

PARA TERMINAR

Que sus alumnos se sienten formando un círculo, y dígales: *A través de las Bienaventuranzas, Jesús nos enseña que las personas bendecidas son las que reconocen su verdadera condición espiritual y se esfuerzan por conocer a Dios y su justicia. Eso es tan importante como el agua y la comida en el desierto. Están sedientas y hambrientas de la justicia de Dios.*

¿Piensan que tener una buena relación con Dios es tan importante como comer o beber? Dé unos minutos para que reflexionen, y pregúnteles:

¿Qué necesitan cambiar en su vida para tener hambre y sed de justicia?

Según las respuestas, anímelos a buscar a Dios con humildad y fervor, a escudriñar la Palabra y a seguir asistiendo a la iglesia. Repitan una vez más el texto para memorizar.

Pida a los alumnos que contesten las preguntas de la página 158 para repasar la lección.

Luego, interceda por ellos e invítelos a la próxima clase.

notas

¿Debo perdonar?

Base bíblica: Mateo 5:7; 18:21-35.

Objetivo de la lección: Que los preadolescentes aprendan que a través del perdón y la misericordia se encuentra la felicidad.

Texto para memorizar: *Bienaventurados los que tienen hambre y sed de justicia, porque ellos serán saciados* (Mateo 5:6).

¡PREPÁRESE PARA ENSEÑAR!

Cuando a los seres humanos nos lastiman, nuestra reacción natural es sentir deseos de venganza. El resentimiento y la amargura se anidan en el corazón, generando graves problemas emocionales y espirituales.

Conocí padres que, con el pretexto de ayudar a sus hijos a madurar y hacerse respetar, les enseñan a pelear y a defenderse. Sin embargo, en el Sermón del monte Jesús enseñó algo completamente diferente.

El perdón y la misericordia son dos conceptos que para la mayoría de las personas son difíciles de entender, pero para los que caminamos en la luz de Cristo deben ser metas a seguir.

Los preadolescentes deben aprender a perdonar a quienes los hieren. Quizá muchos de ellos reciban insultos, incluso maltratos, y no entiendan por qué deben perdonar al que los lastima. La enseñanza de Jesús sobre la manera de mostrar misericordia es un concepto muy diferente a lo que los preadolescentes ven a su alrededor. Pero deben comprender que solo mediante la gracia de Dios podemos ser misericordiosos.

COMENTARIO BÍBLICO

Mateo 5:7; 18:21-35. Es importante entender que misericordia no es sinónimo de lástima. Lástima es la respuesta emocional ante una situación que causa tristeza, pero que no impulsa a actuar. La misericordia incluye no solo reconocer la necesidad, sino aceptar la responsabilidad de hacer algo sin esperar recompensa. La misericordia es activa, no pasiva. Aun cuando no merecemos misericordia, Dios nos la brinda sin que necesitemos hacer algo a cambio.

En la antigüedad, los romanos no practicaban la misericordia, porque creían que cada uno debía recibir lo que merecía. Aborrecían toda muestra de lástima, compasión y debilidad, por considerar que el misericordioso era débil. Los fariseos tampoco tenían misericordia del que violaba las reglas, al afirmar que el sufrimiento era el justo castigo por los pecados. Por lo tanto, el llamado de Jesús a ser misericordiosos fue revolucionario y desafiante.

En la parábola de esta lección, el rey tuvo misericordia de su siervo y le perdonó una cuantiosa deuda. Esta era tan grande que el siervo no tenía forma de pagarla. Sin embargo, el siervo no quiso perdonar a su consiervo una deuda insignificante.

El siervo representa a la persona egoísta, que siempre espera recibir consideración y tratos especiales, pero que rehúsa tratar así a los demás.

Jesús quiso enseñarle a Pedro, y hoy nos enseña a nosotros, esta lección: Los hijos de Dios debemos perdonar y ser misericordiosos sin esperar nada a cambio.

DESARROLLO DE LA LECCIÓN

Cartas anónimas

Después de dar la bienvenida a sus alumnos, y entonar unos cantos de alabanza, le sugerimos que inicie la lección repasando el texto para memorizar. Para eso necesitarán las cartas que prepararon la clase anterior.

Pida que cada alumno pase a pegar su carta en la pizarra, mientras repite el texto para memorizar. Cuando todas las cartas estén pegadas, repitan todos juntos el versículo. Traten de adivinar a quién pertenece cada una de ellas, y permita que cada uno se lleve su trabajo a su casa.

¡Aquí viene el juez!

Trate de ambientar el salón como si fuera la sala de una corte de justicia. Acomode la silla del juez, de los acusados y del público. Para este diálogo necesitará la participación de cuatro voluntarios: uno hará el papel del juez y los otros tres representarán a los acusados; el resto será el público. Si le resulta posible, provea un martillo de madera al juez o algo que represente ese cargo. El juez deberá entrar a la sala y sentarse detrás de la mesa. Los acusados deberán leer las siguientes declaraciones.

Acusado 1: Señor juez, este es mi primer delito. Robé en una tienda y estoy muy arrepentido. ¡Le ruego que tenga misericordia de mí!

116

Acusado 2: Señor juez, este es mi tercer delito. La policía me capturó en un asalto a mano armada, pero no merezco estar aquí. La policía no me hubiera atrapado si no hubiera sido por el torpe de mi compañero. ¡Por favor, tenga misericordia de mí esta vez!

Acusado 3: Señor juez, he estado aquí 14 veces. Parece que alguien quiere que vez tras vez yo comparezca como culpable. Me atraparon en un asalto con arma de fuego, pero las leyes de este país son injustas. Yo soy una persona agradable, educada, y le prometo que no volveré a hacerlo. Por favor, tenga misericordia de mí.

Permita que el juez decida cada caso, y después dé tiempo para que los demás expresen sus opiniones sobre los veredictos.

¿Debo perdonar?

Pida a los alumnos que abran sus libros en la página 159. Indíqueles que trabajen en parejas para reflexionar acerca de lo que sucede en la ilustración, y respondan las cuatro preguntas.

Luego, solicite que un voluntario busque Mateo 5:1-12 y lo lea en voz alta. Dígales: *La bienaventuranza que estudiaremos hoy nos dice que somos bendecidos (recibimos la aprobación de Dios, y la paz y la felicidad que vienen con ella) cuando somos misericordiosos y perdonamos a las personas que nos han hecho mal.*

HISTORIA BÍBLICA

Lea el pasaje de estudio (Mateo 18:15-35) con anticipación, y nárrelo a sus alumnos con sus propias palabras. Otra opción es leer el pasaje a toda la clase, usando una versión popular o paráfrasis de la Biblia para que sea más fácil su comprensión. Dé tiempo para que hagan preguntas o expresen sus dudas, y responda a la luz de la palabra de Dios.

¿Qué dice la Biblia sobre el perdón?

Permita que sus alumnos trabajen en la página 160 de sus libros, llenando los espacios para completar los versículos bíblicos. Después, pida que cuatro voluntarios los lean en voz alta. Verifique que todos hayan escrito las palabras correctas.

Ideas para el maestro

Tal vez los preadolescentes se cansen o aburran de tener la misma ubicación de sus sillas o banco semana tras semana. Trate de variar de acuerdo con el método de enseñanza que usará.

Si les relatará una historia, las sillas en filas será lo mejor. Si harán un debate grupal, acomode las sillas en círculo. Si dividirá la clase en grupos pequeños, y las condiciones lo permiten, forme varios círculos de pocas sillas en diferentes partes del salón. Si planea alguna actividad o juego, corra las sillas hacia las paredes, para dejar un espacio vacío en el centro del salón.

Si es necesario, cambie la ubicación de las sillas una o dos veces durante la clase. En todo caso, pida siempre la ayuda de sus alumnos. Los preadolescentes disfrutan de ese pequeño tiempo de descanso en medio de la lección.

PARA TERMINAR

Destine tiempo para que, entre todos, ordenen el salón y los libros de trabajo antes de despedirse.

Elija un voluntario que los guíe en oración, pidiendo al Señor que los ayude a perdonar y a ser misericordiosos unos con otros.

Anímelos a poner en práctica las enseñanzas bíblicas durante la semana. Recuérdeles que la próxima clase será la última sobre las Bienaventuranzas, y que es muy importante que nadie falte.

notas

Victoriosos en Cristo

Base bíblica: Mateo 5:10-12, 43-48; Lucas 23:26-43.

Objetivo de la lección: Que los preadolescentes encuentren consuelo en las promesas de Dios si los persiguen por su fe.

Texto para memorizar: *Bienaventurados los que tienen hambre y sed de justicia, porque ellos serán saciados* (Mateo 5:6).

¡PREPÁRESE PARA ENSEÑAR!

La persecución religiosa es una dolorosa verdad de nuestros días, aunque traten de cubrirla bajo la cortina de la tolerancia y el respeto por los derechos humanos. Con sorpresa podemos decir que los que más exigen tolerancia son los que menos toleran a los cristianos. Es común que los medios de comunicación ridiculicen o representen en forma desfavorable a los creyentes. Aunque los preadolescentes no se identifiquen con la persecución física, deben conocer otras formas de persecución que los cristianos enfrentamos hoy.

La Biblia nos habla al respecto. El relato de la crucifixión de Cristo es el ejemplo máximo de persecución. Jesús, que nunca cometió pecado, sufrió persecución hasta la muerte, dándonos el ejemplo de cómo enfrentarla.

Esta lección también nos habla acerca de las promesas que Dios da en las Bienaventuranzas a los que sufren persecución por su causa. Los preadolescentes aprenderán que Dios estará con ellos cada vez que enfrenten persecución.

COMENTARIO BÍBLICO

Mateo 5:10-12, 43-48. Lo que Jesús enseñó en el Sermón del monte acerca de la persecución es fascinante. Declaró que muchos cristianos serían perseguidos por sus creencias, y que otros habían sufrido con anterioridad a causa de su fe. Luego, enseñó cuál es la actitud apropiada al sufrir persecución: gócense y alégrense (5:12), amen a sus enemigos y oren por quienes los persiguen (5:44).

Lucas 23:26-43. Jesús respaldó sus palabras sobre la persecución dando el ejemplo supremo. Aunque era inocente, experimentó angustia física y mental antes de su crucifixión. Sufrió escarnio, tortura y otros maltratos crueles. Enfrentó la hipocresía de los que antes lo habían alabado y ahora pedían a gritos que lo crucificaran.

En Lucas 23:34 leemos la respuesta de Jesús: "Padre, perdónalos, porque no saben lo que hacen". Jesús practicó lo que predicaba. Por eso oró por aquellos que lo enviaron a una cruz de dolor, persecución y muerte. ¡Cuánto necesitamos experimentar la relación profunda que Jesús tenía con su Padre!

DESARROLLO DE LA LECCIÓN

Héroes

Muestre un trofeo, o la foto de una persona que está recibiendo un trofeo o medalla. Pida a sus alumnos que mencionen a alguien que merece el título de héroe porque superó situaciones muy difíciles. Explíqueles que los que reciben el título de "héroes" son los que lograron superar obstáculos a través de la perseverancia y la fortaleza, convirtiéndose en personas más fuertes al haber pasado por esa situación. Déles tiempo para que abran los libros del alumno en la página 161, y escriban el nombre de alguna persona que consideren héroe y por qué.

Busca en la concordancia

Para realizar esta actividad es necesario poseer una Biblia con concordancia. Pida que busquen en ella la palabra "bienaventurado", y que cuenten en cuántos versículos se menciona esta palabra. A continuación, pida que busquen la palabra "bendición", y que cuenten también las veces que se menciona.

HISTORIA BÍBLICA

Que sus alumnos se sienten formando un círculo. Luego pídales que cuenten algún incidente en el que sus amigos se burlaron de ellos por hacer lo correcto y no seguir a los demás. Use las respuestas para introducir el tema de estudio. Dígales que hoy hablarán acerca de cómo el cristiano puede enfrentar la persecución.

Bienaventuranzas

Divida la clase en dos equipos. Entregue a cada grupo una tarjeta o papel. Dígales que tienen 5 minutos para leer y escribir con sus propias palabras los siguientes versículos: Mateo 5:10-12 y Mateo 5:43-48.

Luego, júntense para escuchar las conclusiones de cada equipo.

Al terminar las actividades, narre la historia bíblica referida en Lucas 22 y 23.

¿Qué nos dice la Biblia?

Que los alumnos abran su libro en la página 162 y que tachen los cuadros que tienen un triángulo en la esquina. Así encontrarán las frases escondidas.

Explíqueles que, como seres humanos, nos resulta difícil imaginar la manera en que reaccionaríamos ante la persecución, pero Dios les da a sus hijos la gracia y la ayuda necesarias en el momento oportuno.

Ahora divida la clase en tres grupos para que lean los casos o ejemplos de la página 163. Como maestro, necesitará familiarizase con estos ejemplos para luego guiar a los preadolescentes en un debate del que todos participen. En cada caso se repite una pregunta: "¿Qué haces tú?" Permita que todos den su opinión.

Después, déles tiempo para que realicen el último proyecto de la unidad, que se encuentra en la página 164, confeccionando un cartel basado en las palabras de Mateo 5:10-12.

PARA TERMINAR

Ser perseguidos no es algo agradable. Quizá parezca imposible "regocijarnos y estar alegres", como enseñó Jesús. Sin embargo, Dios nos dice que si enfrentamos persecución, podemos expresarle nuestra preocupación y temor; también podemos orar para tratar de detenerla, así como lo hizo Jesús en el huerto de Getsemaní. Además, debemos orar pidiendo fuerza para enfrentar la persecución.

Anime a los preadolescentes a tener la libertad de expresar si sienten que los están persiguiendo por ser cristianos. Tal vez en la familia de uno de ellos, el padre o la madre no tienen la misma fe y eso crea conflictos. Ore por ellos para que durante la semana tengan la fuerza y la confianza en la protección de Dios.

También intercedan por los hermanos que sufren persecución alrededor del mundo, principalmente, en Indonesia, China, India, Pakistán, Corea del Norte, Sudán, Egipto y Vietnam. Comprométanse a orar cada día por los cristianos de un país, pidiendo a Dios que los proteja y les dé valor para resistir el sufrimiento.

Recuérdeles que el verdadero secreto de la felicidad está en obedecer las enseñanzas de Jesús y vivir de acuerdo con la voluntad de Dios.

EL VALOR DE DANIEL

Bases bíblicas: Daniel 1—3; 5—6; Hebreos 11:32–12:3.

Texto de la unidad: *Por tanto, nosotros también, teniendo en derredor nuestro tan grande nube de testigos, despojémonos de todo peso y del pecado que nos asedia, y corramos con paciencia la carrera que tenemos por delante* (Hebreos 12:1).

PROPÓSITOS DE LA UNIDAD

Esta unidad ayudará a los preadolescentes a:

❖ Comprender que los cristianos enfrentan presiones externas que tratarán de cambiar su forma de pensar.

❖ Saber que la fe en Dios es la base para ser valientes.

❖ Comprometerse a honrar a Dios sin importar las consecuencias.

❖ Buscar la ayuda de Dios cuando enfrenten persecución a causa de su fe.

LECCIONES DE LA UNIDAD

Lección 45:   Defiende tus creencias

Lección 46:   Confía en la sabiduría de Dios

Lección 47:   Ten valor para ser honesto

Lección 48:   Ten valor para estar firme

POR QUÉ LOS PREADOLESCENTES NECESITAN LA ENSEÑANZA DE ESTA UNIDAD

En esta etapa de su desarrollo, los preadolescentes se enfrentan a serios problemas de identidad y desean que los demás los acepten. Es común que se preocupen por lo que otros piensan de ellos y traten de hacer cualquier cosa para identificarse con el grupo. Por eso, a veces ceden con facilidad a la presión y se conforman con lo que el mundo les ofrece.

La mayoría de los preadolescentes cristianos quieren agradar a Dios, pero requieren del apoyo del adulto para tomar decisiones que honren al Señor. Necesitan tener cerca modelos positivos que los ayuden a vivir como Dios quiere, animándolos a defender su fe y a resistir la tentación de actuar como los demás. La vida y el testimonio de Daniel, Azarías, Misael y Ananías serán un excelente ejemplo para sus alumnos. Ayúdelos a comprender que, aunque eran jóvenes y vivían una situación terrible, ellos obedecieron a Dios y defendieron su fe.

Defiende tus creencias

Base bíblica: Daniel 1.

Objetivo de la lección: Que los alumnos decidan defender su fe en Dios, a pesar de las situaciones difíciles.

Texto para memorizar: *Por tanto, nosotros también, teniendo en derredor nuestro tan grande nube de testigos, despojémonos de todo peso y del pecado que nos asedia, y corramos con paciencia la carrera que tenemos por delante* (Hebreos 12:1).

¡PREPÁRESE PARA ENSEÑAR!

A medida que sus alumnos crecen, enfrentan una mayor presión de parte de sus amigos para participar en actividades inadecuadas. Por lo tanto, necesitan saber cómo enfrentar la presión y defender sus creencias.

Como aún no comprenden totalmente los resultados de sus acciones, no toman en cuenta que sus decisiones afectarán su relación con Dios y su testimonio cristiano. A través de estas lecciones ayúdelos a comprender la diferencia entre los valores cristianos y los del mundo, y lo que significa vivir correctamente en medio de un mundo lleno de pecado.

Esta lección los motivará a mantenerse firmes en su fe en Dios, aunque eso no les dé popularidad y, en algunos casos, resulte riesgoso. Explique a sus alumnos que Daniel y sus tres amigos eran adolescentes cuando pasaron por esta experiencia. Esto los ayudará a identificarse con ellos, y a comprender lo importante que es permanecer firmes en la vida cristiana.

COMENTARIO BÍBLICO

Daniel 1. Joacim, rey de Judá, fue un hombre malvado que dirigió a su pueblo a la adoración de ídolos. Debido a ese pecado, Dios permitió que Nabucodonosor, rey de Babilonia, los conquistara y llevara cautivos a miles de judíos.

A Daniel y a sus tres amigos los llevaron a Babilonia alrededor del 605 a.C. Luego hubo una segunda deportación, en 597 a.C. Y la última fue en 586 a.C., cuando los babilonios destruyeron el templo y la ciudad santa.

Nabucodonosor buscaba entre los exiliados a personas que ocuparan cargos importantes en su reino. Necesitaba varones que administraran los asuntos relacionados con los judíos. El jefe de los eunucos escogió a Daniel y a sus amigos Ananías, Misael y Azarías para que recibieran una capacitación especial.

Los cuatro jóvenes eran inteligentes, saludables y de buena apariencia. Era costumbre del rey escoger a jóvenes o adolescentes para adoctrinarlos y enseñarles las costumbres babilónicas.

Ese proceso incluía cambiarles los nombres a Daniel y a sus amigos. Sus nombres judíos les recordaban su fe en Dios; sin embargo, los nuevos nombres babilónicos honraban a dioses falsos. Daniel (Dios es mi juez) se convirtió en Beltsasar (que Baal proteja mi vida); Ananías (Dios muestra gracia) se transformó en Sadrac (mandato de Aku); Misael (¿quién como Dios?) se convirtió en Mesac (¿quién como Aku?); Azarías (Dios me ayuda) se transformó en Abed-nego (siervo de Nego o Nebo).

La ley mosaica prohibía a los hebreos comer carne de animales inmundos o alimentos ofrecidos a los ídolos. Daniel, rehusaba seguir las costumbres babilónicas que violaban esa ley y solicitó una dieta diferente que no comprometía sus convicciones.

Daniel y sus amigos hablaron con el jefe de los eunucos de manera humilde y amigable, y él accedió. Dios honró el valor y la fidelidad de esos jóvenes hebreos, y los bendijo dándoles mejor salud, y mayor conocimiento y sabiduría.

DESARROLLO DE LA LECCIÓN

¿Qué significa?

Durante la semana averigüe el significado de su nombre y el de sus alumnos.

Comience explicando el significado de su nombre. Luego, pregúnteles si conocen el significado de sus respectivos nombres. Pregunte:

¿Saben por qué sus padres les pusieron el nombre que tienen?

Si pudieran cambiarlo, ¿cómo les gustaría llamarse?

Entregue una tarjetita para que escriban el nombre que les gustaría, y que se la peguen en un lugar visible a modo de identificación. Durante la clase, llámelos por el nombre que eligieron.

A medida que transcurre la clase, pregúnteles cómo se sienten al escuchar que lo llaman por un nombre distinto. Luego dígales que la clase de hoy trata acerca de unos jóvenes a los que les cambiaron los nombres.

Persecución

Para esta actividad necesitará un mapamundi o planisferio grande y lápices de colores. Pida a sus alumnos que localicen: China, Pakistán, Irán, Afganistán, Eritrea, Somalia, Laos, Vietnam, Malasia, Sudán, Egipto, Libia, Argelia, Nigeria, India, Arabia Saudita y Corea del Norte. Indíqueles que coloreen cada país con un color diferente. Mientras lo hacen, explíqueles que en esos países los cristianos son perseguidos a causa de su fe. Busque en revistas cristianas o en Internet algunas historias sobre este tema para contarles a sus alumnos.

Peguen el mapa en un lugar visible, y comprométanse a orar a diario por los hermanos perseguidos.

¡No, nunca, jamás!

Pregunte a sus alumnos: *¿Creen que hay algo que un cristiano jamás debería hacer?* Escuche sus respuestas.

Luego distribuya los libros del alumno y pida que busquen la página 165 y escriban su respuesta en el rectángulo de la parte superior.

A continuación, indíqueles que respondan las afirmaciones usando una de estas tres alternativas: la mayoría, algunos, ninguno. Al terminar, deben anotar 10 puntos por cada vez que marcaron la respuesta "ninguno". Pida que mencionen su puntaje total. Tal vez los puntajes no sean tan altos, pero los ayudará a comprender cuán a menudo nos adaptamos a lo que los demás hacen.

Conversen sobre lo que significa conformarse, y que mencionen en qué área piensan que los jóvenes cristianos tienen más problemas: ¿Con el dinero? ¿La presión de los amigos? ¿Algún secreto? ¿El estilo de ropa? ¿La música?

En la historia de hoy, Daniel y sus amigos enfrentaron una situación difícil cuando los oficiales del rey los presionaron para hacer algo que iba contra sus creencias.

¿Debo comerlo?

Con un par de semanas de anticipación, pida que algunas familias lleven alimentos para compartir en la clase, o consiga galletas de diferentes formas y sabores.

Ponga los alimentos sobre la mesa, e invite a sus alumnos a elegir los que deseen. Mientras comen, pregúnteles por qué eligieron esa comida en particular. Conversen acerca de sus alimentos preferidos, y pregúnteles:

¿Hay algún alimento que sus padres o el dentista les hubieran dicho que deben evitar?

¿Creen que es pecado comer algún alimento?

Después de escuchar sus respuestas, concluya diciéndoles que, aunque existen comidas más saludables que otras, no existen leyes que nos prohíban comer alimentos sin valor nutritivo. En los tiempos del Antiguo Testamento, Dios ordenó a su pueblo que no comiera ciertos alimentos. En Levítico 11 encontramos algunas de esas prohibiciones que Dios estableció, porque los israelitas estaban rodeados por los cananeos. Por ejemplo, les prohibió que comieran carne de cabrito, porque los cananeos preparaban esa carne para ofrecérsela a sus ídolos. Dios no quería que su pueblo se relacionara con los cultos idólatras.

En la historia de hoy aprenderemos qué hicieron unos jóvenes hebreos cuando el rey de Babilonia les ordenó que comieran esos alimentos prohibidos.

HISTORIA BÍBLICA

Pida a sus alumnos que busquen Daniel 1 en sus Biblias y que cada uno lea un versículo hasta terminar el capítulo. O bien, si prefiere, relate la historia de Daniel con sus propias palabras. Use esta pequeña introducción para iniciar el relato:

Hace mucho tiempo, el pueblo de Dios decidió desobedecer los mandatos divinos y adorar a los ídolos paganos de los pueblos vecinos. Como castigo, Dios permitió que los invadiera un ejército enemigo.

Escuchen con atención lo que les voy a contar, para que sepan lo que le sucedió a un joven valiente y a tres de sus amigos.

Continúe con el relato del capítulo 1 de Daniel.

Al relatar la historia, asegúrese de que sus alumnos no piensen que Daniel y sus amigos eran vegetarianos. La carne no era el problema. Algunos eruditos afirman que el mal estaba en que esa carne se había dedicado a los ídolos. Otros consideran que participar de la comida representaba un acto de compañerismo comprometedor. Es decir, al aceptar la comida del rey de Babilonia los jóvenes hubieran hecho un compromiso con él.

ACTIVIDADES

¿Se conformó Daniel?

Dirija la atención de sus alumnos a sus libros de trabajo, y déles tiempo para que lean Daniel 1 y respondan las cinco preguntas de la página 166. Pueden trabajar en grupos o en forma individual. Al terminar, permita que lean sus respuestas.

Valor ante la presión

Pídales que busquen Daniel 1:8 y pregunte: *¿Cuál es la tercer palabra de este versículo?* (propuso)

Proponerse significa comprometerse a realizar una acción determinada. Daniel y sus amigos propusieron en su corazón, o decidieron, no quebrantar sus creencias. Dios honró su valor y firmeza. La Biblia dice que él les dio sabiduría, conocimiento y entendimiento. Daniel tenía un plan. Veamos cuál fue:

1) Se propuso no conformarse. Sabía que la comida y el vino eran malos para él y no se rindió, aun cuando el jefe de los eunucos al principio rechazó su pedido.

2) Preparó un plan. Dios lo ayudó a trazar un plan que le permitiría seguir en el camino correcto. Recuerda cómo Daniel presentó su petición al jefe de los oficiales.

3) Confió en Dios. En este caso, Dios le proveyó ayuda humana. El guardia estuvo dispuesto a arriesgarse y darles 10 días de prueba.

Luego, pregunte a sus alumnos: *¿Qué creen que deben hacer cuando se sientan tentados a actuar como los demás?*

1) Decidir que no nos comprometeremos con lo que está mal.

2) Pensar en un plan de acción para enfrentar la tentación.

3) Confiar en que Dios nos ayudará.

¿Cómo enfrentamos la tentación?

Escriba en la pizarra o en una hoja grande una lista de áreas en las que los preadolescentes enfrentan la presión de grupo para ser aceptados: fumar, probar bebidas alcohólicas, ver videos violentos o de sexo, participar de chismes o comentarios indebidos, vocabulario grosero, pornografía, etc. Pídales que piensen en cuál o cuáles de esas áreas se sienten más débiles, aclarándoles que no necesitan responder en voz alta. Esta actividad debe ser muy personal, y es importante que usted les dé un tiempo para que reflexionen. Recuérdeles que Dios siempre está dispuesto a ayudarlos a resistir la tentación y a permanecer firmes en su fe.

PARA TERMINAR

Formen un círculo, y guíelos en oración. Pida al Señor que les dé valor y sabiduría para vencer las tentaciones y amar a las personas que los maltratan a causa de su fe. Intercedan por los cristianos de los países que colorearon en el mapa.

Anímelos a asistir a la próxima clase para seguir aprendiendo acerca de Daniel.

notas

Confía en la sabiduría de Dios

Base bíblica: Daniel 2.

Objetivo de la lección: Que los preadolescentes aprendan a confiar en la sabiduría de Dios.

Texto para memorizar: *Por tanto, nosotros también, teniendo en derredor nuestro tan grande nube de testigos, despojémonos de todo peso y del pecado que nos asedia, y corramos con paciencia la carrera que tenemos por delante* (Hebreos 12:1).

¡PREPÁRESE PARA ENSEÑAR!

Como parte normal de su desarrollo, sus alumnos oscilan entre la seguridad de la niñez y las emociones de la preadolescencia y, por lo tanto, se sienten inseguros. Buscan identificarse con sus amigos y ocupar un lugar en el grupo. Puesto que les resulta difícil pensar en las consecuencias de sus decisiones, parece más sencillo dejarse guiar por el grupo y comportarse como los demás para conseguir popularidad.

A medida que crezcan en su conocimiento de Dios, entenderán que él los ama y que la sabiduría divina puede ayudarlos cuando enfrenten situaciones difíciles. La sabiduría divina está disponible para quienes la buscan.

En la historia de hoy aprenderán que, aunque la vida de Daniel peligraba, él confió en la sabiduría de Dios.

En estos tiempos, los preadolescentes también enfrentan amenazas físicas (por ejemplo, en las pandillas o cuando hay violencia en el hogar). Otros atraviesan situaciones que amenazan su salud sicológica. Por ello, es importante que a través de estas historias bíblicas aprendan a confiar en la sabiduría divina para enfrentar las situaciones adversas.

COMENTARIO BÍBLICO

Daniel 2. Nabucodonosor era el rey de un importante imperio. Una noche, cuando fue a dormir, Dios le habló por medio de un sueño que lo dejó preocupado e intranquilo.

El rey pidió ayuda a toda su corte para conocer el significado de aquel sueño perturbador. Sin embargo, no quería describirlo. Quizá había olvidado los detalles cuando despertó (v. 5), pero también es posible que no confiara en la sabiduría de sus siervos (v. 9).

Los sabios del reino reconocieron que la tarea era imposible y que solo una divinidad podría realizar tal hazaña. Esto preparó el escenario para que Dios se manifestara a través de Daniel.

Ante la ineficiencia de aquellos hombres, el rey reaccionó con irracionalidad y ordenó matar a todos los sabios del reino. En medio de la crisis, Daniel solicitó más tiempo para descifrar el significado del sueño.

Daniel y sus amigos confiaron en que Dios, en su infinita sabiduría, podría ayudarlos, y así fue.

El sueño era una descripción de la historia mundial que se desarrollaría desde ese momento en adelante. Dios usó la imagen de un ídolo para revelarles el futuro. Y como Nabucodonosor adoraba ídolos, pudo entender el simbolismo. Esa figura representaba el deterioro de los reinos. Muchos eruditos bíblicos los identifican con Babilonia, Persia, Grecia y Roma. La calidad y la posición de los metales eran inferiores en cada reino. Por último, una piedra no cortada por mano de hombre, sino por Dios, destruiría los otros reinos. Los cristianos afirmamos que esa piedra es Cristo, y la montaña es el reino eterno de Dios.

Nabucodonosor, después de comprender y reconocer la grandeza de Dios, otorgó a Daniel y a sus amigos cargos importantes dentro del reino.

DESARROLLO DE LA LECCIÓN

¿En quién confías?

Debatan con el grupo sobre el significado de la palabra "confianza". Luego, pregúnteles si existe alguna persona a la que le contarían un secreto muy especial. Después pida a sus alumnos que abran sus libros en la página 167. Allí encontrarán una lista de situaciones que experimentan los preadolescentes en general. Los alumnos deberán escribir el nombre de una persona en la que confían cuando necesitan ayuda en cada situación.

Cuando concluyan la actividad, dígales que en la historia de hoy aprenderán lo que hizo Daniel cuando su vida estaba en peligro.

HISTORIA BÍBLICA

Relate la historia bíblica con sus propias palabras, o con la participación de sus alumnos. Pida que tres voluntarios lean Daniel 2:1-26.

Usted será el narrador, un voluntario leerá la parte correspondiente a Nabucodonosor, otro leerá lo que dijeron los astrólogos caldeos y el último representará a Daniel.

Al terminar de leer estos versículos, continúe con el relato bíblico. De ser posible, consiga cinco objetos o figuras para ilustrar el sueño del rey. A medida que menciona el significado del sueño, muestre a la clase el objeto que representa la parte del cuerpo que se menciona.

Daniel le dijo al rey que en su sueño había visto la imagen de un hombre. La cabeza era de oro (muestre el objeto de oro); el pecho y los brazos, de plata (muestre el objeto de plata); el vientre y los muslos, de bronce (muestre el objeto de bronce); las piernas eran de hierro (muestre el objeto de hierro); y los pies, en parte de hierro y en parte de barro cocido (muestre el objeto de barro).

ACTIVIDADES

¿Entendió la visión Nabucodonosor?

Abran otra vez el libro del alumno y mantengan también la Biblia abierta en el pasaje de estudio. Divida la clase en parejas y déles tiempo para que respondan las preguntas de la página 168:

1) ¿Por qué los astrólogos no pudieron explicar el significado del sueño de Nabucodonosor? (Daniel 2:47).
2) ¿Qué le sucedería a Daniel si no interpretaba el sueño? (vv. 12-13).
3) ¿Cómo supo Daniel el significado? (vv. 17-19).
4) Realice una breve descripción del sueño y su significado (vv. 29-45)
5) ¿Cómo explicó Daniel su habilidad para interpretar el sueño? (vv. 27-28, 45).
6) ¿Qué aprendió Nabucodonosor acerca de Dios?

¿Dónde puedes encontrar sabiduría?

Para esta actividad los preadolescentes necesitan usar la concordancia que se encuentra en la página 169 del libro del alumno. Si desean, sigan trabajando en parejas para que se ayuden unos a otros. El propósito es que usen la concordancia para decidir cuál es la referencia correcta. Deben escribir la referencia dentro de los paréntesis; luego, buscar en su Biblia los versículos bíblicos para estar seguros de que corresponden a la referencia.

¿Qué tipo de sabiduría nos da Dios?

Diríjanse a la página 170. Indique a sus alumnos que lean las declaraciones y tachen las que consideren que Dios no nos daría:

1) Guía para decidir lo correcto.
2) Respuestas para los exámenes cuando no estudiaste.
3) Hacerte saber los números para ganar la lotería.
4) Guía para saber cuándo invitar a alguien a la iglesia.
5) Consejos sobre cómo vengarte cuando alguien te lastima.
6) Consejos para saber cómo perdonar cuando te hieren.

Luego, conversen acerca de las similitudes que hay entre las frases tachadas y las frases restantes.

PARA TERMINAR

Concluya la lección, preguntando: *¿Le piden a Dios que les dé sabiduría antes de decidir algo muy importante?*

Guíe a sus alumnos a reflexionar sobre ese tema. Luego, oren dando gracias a Dios por la bendición de contar con su ayuda y sabiduría en los momentos en que las necesitamos. Despídanse repitiendo el texto para memorizar.

notas

Ten valor para ser honesto

Base bíblica: Daniel 5.

Objetivo de la lección: Que los preadolescentes comprendan lo que significa el juicio de Dios.

Texto para memorizar: *Por tanto, nosotros también, teniendo en derredor nuestro tan grande nube de testigos, despojémonos de todo peso y del pecado que nos asedia, y corramos con paciencia la carrera que tenemos por delante* (Hebreos 12:1).

¡PREPÁRESE PARA ENSEÑAR!

Los preadolescentes a menudo no reconocen el peligro de desobedecer, hasta que lo descubren y sufren las consecuencias. Mucha gente tiene la creencia de que "si no te atrapan, no estás en problemas". Sin embargo, esa forma de pensar es peligrosa, en especial cuando no entienden que su conducta daña a los demás. Quizá justifiquen su manera de comportarse alegando que todo el mundo lo hace. Pero, los preadolescentes deben saber que Dios es santo y que un día juzgará a todos. La historia de Belsasar les mostrará que el juicio de Dios es verdadero.

Como dijimos antes, quizá sus alumnos estén dispuestos a comprometer sus creencias para entablar o mantener una amistad, más que nada si el compañero actúa o habla de manera contraria a la moral y las creencias cristianas. Para los preadolescentes es difícil decirles a sus compañeros que están haciendo algo incorrecto. Por ello es importante enseñarles que, en el amor de Cristo, tienen la obligación de advertir o señalar a sus amigos cuando quebranten los mandamientos de Dios.

COMENTARIO BÍBLICO

Daniel 5. Cuando Daniel interpretó el sueño de Nabucodonosor, le anunció que los medos y los persas derrotarían a Babilonia. Años después, cuando Belsasar era el nuevo rey, este decidió celebrar un gran banquete al que invitó a sus esposas y concubinas, lo cual estaba prohibido. También ordenó a sus guardias que le llevaran los vasos sagrados del templo de Jehová que Nabucodonosor había robado de Israel.

El rey utilizó esos vasos para brindar por los dioses paganos de Babilonia. Quizá quería demostrar que era más poderoso que Jehová, el Dios que había anunciado la destrucción del imperio.

De repente, la fiesta se interrumpió cuando una mano, sin el resto del cuerpo, comenzó a escribir en la pared. El rey, aterrorizado, ordenó a sus sabios que interpretaran la escritura, pero estos no pudieron. Entonces la reina, recordando lo que Daniel había hecho en el pasado, recomendó que lo llamaran.

Daniel le habló sin temor al malvado rey, recordándole que Nabucodonosor había ignorado a Dios. Además, acusó a Belsasar de rechazar a Dios deliberadamente.

Las palabras en la pared, escritas en arameo, acusaban a Belsasar por su pecado. El mensaje decía: "contado, pesado y dividido".

Dios había contado los días de Belsasar, los cuales habían llegado a su fin. Dios lo había pesado en la balanza y lo había hallado falto. Los medos y los persas conquistarían el reino y lo dividirían. Dios había dictado su juicio y, una vez más, confirmaba su poder.

DESARROLLO DE LA LECCIÓN

¿Debería decirlo?

Reúna y pregunte a sus alumnos:
- *¿Alguna vez tuviste que llamarle la atención a un amigo o conocido tuyo porque hizo algo que está mal?*
- *¿Cómo se sienten tus amigos cuando tienen que confrontar a otros por hacer algo que no se debe?*
- *¿Se sienten cómodos o les da miedo decir la verdad?*
- *¿Hay ventajas o desventajas cuando confrontamos a otros con la verdad?*
- *En la historia de hoy aprenderemos cómo Daniel confrontó a un rey con una seria advertencia de Dios, y la reacción del rey.*

¡No quiero escucharlo!

Distribuya los libros del alumno y pida que los abran en la página 171.

Dígales: *No a todos les gusta que les digan que están haciendo algo incorrecto. Veamos algunos dichos que los preadolescentes usan cuando sus amigos los confrontan con la verdad.*

Déles tiempo para que lean las expresiones del libro y, si lo desean, complementen la información con sus propios aportes. Luego, dígales que en la historia de hoy Daniel tuvo que confrontar a alguien con la verdad de Dios.

HISTORIA BÍBLICA

La historia de hoy trata acerca de una inscripción que apareció en una pared cuando se realizaba una fiesta, y el rey llamó a Daniel para que resolviera el misterio.

Escriba en la pizarra o en una cartulina las palabras de la inscripción.

Pida a los alumnos que busquen Daniel 5 y lo lean en silencio. Después, narren entre todos la historia bíblica. Preste atención para corregir cualquier dato equivocado, y compleméntelo con una reflexión final.

ACTIVIDADES

Un mensaje

En la página 173 del libro del alumno encontrarán una pizarra para que escriban algunos de los mensajes que Dios tiene para los preadolescentes hoy. Usen como referencia Filipenses 2:3; Colosenses 3:2; Efesios 6:1-3; Tito 3:1-2; y Deuteronomio 10:12.

Mientras trabajan, dígales: *Dios tenía un mensaje para Belsasar, y se lo hizo saber escribiéndolo en la pared del palacio. Hoy en día Dios también tiene mensajes para nosotros. Sin embargo, no necesita escribirlos en la pared. Están escritos en la Biblia, para que todos podamos leerlos y comprenderlos.*

¿Cómo podemos decir la verdad con amor?

Dé tiempo para que los preadolescentes evalúen su actitud, de acuerdo a la actividad sugerida en la página 174 del libro del alumno:

- ¿Estás hablando del juicio de Dios (o del tuyo)?
- ¿Te sientes feliz cuando juzgas?
- Al hacer algún juicio, ¿lo dices con amor y para ayudar?
- ¿Puedes responder con amor cristiano aunque otros no entiendan tus intenciones?

Basándose en las respuestas, guíelos a reflexionar sobre la forma en que debemos hablarles a los demás acerca de las advertencias de Dios. Luego, anímelos a buscar la dirección del Espíritu Santo para dirigirse a los demás con amor y sabiduría.

PARA TERMINAR

Este es un buen momento para guiar a sus alumnos en un tiempo de oración, agradeciendo a Dios por sus bendiciones, y pidiendo fuerza para poder decirles a los demás la verdad.

Déles tiempo para que repasen un par de veces el texto para memorizar antes de irse a casa.

notas

Ten valor para estar firme

Base bíblica: Daniel 3; 6; Hebreos 11:32—12:3.

Objetivo de la lección: Que los preadolescentes aprendan que tener fe en Dios nos da valor.

Texto para memorizar: *Por tanto, nosotros también, teniendo en derredor nuestro tan grande nube de testigos, despojémonos de todo peso y del pecado que nos asedia, y corramos con paciencia la carrera que tenemos por delante* (Hebreos 12:1).

¡PREPÁRESE PARA ENSEÑAR!

Para el preadolescente es difícil expresar y defender su fe cuando sus amigos cristianos no están cerca para apoyarlo. Muchas veces le resulta más fácil ceder a la presión que defender sus creencias.

Quizá tenga el deseo sincero de agradar a Dios, pero no sabe qué hacer cuando otros insisten en alejarlo de sus convicciones. Solo una sólida fe en Dios le dará el valor para resistir la presión.

Las vidas de Daniel, Azarías, Misael y Ananías serán modelos de fe y valor para ellos. Estos jóvenes no abandonaron su relación con Dios, aun cuando estaba de por medio su vida.

A través de esta lección, los preadolescentes aprenderán que el valor para defender nuestra relación con Dios nace de la fe en él. Así como la fe de Daniel sirvió de testimonio para los demás, la vida de sus alumnos será un testimonio vivo para sus amigos. Su reacción ante las presiones y problemas los impactará, y marcará una diferencia en su testimonio personal.

COMENTARIO BÍBLICO

Daniel 3. En este capítulo leemos cómo fue probada la fe de Ananías, Misael y Azarías. El rey Nabucodonosor había construido una enorme estatua de oro y los que rehusaran adorarla morirían en el horno de fuego.

Los tres jóvenes rehusaron traicionar a Dios, adorando la imagen, ya que al hacerlo no solo hubieran quebrantado los mandamientos, sino que hubieran destruido su relación con Dios.

Cuando el rey los interrogó no negaron los cargos, más bien afirmaron su fe en que Dios podría salvarlos del fuego. Sin embargo, su fe no se cimentaba en que Dios podía librarlos. Le dijeron al rey que, aunque Dios no los salvara, no adorarían la estatua.

Cuando Dios los salvó del fuego, Nabucodonosor reconoció la grandeza del Señor de Israel. Luego de pedirles que salieran del horno, ordenó que nadie hablara contra el Dios de ellos porque en verdad era poderoso.

Daniel 6. La fe de Daniel enfrentó una prueba similar bajo el mandato del rey medo Darío. Los demás oficiales del reino estaban celosos porque Daniel, a pesar de ser hebreo, era el segundo hombre más importante del reino.

Entonces, los oficiales propusieron que durante 30 días no se debía adorar a nadie, excepto al rey, y el que así lo hiciera sería arrojado al foso de los leones. Pensando que Daniel había aprobado esa ley, el rey la firmó.

Como Daniel no dejó de orar a Dios, los oficiales lo denunciaron. El rey, que no podía revocar la ley, con mucho pesar vio cuando los guardias echaron a Daniel al foso. Al día siguiente el rey fue al foso, y encontró a Daniel con vida.

Este le dio la honra a Dios por haberlo librado. Entonces el rey reconoció al Dios de Daniel como el único Dios viviente, eterno y poderoso, y declaró que todos debían temerlo y reverenciarlo. Como una prueba más de que Dios había intervenido, los leones devoraron a quienes habían conspirado contra Daniel.

DESARROLLO DE LA LECCIÓN

¡Yo haría lo que sea por...!

Abran los libros del alumno en la página 175, y pida a los preadolescentes que completen la expresión sobre la línea indicada. Luego, cierren los libros, y guíe a sus alumnos en un juego para adivinar las respuestas de sus compañeros.

Pida algunos voluntarios para que realicen preguntas a los demás, intentando averiguar qué escribieron. Por ejemplo: *¿Es un objeto? ¿Es un animal? ¿Es algo que puedes comprar? ¿Lo puedes conseguir en una tienda? ¿Es de colores? ¿Lo puedes llevar en tus brazos?* Si la respuesta a cada pregunta es "sí", el voluntario seguirá preguntando hasta que reciba un "no" por respuesta. Allí deberá ceder el turno a otra persona y así sucesivamente hasta que alguien adivine lo que el compañero escribió.

HISTORIA BÍBLICA

Durante la semana lea la historia bíblica de

Daniel 3, y piense cómo la relataría con sus propias palabras. Recuerde que el maestro necesita familiarizarse con la lección para poder realizar un buen relato.

La estatua que hizo el rey Nabucodonosor medía alrededor de treinta metros de alto y tres de ancho. Era un monumento gigantesco, porque el rey quería que se viera desde todo lugar del reino.

Después de relatar el resto de la historia bíblica, pregunte a sus alumnos: *¿Qué piensan sobre lo que le dijeron al rey los jóvenes hebreos, aun sabiendo que los podían arrojar al horno de fuego?* Ellos confiaron en Dios con todo su ser, no solo porque creían que Dios podía librarlos, sino porque querían agradarlo, aunque ello significara morir por sus creencias. Daniel fue rescatado del horno de fuego, pero también enfrentó otra situación peligrosa cuando estuvo encerrado en un foso con leones.

Persecución

Hable del valor que mostraron estos cuatro amigos al enfrentar la muerte en un país extraño, donde se adoraba a otros dioses. Haga hincapié en que hubiera sido muy fácil para ellos rendirse ante la presión de los demás, pero no lo hicieron.

Pida a los preadolescentes que lean Hebreos 11:32–12:3, y respondan las preguntas de la página 176 de sus libros.

1) Nombre a los héroes del Antiguo Testamento a los que se los menciona por su fe.
2) Según los versículos 36-38, ¿qué tipos de persecución enfrentaron?
3) En Hebreos 12:1, ¿con qué compara el escritor a la vida cristiana?
4) Según Hebreos 12:2, ¿en qué es un modelo para nosotros Jesús?

5) En Hebreos 12:3, ¿de qué manera Jesús es una ayuda para los cristianos que enfrentan persecución en nuestros días?
6) ¿De qué formas se persigue a los cristianos hoy?
7) ¿Cómo pueden tener el valor para permanecer firmes los cristianos a pesar de la persecución?

PARA TERMINAR

¿Qué aprendiste?

Necesitará tarjetas para escribir por separado cada una de las siguientes preguntas. Cada alumno deberá tomar una tarjeta, leer la pregunta y responderla.

1) Los jóvenes hebreos aprendieron que podían permanecer firmes en sus creencias religiosas. ¿Qué aprendiste tú?
2) Daniel ayudó al rey a entender el significado de su sueño. ¿Qué aprendiste tú?
3) Daniel ayudó a Belsasar a entender el significado de la escritura en la pared. ¿Qué aprendiste tú?
4) Daniel aprendió a confiar en Dios cuando estuvo en el foso de los leones. ¿Qué aprendiste tú?
5) ¿Qué aprendiste acerca de Dios en esta serie de lecciones?
6) ¿Qué aprendiste acerca de ti mismo en estas lecciones?

Para finalizar, formen un círculo y pida que cada uno ore en silencio por la persona que está a su derecha. Termine orando por cada uno de sus alumnos. Pida a Dios que los ayude durante la semana que empieza y que no olviden interceder por los hermanos que sufren persecución alrededor del mundo.

PROMESAS DE NAVIDAD

Bases bíblicas: Génesis 12:1-3; Deuteronomio 7:9; 2 Samuel 7:12-13; Salmos 31:14-15; Isaías 7:14; 11:1; Jeremías 33:12-15; Miqueas 5:2; Mateo 1:1, 6, 18-25; 2:1-23; Lucas 1:26-38; 2:1-7, 8-20; Juan 4:42; 14:1-3.

Texto de la unidad: *En esto se mostró el amor de Dios para con nosotros, en que Dios envió a su Hijo unigénito al mundo, para que vivamos por él. En esto consiste el amor: no en que nosotros hayamos amado a Dios, sino en que él nos amó a nosotros, y envió a su Hijo en propiciación por nuestros pecados* (1 Juan 4:9-10).

PROPÓSITOS DE LA UNIDAD

Esta unidad ayudará a los preadolescentes a:

❖ Entender que el nacimiento de Jesús fue el cumplimiento de las profecías del Antiguo Testamento.

❖ Reconocer la importancia de conocer personalmente a Jesús como Salvador y Señor.

❖ Confiar en que Dios siempre cumple sus promesas.

❖ Contarles a los demás las buenas noticias del nacimiento de Jesús.

LECCIONES DE LA UNIDAD

Lección 49: Buenas noticias

Lección 50: ¡Valió la pena esperar!

Lección 51: Cómo se da la buena noticia

Lección 52: Un largo viaje para ver a un rey

Lección 53: Repaso de la Unidad XI

POR QUÉ LOS PREADOLESCENTES NECESITAN LA ENSEÑANZA DE ESTA UNIDAD

La Navidad es la festividad más celebrada en todo el mundo. Algunos preadolescentes quizá hayan perdido el entusiasmo que sentían por esta fiesta cuando eran más pequeños, pero todavía la esperan con ilusión.

Ellos conocen el relato de la Navidad, pero para muchos solo se trata de una historia. Lo que más los emociona son los regalos y la rica comida. Las historias bíblicas de esta unidad les servirán para reflexionar en el verdadero significado de la Navidad, ayudándolos a reconocer la importancia de conocer personalmente al verdadero motivo de la Navidad: Jesús.

Estudiarán el nacimiento de Cristo desde una nueva perspectiva, aprendiendo que Dios planeó ese nacimiento mucho antes de que ocurriera. Descubrirán el gozo que rodeó el nacimiento del Salvador y la emoción que impulsó a los pastores a contarles a todos la noticia.

A través de estas lecciones, sus alumnos aprenderán que Dios cumple sus promesas. Y, aunque a veces es difícil esperar la respuesta de Dios, sabrán que no importa cuánto tiempo pase, pueden confiar en Dios porque él siempre permanece fiel.

Es nuestro deseo que, durante esta época navideña, tome un tiempo para meditar en el amor de Dios, que se manifestó al enviar a Jesús a la tierra en sacrificio por nuestros pecados. Hable con sus alumnos sobre el gozo de saber que tenemos un Dios fiel, que ha provisto para nosotros el camino hacia la vida eterna.

Buenas noticias

Base bíblica: Mateo 1:18-25; Lucas 1:26-38; Isaías 7:14; Deuteronomio 7:9; Juan 14:1-3.

Objetivo de la lección: Que los preadolescentes aprendan a confiar en que Dios siempre cumple sus promesas.

Texto para memorizar: *En esto se mostró el amor de Dios para con nosotros, en que Dios envió a su Hijo unigénito al mundo, para que vivamos por él. En esto consiste el amor: no en que nosotros hayamos amado a Dios, sino en que él nos amó a nosotros, y envió a su Hijo en propiciación por nuestros pecados* (1 Juan 4:9-10).

¡PREPÁRESE PARA ENSEÑAR!

Durante esta etapa de su crecimiento, los preadolescentes están desarrollando con rapidez la capacidad para razonar, y empiezan a comprender la compleja relación entre las ideas y los hechos. Tienen la capacidad para entender que el nacimiento de Jesús es más que un día feriado o un evento milagroso. Esta lección los ayudará a saber que el nacimiento de Jesús fue parte del plan de Dios desde los inicios de la humanidad. Por cientos de años Dios había prometido enviar un Salvador, y esa promesa se cumplió con el nacimiento de Cristo.

Quizá sus alumnos se sientan decepcionados de sus amigos y familiares que hacen promesas y no las cumplen, pero en esta historia bíblica aprenderán a confiar en que Dios es fiel. Aunque otros les fallen, pueden confiar en que Dios cumplirá sus promesas. Tal vez no responda al instante o cuando ellos lo desean; sin embargo, siempre tiene la respuesta indicada en el momento oportuno.

COMENTARIO BÍBLICO

Mateo 1:18-25; Lucas 1:26-38; Isaías 7:14; Deuteronomio 7:9; Juan 14:1-3. Los profetas del Antiguo Testamento anunciaron la llegada de un Mesías prometido. En realidad, todo el Antiguo Testamento hace referencia a su venida. Isaías, Jeremías, Miqueas y otros profetas dieron detalles específicos sobre las circunstancias en que nacería el nuevo Rey. Y todas esas profecías se cumplieron con el nacimiento de Jesús.

La historia bíblica de hoy se trata sobre el anuncio de ese nacimiento. Cuando el ángel Gabriel le dijo a María que sería la madre del Mesías, ella se sintió desconcertada. "¿Cómo podré ser madre siendo virgen?", se preguntaba. Pero el ángel le aseguró: "Nada hay imposible para Dios" (Lucas 1:37). Es probable que ella haya recordado la profecía de Isaías 7:14, donde el profeta afirmó que la madre del Mesías sería virgen.

Aunque esto posiblemente arruinaría sus planes de matrimonio, y ocasionaría graves problemas en la sociedad judía, María confió en Dios y se sometió a su voluntad.

Cuando José se enteró de que María estaba embarazada, no supo qué hacer. Ellos estaban comprometidos, pero José sabía que no era el padre del niño. Por la ley, podría haber exigido que castigaran a María por cometer adulterio. Pero, como la amaba, estaba considerando abandonarla en secreto.

Sin embargo, Dios envió a un ángel para decirle a José que continuara con los planes de matrimonio, porque él había escogido a María para que fuera la madre del Mesías.

Se cumplió así la profecía de Isaías, demostrando que Dios es fiel a su palabra y digno de toda nuestra confianza.

DESARROLLO DE LA LECCIÓN

¡Un bebé!

Divida la clase en grupos pequeños. Provéales periódicos, cinta adhesiva y algunas toallas o telas. Pídales que hagan un bebé de papel con los diarios, y que lo envuelvan con la tela. Después, permita que cada grupo muestre el bebé terminado.

Luego, dígales: *Para muchos es difícil esperar con paciencia la llegada de un bebé. ¿Cuántos de ustedes tienen un hermanito o hermanita menor? ¿Cómo se sintieron mientras esperaban que naciera? ¿Estaban emocionados?*

En la lección de hoy estudiaremos el anuncio del nacimiento de un bebé muy especial, al que muchas personas esperaron durante cientos de años.

¿Cuánto tiempo esperó el pueblo?

Pida dos voluntarios que le ayuden a repartir los libros del alumno. Luego, ábranlos en la página 178.

Permita que sus alumnos observen las ilustraciones. Después, solicite que tres o cuatro lean en voz alta el texto, mientras usted escribe algunas palabras clave en la pizarra (por ejemplo:

creación, Noé, Abraham, Moisés, pascua, Diez Mandamientos, profetas, exilio).

Dígales: *Como hemos leído, a través de la historia del pueblo hebreo, Dios mostró su fidelidad y prometió enviar a un Mesías para salvar a la humanidad de sus pecados. Esas promesas se hicieron realidad con el nacimiento de Jesús en Belén.*

¿Por qué Dios esperó tanto?

Lean juntos la información que se encuentra en la página 179 del libro del alumno. Que algunos voluntarios lean ciertos párrafos del texto. Explíqueles los conceptos difíciles, y asegúrese de que todos entiendan la información completa.

Enfatice que, aunque no sabemos por qué Dios decidió enviar a Jesús en ese momento de la historia, no dudamos de su sabiduría al escoger el tiempo perfecto.

HISTORIA BÍBLICA

Que los preadolescentes se sienten formando un círculo, y pregúnteles: *¿Alguna vez esperaron algo con muchas ansias? ¿Cómo se sentían al ver que pasaba el tiempo y no llegaba lo que esperaban?* Escuche sus respuestas y dígales que así se sentían los israelitas mientras esperaban la llegada del Mesías.

Como esta historia bíblica es muy conocida, le sugerimos que, basándose en el pasaje bíblico de estudio, la narre con sus propias palabras. Podría iniciarla de la siguiente manera:

Durante cientos de años, los profetas, que eran mensajeros de Dios, hablaron acerca del Mesías que vendría a salvar a la gente de sus pecados. Isaías escribió una de esas profecías.

Pida que un voluntario lea Isaías 7:14.

Continúe relatando la historia del anuncio del nacimiento de Jesús y, en el momento oportuno, pida que otra persona lea el mensaje del ángel a José, en Mateo 1:20-21.

ACTIVIDADES

La espera casi había terminado cuando...

Una vez más abran el libro del alumno en la página 179 para repasar la lección mediante las frases que allí aparecen. Pídales que, luego de leer las expresiones que están dentro de los cuadrados, marquen con una X las que sean falsas y con una O las que sean verdaderas. Luego, piensen qué deben cambiar en las frases falsas para que sean verdaderas. Use estas respuestas para comprobar lo que sus alumnos contestaron:

- María y José ya estaban casados. (X) Falso - Estaban comprometidos para casarse.
- El ángel Gabriel le dijo a María que tendría un bebé. (O) Verdadero.
- El ángel Gabriel le dijo a María que el niño se llamaría José hijo. (X) Falso - El bebé debía llamarse Jesús.
- El poder del Espíritu Santo ayudó a María a tener al bebé Jesús, aunque ella era virgen. (O) Verdadero.
- José se alegró cuando supo que María estaba embarazada. (O) Falso - José se entristeció.
- José planeó divorciarse de María. (O) Verdadero.
- Un ángel le dijo a José que tomara a María como esposa. (O) Verdadero.
- El ángel le dijo a José que el nombre del bebé sería Jesús. (O) Verdadero.
- Después de esto, José y María se casaron. (O) Verdadero.

Promesas rotas

Pregunte a la clase: *¿Alguna vez les pasó que una persona no cumplió una promesa que les había hecho? Tal vez ustedes se enojaron, lloraron o perdieron la confianza en esa persona. ¿Por qué creen que es importante que cumplamos nuestras promesas?*

Lean Deuteronomio 7:9. *¿Por cuántas generaciones dice la Biblia que Dios mantiene sus promesas?* (Por mil generaciones). Eso significa que Dios siempre será fiel con nosotros.

¿Creen que fue justo que el pueblo de Dios esperara durante tanto tiempo la llegada de Jesús? En realidad, mucha gente había perdido la esperanza y ya no creía en la llegada del Mesías, porque pensaba que había esperado mucho tiempo.

Recalque la frase "Jehová tu Dios es Dios" para decirles que debemos confiar en su fidelidad, aunque nos parezca que hemos esperado mucho tiempo para que cumpla sus promesas.

Escribe un verso

Para realizar la actividad de la página 180 del libro del alumno, los preadolescentes deben escribir un verso de cinco líneas que no rimen, siguiendo estas instrucciones: Línea 1: sujeto; línea 2: dos adjetivos que describan al sujeto; línea 3: tres verbos o acciones que realice el sujeto; línea 4: un comentario de cuatro palabras sobre el sujeto; línea 5: una palabra que sea sinónimo del sujeto.

Observen el ejemplo en el libro del alumno, y déles tiempo para que elaboren un verso sin rima para María y otro para José.

PARA TERMINAR

Explique a los preadolescentes que los cristianos esperamos por cientos de años la segunda venida de Jesús, pero todavía no regresó. Sin embargo, Dios será fiel en cumplir su promesa, así como lo hizo cuando envió a su Hijo la primera vez.

Por último, pregúnteles: *¿Están listos para la segunda venida de Cristo?*

Desafíe a sus alumnos a que durante la semana les cuenten a algunas personas que Dios cumple sus promesas. Anímelos a dedicar tiempo para agradecer a Dios por todas las promesas que ha cumplido en sus vidas.

Repasen el texto para memorizar. Luego, invítelos a la siguiente clase para continuar el tema sobre el nacimiento de Jesús.

notas

¡Valió la pena esperar!

Base bíblica: Génesis 12:1-3; 2 Samuel 7:12-13; Salmos 31:14-15a; Mateo 1:1; Lucas 2:1-7.

Objetivo de la lección: Que el alumno le confíe a Dios su futuro.

Texto para memorizar: *En esto se mostró el amor de Dios para con nosotros, en que Dios envió a su Hijo unigénito al mundo, para que vivamos por él. En esto consiste el amor: no en que nosotros hayamos amado a Dios, sino en que él nos amó a nosotros, y envió a su Hijo en propiciación por nuestros pecados* (1 Juan 4:9-10).

¡PREPÁRESE PARA ENSEÑAR!

Para los preadolescentes, esperar con paciencia es algo difícil de realizar. Luchan entre el "lo quiero ya" (la actitud típica de los preadolescentes) y el "puedo esperar" (paciencia que se obtiene con la madurez).

Sus alumnos se encuentran en una etapa en la que enfrentan grandes cambios. Por un lado, desean ser adolescentes y gozar de los privilegios de esa edad; y, por otro, aún disfrutan de las actividades propias de la infancia. Sin embargo, lo más importante es que aprendan a disfrutar cada momento de su vida, esperando con paciencia los acontecimientos que vendrán más adelante.

Los adultos que aman a los niños y temen a los adolescentes, a menudo, pasan por alto a los preadolescentes. Por esa razón, sus alumnos necesitan saber que son importantes para Dios, que él trabaja en sus vidas, y que esta edad es parte del plan divino para ellos.

COMENTARIO BÍBLICO

Génesis 12:1-3; 2 Samuel 7:12-13; Mateo 1:1. Dios le hizo una promesa especial a Abraham: que sus descendientes serían de bendición para toda la tierra. Y a David le prometió que establecería su trono para siempre. Estas promesas seguramente parecían inciertas. Sin embargo, Dios hace todo en el tiempo perfecto, y cumplió ambas promesas en Cristo.

Dios envió a Jesús en el tiempo oportuno, cuando las condiciones mundiales eran apropiadas para proclamar el evangelio. Es cierto que los judíos se encontraban bajo el dominio de Roma, pero esa situación proporcionó un idioma universal y un período de relativa paz. Esos factores facilitaron la propagación del evangelio por tierra y mar. ¿Cuándo nació Jesús? No sabemos la fecha exacta, pero conocemos el propósito, la promesa y el cumplimiento de su venida.

Lucas 2:1-7. Dios usó el censo ordenado por Augusto César para que María y José viajaran a Belén, cumpliéndose así la profecía de Miqueas 5:2. Belén en hebreo significa "casa del pan", y de esa casa llegó Jesús, el pan de vida.

El censo por el que María y José fueron a Belén tuvo varios propósitos. El principal fue la recaudación de impuestos. José, al ser descendiente de David, tenía que ir a la ciudad de David para empadronarse. El viaje de más de 149 kilómetros duró tal vez cuatro días. María no necesitaba empadronarse, pero quizá prefirió acompañar a José en ese viaje agotador, en vez de quedarse en el pueblo y escuchar los chismes sobre su inusual embarazo.

Por lo tanto, Jesús nació en Belén, pero no en una posada, sino probablemente en una cueva. En esa región existen muchas cuevas donde se refugiaban los pastores y sus animales cuando iban a Belén. El pesebre quizá estaba labrado en piedra para evitar que los animales lo volcaran. Si el establo era una cueva, las circunstancias del nacimiento de Jesús fueron similares a las de su sepultura. Ambos acontecimientos se produjeron en cuevas prestadas, y en el cumplimiento del tiempo establecido por Dios.

DESARROLLO DE LA LECCIÓN

¿Qué te preocupa?

Escriba en la pizarra la palabra "PREOCUPACIÓN" con letras grandes. Pida a sus alumnos que lo ayuden a elaborar una lista con las preocupaciones que tienen sobre su futuro (por ejemplo: los estudios, problemas familiares, los amigos, enfermedades, etc.).

Luego, pregúnteles: *¿Cómo se sienten cuando piensan en el futuro? ¿Les preocupa pensar cómo será su vida cuando tengan 18 ó 21 años?*

La semana pasada hablamos acerca de María y José. Sus vidas cambiaron de manera rotunda después de haber recibido la visita del ángel y de saber que tendrían un bebé. ¿Creen que ellos estaban preocupados por su futuro? ¿Por qué?

Escuche sus respuestas, y dígales que en la historia de hoy aprenderán a no preocuparse por los acontecimientos venideros.

HISTORIA BÍBLICA

Relate la historia del nacimiento de Jesús con

sus propias palabras, usando la siguiente historia como guía:

Miles de años antes de que Jesús naciera, Dios le pidió a Abraham que saliera de su país para ir a una nueva tierra. Le había prometido que sus descendientes llegarían a ser una gran nación y que, a través de ellos, bendeciría a todas las familias de la tierra (lean Génesis 12:1-3).

Uno de los descendientes de Abraham fue David. Dios también le hizo una promesa a David; le dijo que, a través de sus descendientes, su reino nunca tendría fin (lean Samuel 7:12-13).

Busquen Mateo 1:1 y 1:17. *¿Qué nos dicen estos versículos sobre el cumplimiento de la promesa de Dios a Abraham y a David?* Permita que sus alumnos respondan (Jesús fue descendiente de Abraham y de David).

Narre la historia, y concluya diciendo: *Dios cumplió sus promesas a Abraham y a David. El nacimiento de Jesús fue parte del plan de Dios para enviar un Salvador, y él trabajó en la vida de muchas personas para cumplir ese plan. No fue suerte ni coincidencia. Dios lo planeó todo con mucho cuidado.*

José y María quizá estaban preocupados por su futuro. Sus planes de noviazgo y boda cambiaron con la noticia del nacimiento de un bebé muy especial. Ellos hubieran podido dejarse dominar por el pánico, desesperarse y buscar su propia solución. Sin embargo, Dios estaba trabajando con esa pareja y otras personas para que Jesús naciera en Belén.

Parte del plan

Dios trabajó en muchas personas para cumplir el plan de salvación. Para profundizar en este concepto, permita que sus alumnos resuelvan los acertijos de la página 181 del libro de trabajo. Use esta guía para verificar que sus respuestas sean las correctas:

- Esta persona tuvo fe y siguió a Dios a donde él lo guió. Fue ancestro de Jesús. (Abraham).
- Esta persona fue pastor y rey. Fue ancestro de Jesús. (David).
- Un ángel le dijo a esta mujer que sería la madre de Jesús. (María).
- Este hombre ordenó que se hiciera un censo nacional. Dios usó esa circunstancia para llevar a María y José a Belén. (Augusto César).

- Este hombre fue valiente para superar las dudas y las tradiciones culturales, y casarse con una mujer que estaba embarazada. (José).

Las noticias de Belén

Los judíos habían esperado muchos años la llegada del nuevo rey. Gálatas 4:4 nos dice: "Cuando vino el cumplimiento del tiempo, Dios envió a su Hijo..." *¿Qué significa eso?* Ayude a los preadolescentes a comprender que Dios había diseñado un plan especial, de acuerdo con el cual envió a Jesús en el tiempo justo. Luego, pregúnteles: *¿Qué tipo de celebración esperarían para el nacimiento de un rey? ¿Cuál creen que sería el mejor lugar para que nazca un rey? ¿Cómo debe tratarse a los recién nacidos? ¿Por qué Dios eligió traer a su Hijo al mundo de esa forma?*

Lean juntos las "noticias de Belén", en las páginas 182 y 183 del libro del alumno. Luego, conversen acerca de cómo se imaginan que fue la noche del nacimiento de Jesús.

¡Paciencia, por favor!

Cuente un breve testimonio acerca de cómo Dios trabajó en su vida personal. Ayude a sus alumnos a comprender que Dios desea trabajar en todas las áreas de la vida de cada uno, porque se interesa en particular y desea que todos disfruten una vida plena y abundante. Eso no significa que todo siempre será como ellos deseen. Muchas veces tendrán que aprender a ser pacientes y esperar la respuesta de Dios.

Abran el libro del alumno en la página 184. Déles tiempo para que lean las cartas y las respondan, animando a los preadolescentes a esperar con paciencia la obra de Dios.

PARA TERMINAR

Revisen la lista de preocupaciones que sus alumnos escribieron al inicio de la clase. Después, lean juntos Mateo 1:20 y Lucas 1:30, y pregúnteles: *¿Cuál es la frase que se repite en ambos pasajes?* (No tengas miedo).

Recuérdeles que no deben temer a lo que venga en el futuro, si cuentan con la presencia de Dios en su vida. Guíelos en un tiempo de oración, pidiéndole a Dios que los ayude a aumentar su paciencia y su fe.

Cómo se da la buena noticia

Base bíblica: Isaías 11:1; Jeremías 33:12-15; Mateo 1:6; Lucas 2:8-20.

Objetivo de la lección: Que los preadolescentes aprendan a contarles a los demás el gozo que sienten por el nacimiento de Jesús.

Texto para memorizar: *En esto se mostró el amor de Dios para con nosotros, en que Dios envió a su Hijo unigénito al mundo, para que vivamos por él. En esto consiste el amor: no en que nosotros hayamos amado a Dios, sino en que él nos amó a nosotros, y envió a su Hijo en propiciación por nuestros pecados* (1 Juan 4:9-10).

¡PREPÁRESE PARA ENSEÑAR!

Quizá sus alumnos hayan aceptado a Jesucristo como su Salvador y Señor, pero solo algunos hablan con otros acerca su fe. Tal vez no saben cómo testificar o, al pasar el tiempo, perdieron la emoción que sintieron al entregarse a Cristo.

Esta lección los ayudará a entender que el nacimiento de Jesús es motivo de celebración, y que testificar acerca de él no siempre significa explicar el plan de salvación. Como en el caso de los pastores, nuestro testimonio será muy efectivo si les contamos a los demás el gozo que nos da Jesús. Anímelos a que aprendan a decir a otros las buenas nuevas del nacimiento de Jesús, y a reflejar en su vida el gozo de conocer personalmente al Salvador y Señor.

COMENTARIO BÍBLICO

Isaías 11:1; Jeremías 33:12-15; Mateo 1:6; Lucas 2:8-20. Jesús nació en un pesebre, no por accidente sino porque era parte del plan de Dios. Los primeros en recibir la buena noticia fueron los pastores, mientras cuidaban a sus ovejas en el campo durante la noche. Además, en Isaías 11:1 se profetiza que el Mesías descendería del tronco de Isaí, el padre de David. Como David había sido pastor, era apropiado que los primeros en escuchar la gloriosa noticia sobre el nacimiento de Jesús fueran pastores.

Los ángeles dieron la noticia del nacimiento del Mesías a los humildes pastores, no a gobernantes ni a líderes religiosos. Ese hecho fue muy significativo, porque se trataba de gente común y trabajadora. Los líderes religiosos menospreciaban a los pastores por no guardar el día de reposo y, bajo la ley de Moisés, muchos judíos los consideraban impuros. A Jesús mismo lo acusaron de violar el día de reposo y de ser impuro por asociarse con personas que la sociedad rechazaba.

El anuncio a los pastores también mostró que Cristo vino primero a los judíos. Ellos esperaban al Mesías, y Dios los honró por haber creído en sus promesas.

Los pastores, sintiendo la urgencia de ir a Belén, dejaron su trabajo para buscar al Salvador y adorarlo.

A través de este pasaje podemos conocer el gozo que debe llenar nuestro corazón. Después de adorar al recién nacido Rey, los pastores regresaron a su trabajo. Ellos alabaron a Dios y dieron la noticia a todos los que encontraban en su camino. Sus corazones rebosaban de gozo después de haberse encontrado cara a cara con el Salvador.

¿Sentimos ese mismo gozo y lo transmitimos a los demás? Si mostramos el gozo que poseemos en Cristo, como los pastores lo hicieron hace muchos años, la gente podrá conocer el amor de Dios, al verlo reflejado en nosotros.

DESARROLLO DE LA LECCIÓN

Después de dar la bienvenida a sus alumnos y orar para iniciar la clase, conversen sobre lo difícil que es esperar para que llegue la Navidad. Muchos preadolescentes esperan con ansiedad esta fecha especial y cuentan los días que faltan para la celebración. Sin embargo, en la lección anterior aprendimos que debemos esperar con paciencia, no solo las fechas importantes, sino la obra de Dios en nuestra vida.

¡Noticia, noticia!

Para esta actividad necesitará un periódico (diario) y figuras de una radio, un televisor y una computadora.

Muestre las imágenes a sus alumnos, y pregúnteles qué tienen en común. Escuche sus respuestas y, basándose en ellas, explíqueles que esos objetos representan a los medios de comunicación o informativos. Por medio de ellos nos enteramos de las noticias que suceden a nuestro alrededor y en todo el mundo.

Divida la clase en grupos de tres o cuatro alumnos. Entregue una hoja del periódico a cada grupo, y pida que busquen una buena noticia y la recorten.

Luego, dígales que la historia de hoy nos habla acerca de unos hombres que proclamaron buenas noticias.

¡Adivina qué pasó!

Guíe la atención de los alumnos a la página 185 de sus libros de trabajo. Permita que completen las frases sobre las experiencias más emocionantes que han vivido.

Después, pregúnteles: *¿Qué hacen las personas cuando están emocionadas por una buena noticia?* (Quieren contarla). *Si ustedes tuvieran una noticia emocionante, ¿a quién les gustaría contársela?*

En la historia de hoy escucharemos acerca de unas personas que recibieron una noticia muy emocionante, y veremos qué fue lo que hicieron.

HISTORIA BÍBLICA

Lea con anticipación los pasajes de estudio y narre la historia de los pastores siguiendo este texto como guía.

¿Qué hacen cuando no pueden dormir? Permita una tormenta de ideas, hasta que alguien mencione que la solución es contar ovejas. Entonces, dígales: *Imagínense cómo sería contar ovejas de por vida. ¿Aburrido? ¿Cansador? ¿Perderían la cuenta?*

Todo comenzó una noche tranquila, mientras un grupo de pastores cuidaban sus ovejas. No sucedía nada emocionante de ese lado de la montaña. Tal vez algunas veces los pastores deseaban que apareciera un animal salvaje para mitigar el aburrimiento. De pronto, la oscuridad se fue y el cielo se llenó de resplandor. ¡Era un ángel! Los pastores se atemorizaron, pero el ángel les dijo... (con anticipación pida a alguien que lea Lucas 2:10-12 en ese momento).

Luego, aparecieron más ángeles que cantaban alabanzas a Dios (pida que otro alumno lea Lucas 2:14).

¡Parecía que la tierra temblaba! ¿O tal vez eran los pastores que temblaban de miedo? Cuando los ángeles desaparecieron, los pastores estaban tan emocionados que dijeron... (lean todos juntos Lucas 2:15). *Tal vez hicieron algo que nunca antes habían hecho: dejaron sus ovejas y corrieron a Belén.*

Allí encontraron a José, a María y al bebé Jesús. Después de adorar a Jesús, los pastores regresaron a buscar sus rebaños; alababan a Dios y le contaban a todos lo que habían visto y oído.

Proclamemos las buenas noticias

Abran el libro del alumno en la página 186; luego, lean Lucas 2:16-18. Luego pida a su clase que escriba con sus propias palabras lo que creen que los pastores le contaban a la gente sobre el mensaje de los ángeles y el nacimiento de Jesús.

¡A anunciar!

Diga a sus alumnos: *Dios quiere que expresemos nuestro gozo por el nacimiento de Jesús con los demás.* Luego, escriba en la pizarra: "Cuéntale a los demás acerca de Jesús". Conversen sobre el significado de cada palabra. ¿Qué debemos contar acerca de Jesús? ¿Cómo podemos hablar de Jesús si los demás no quieren escuchar? ¿A quiénes debemos contarles las buenas noticias? Escriba las respuestas de sus alumnos en la pizarra. Enfatice que, hoy día, la mayoría de las personas viven apuradas y a menudo resulta difícil conseguir que se detengan a escuchar la palabra de Dios. Necesitamos estar preparados para hablar con la gente acerca de Jesús y ser precisos en nuestro mensaje.

Busquen la página 187 del libro del alumno y realicen la actividad sugerida. Necesitarán tiempo para escribir sencillos poemas de dos líneas que expresen la verdad sobre Jesús y el gozo de conocerlo. Lean los ejemplos del libro y permita que trabajen juntos para redactar sus poemas.

¿Cómo voy a decirles?

Den vuelta la página y, como conclusión, lean juntos Salmos 96:3. Luego que los alumnos escriban algunas ideas acerca de la manera en que pueden anunciar a los demás las buenas noticias del nacimiento de Jesús (por ejemplo: invitar a los amigos a la clase bíblica, dar testimonio a través de la buena conducta, visitar a los enfermos, ayudar a los necesitados, etc.). Luego, lean las listas en voz alta para intercambiar ideas.

PARA TERMINAR

Interceda en oración por las personas a las que sus alumnos les contarán las buenas nuevas durante esta semana.

Despídanse entonando una canción navideña, y no olvide invitarlos a la próxima clase.

Un largo viaje para ver a un rey

Base bíblica: Miqueas 5:2; Mateo 2:1-23; Juan 4:42.

Objetivo de la lección: Que los preadolescentes reconozcan que necesitan conocer a Jesús en forma personal.

Texto para memorizar: *En esto se mostró el amor de Dios para con nosotros, en que Dios envió a su Hijo unigénito al mundo, para que vivamos por él. En esto consiste el amor: no en que nosotros hayamos amado a Dios, sino en que él nos amó a nosotros, y envió a su Hijo en propiciación por nuestros pecados* (1 Juan 4:9-10).

¡PREPÁRESE PARA ENSEÑAR!

Los preadolescentes están desarrollando la capacidad de tomar decisiones y comprometerse. Algunos ya aceptaron a Cristo como su Salvador y Señor, pero piensan que con eso termina todo. Necesitan comprender que ser cristianos no es un acto, sino una relación; es un compromiso de por vida con Jesucristo y sus enseñanzas. Esta lección los motivará a crecer en su relación personal con Jesús, ayudándolos a renovar el compromiso de vivir para él.

Algunos preadolescentes tal vez escucharon por mucho tiempo las historias y enseñanzas sobre Jesús, pero nunca lo aceptaron como Salvador y Señor. Quizá piensen que son cristianos, pero no entienden lo que eso significa. Esta lección aclarará la diferencia entre saber acerca de Dios y conocerlo en forma personal.

COMENTARIO BÍBLICO

Miqueas 5:2; Mateo 2:1-23. Los sabios de oriente presentan un gran contraste en la historia de la Navidad. Su riqueza y posición social se destacaban en el humilde escenario de Belén, en contraste con la condición de María, José y los pastores. Esos hombres poderosos, con gran preparación académica, aconsejaban a reyes, estudiaban las estrellas e interpretaban sueños.

Su nacionalidad y religión eran diferentes a los habitantes de Belén. Provenían del oriente, tal vez de Persia, y quizá no practicaban la religión judía. Sin embargo, habían escuchado las profecías sobre el Mesías prometido y temían a Dios. La visita de los sabios muestra la naturaleza inclusiva del evangelio. Jesús vino por toda la gente: judíos y gentiles. Las buenas nuevas son para todos.

Una estrella motivó a los sabios a iniciar su viaje y los guió cada día en su recorrido. ¡Qué apropiado fue que los guiara una estrella! Las estrellas brillan más en la oscuridad, porque se ven con mayor claridad. Los sabios buscaban la verdad y hallaron a Jesús, la "estrella resplandeciente de la mañana" y la fuente de toda verdad.

Juan 4:42. El Evangelio de Juan nos habla de otro grupo de hombres que buscaron a Jesús. Después de escuchar el testimonio de la samaritana, quisieron saber más de él y no quedaron decepcionados. Por eso le dijeron a la mujer: *"Ya no creemos solamente por tu dicho, porque nosotros mismos hemos oído, y sabemos que verdaderamente este es el Salvador del mundo, el Cristo".*

DESARROLLO DE LA LECCIÓN

Versículos en la pared

Esta actividad les servirá como repaso del texto bíblico. Use distintas hojas, escriba en cada una frases del versículo de 1 Juan 4:9-10. Coloque las mismas en desorden en una pared del salón de clase. Pida a sus alumnos que ubiquen las frases en el orden que corresponde y las lean de corrido.

¿Qué es la mirra?

Solicite que dos voluntarios lo ayuden a repartir los libros del alumno y que todos los abran en la página 189 y lean la definición de "mirra".

Después, que busquen en su Biblia los textos sugeridos en la concordancia, para que comprendan el significado de este regalo que los sabios le llevaron a Jesús, y respondan las siguientes preguntas:

1) ¿Quién le llevó mirra al bebé Jesús? (Mateo 2:11 - Los sabios le llevaron oro, incienso y mirra).
2) ¿Cómo le ofrecieron la mirra a Jesús en la cruz? (Marcos 15:23 - Los soldados le ofrecieron vino mezclado con mirra para aliviar su dolor, pero Jesús lo rechazó).
3) ¿Para qué usó Nicodemo la mirra después de la muerte de Jesús? (Juan 19:39-40 - Nicodemo llevó mirra, aceite y especias para ungir el cuerpo de Jesús).

Personajes famosos

Pida a sus alumnos que mencionen nombres de personajes famosos a los que admiran, y que digan por qué.

Luego, pregúnteles: *¿Cómo saben todo eso acerca de esos personajes? ¿Conocieron en persona a algunos de ellos? ¿Consiguieron su autógrafo o se sacaron una foto con alguno de ellos?*

Explíqueles que aunque sepamos ciertos datos de un personaje famoso eso no significa que realmente lo conozcamos, a menos que hayamos pasado tiempo con esa persona.

La historia de hoy nos habla acerca de unos hombres muy importantes que conocían algunos datos sobre el niño Jesús, pero quisieron investigar para conocerlo de manera personal.

HISTORIA BÍBLICA

Para esta actividad, asigne a varios alumnos para que busquen Mateo 2:2, 8, 13-18 y Miqueas 5:2. Pídales que lean su versículo cuando usted les indique, mientras relata la historia bíblica. Recuerde que es importante que lea el pasaje de estudio con anticipación, para que se familiarice con los detalles y esté preparado para responder cualquier pregunta.

Si contara con material visual para ilustrar su lección, sería de gran ayuda.

Más que un nombre

Diga a la clase: *Los hombres sabios viajaron a Belén para ver a Jesús. Cuando llegaron, se arrodillaron y lo adoraron. Ellos tenían algunos datos sobre Jesús, pero eso no fue suficiente; deseaban conocerlo.*

Pida que abran los libros de trabajo en la página 190 y que, utilizando las letras del nombre JESÚS, hagan un acróstico con los datos que conocen acerca de él. Por ejemplo:

Justo y fiel
Emanuel, Dios con nosotros
Salvador
Único
Sabio

Luego de este ejercicio, indíqueles que utilicen las letras de sus respectivos nombres para elaborar un acróstico que sugiera formas en que pueden conocer más sobre Jesús.

Un regalo para el Rey

Reparta hojas blancas y lápices de colores para que sus alumnos dibujen el regalo que les gustaría hacerle a Jesús. Permita que sean ellos quienes decidan qué dibujar, y después se lo transmitan al grupo. Recuerde que todos los aportes de sus alumnos son importantes. Manténgase alerta para evitar todo comentario negativo sobre el trabajo de algún compañero.

Después, pida a los preadolescentes que describan su dibujo, y péguenlos en una cartulina para crear un periódico mural, al que titularán "Mi regalo para Jesús".

PARA TERMINAR

Entonen algunas canciones navideñas, y formen un círculo de oración para dar gracias a Dios por su amor y por su Hijo Jesús, nuestro Salvador, e interceder por las peticiones del grupo.

Antes de despedirse, haga hincapié en que el mejor regalo que Jesús desea de nosotros es nuestra fe y obediencia. Anime a sus alumnos a pasar tiempo con el Señor durante la semana para conocerlo mejor.

Recuérdeles que la próxima clase será la última del año y, por lo tanto, es muy importante su asistencia.

notas

Lección 53
Repaso de la Unidad XI

Objetivo de la lección: Que los preadolescentes refuercen el aprendizaje sobre el nacimiento de Cristo y festejen con gozo el nacimiento de Jesús.

Texto para memorizar: *En esto se mostró el amor de Dios para con nosotros, en que Dios envió a su Hijo unigénito al mundo, para que vivamos por él. En esto consiste el amor: no en que nosotros hayamos amado a Dios, sino en que él nos amó a nosotros, y envió a su Hijo en propiciación por nuestros pecados* (1 Juan 4:9-10).

¡PREPÁRESE PARA ENSEÑAR!

Han pasado 52 domingos desde que comenzó este ciclo de enseñanza con sus alumnos. ¿Recuerda el primer día? Los libros nuevos y relucientes, llenos de historias fascinantes para estudiar. Sin embargo, ahora el paso del tiempo ha dejado una marca en ellos; pero, sobre todo, ha dejado una huella imborrable en el corazón de sus alumnos.

Le sugerimos que use esta lección para repasar algunas de las historias que aprendieron en esta unidad, y también para festejar el año de trabajo que está a punto de concluir.

Los preadolescentes disfrutan el compañerismo, sobre todo cuando se trata de celebrar fechas especiales, como la llegada de un nuevo año. Aproveche esta oportunidad para disfrutar del amor cristiano con sus alumnos y hacerles sentir su aprecio.

Por ser la última clase del año, es una buena ocasión para reflexionar acerca de la forma en que su enseñanza impactó en los preadolescentes. ¿Percibe el crecimiento espiritual de sus alumnos? ¿Nota en ellos una actitud más madura? ¿Desarrollaron el hábito de la oración y la lectura de la Palabra?

Recuerde que la tarea de un maestro no termina nunca, sobre todo cuando se trata de maestros cristianos. Nosotros no cultivamos conocimientos en la mente, sino sembramos la palabra de Dios en los corazones. Por lo tanto, nuestra responsabilidad es orar y velar para que esa semilla crezca y dé frutos en abundancia. Es nuestro deseo y oración que en este año que termina, Dios bendiga su ministerio y lo capacite para cumplir la tarea a la que él lo llamó.

DESARROLLO DE LA LECCIÓN

Que sus alumnos se sienten formando un círculo, y pregúnteles por qué creen que la lección de hoy se titula "Una historia sin fin..."

Escuche con atención sus respuestas, y explíqueles que la historia de la Navidad no terminó con el nacimiento de Cristo, porque fue un hecho que impactó la historia de la humanidad y trajo consigo consecuencias eternas.

Cuando Cristo vino a la tierra y murió en la cruz completó el plan de salvación que Dios había diseñado para librar a la humanidad de un terrible destino eterno, abriéndonos la puerta para alcanzar la vida eterna. Eso quiere decir que, aunque todo se termine, la historia del amor de Dios por sus hijos nunca tendrá final, porque viviremos con él por los siglos de los siglos en las mansiones celestiales.

Repaso de la unidad

Abran el libro del alumno en la página 192. Divida la clase en pequeños grupos para que realicen juntos la actividad.

Indíqueles cómo armar el tablero de juego, colocando un clip en el centro del círculo e insertando la punta de un lápiz en la parte central, de tal forma que el clip no se mueva de su lugar. Cada participante hará girar el clip y responderá la pregunta que indique, basándose en lo que aprendieron en las lecciones pasadas.

Jesús, mi Salvador personal

Guíe a sus alumnos a un tiempo de reflexión, y pregunte cuántos de ellos aceptaron a Cristo en su corazón.

Use los pasos indicados en la página 191 del libro del alumno para explicar a los preadolescentes el plan de salvación, e invítelos a recibir a Cristo como su Salvador personal. Luego, dirija en oración a los que hayan decidido aceptar la invitación.

Recuérdeles que, aunque muchas personas pueden leer la Biblia y saber algunos datos acerca de Jesús, lo más importante es tenerlo como amigo y Señor de la vida.

Anímelos a desarrollar una relación personal con Jesús. Para ello, deben leer un pasaje de la Biblia cada día, y pasar tiempo en oración y comunión con él durante la semana.

¡Tiempo de celebración!

Después del tiempo de enseñanza, le sugerimos que disfrute con sus alumnos de un tiempo de celebración, dando gracias a Dios por las enseñanzas del año que termina, y festejando el nacimiento de Jesús y la llegada de un nuevo año.

Decore el salón con papeles de colores.

Organice algunos juegos de grupo y, de ser posible, prepare un refrigerio sencillo. Aquí le sugerimos tres recetas simples y económicas.

Arroz con leche con manzanas

Ingredientes:
1/2 taza de leche.
2 tazas de arroz cocido.
1 manzana cortada en cubitos.
2 cucharadas de azúcar morena.
1 pizca de canela.
1 cucharadita de miel.
1 taza de cualquier fruta.

Preparación:
Caliente la leche en una cacerola hasta justo antes que hierva. Agregue los otros ingredientes, revuelva y lleve a fuego mediano por diez minutos. Adorne con la fruta.

Galletas de azúcar

Ingredientes:
1 taza de mantequilla (manteca).
1 taza de azúcar.
2 huevos (separar las claras de las yemas)
2 tazas de harina común.
2 cucharaditas de polvo de hornear.
1 cucharadita de sal.
1 cucharada de leche.
1 cucharadita de esencia de vainilla.

Preparación:
Batir la mantequilla hasta que esté cremosa.

Incorporar el azúcar y las yemas. Cernir juntos la harina, el polvo de hornear y la sal. Unir a la mezcla de la mantequilla. Batir las claras hasta que estén firmes e incorporarlas a la masa. Añadir la leche y la vainilla. Estirar la masa y cortar con moldes en la forma deseada. Espolvorear con azúcar y hornear a 350 grados F (180 grados C) en un horno precalentado.

Triángulos de fresas (frutillas)

Ingredientes:
4 rebanadas de pan de trigo.
1 taza de fresas.
3 cucharadas de dulce de fresa (mermelada o jalea).

Preparación:
Recorte la corteza del pan. Lave muy bien las fresas y hágalas puré. Unte un lado del pan con el puré de fresa, y doble las orillas de los panes para formar triángulos. Luego selle las orillas con el dulce de fresas. Hornee cinco minutos.

PARA TERMINAR

Dé gracias a sus alumnos por asistir a las clases durante todo el año.

Distribuya todos los trabajos que elaboraron a lo largo del año, incluyendo los libros del alumno.

Dedique algunos minutos para orar por cada uno de sus alumnos y pedir a Dios que los siga ayudando a crecer en su vida espiritual.

Despídanse saludándose afectuosamente.

Material de educación cristiana para niños

Casa Nazarena de Publicaciones presenta con satisfacción su colección completa de libros de educación cristiana.

Los mismos se diseñaron para maestros de niños y para alumnos de 4 a 11 años de edad.

Los niños aprenderán las lecciones de la Biblia según su edad. Y, al concluir sus años de escuela primaria, habrán recorrido las desafiantes historias bíblicas, como también diversos temas apropiados para cada etapa de su niñez y preadolescencia.

Este material se diseñó como diferentes peldaños para alcanzar una vida santa. Contiene metas claras y posibles.
El libro del maestro ayudará a equipar a quienes tienen la hermosa tarea de conducir a los niños para que se conecten con el mensaje que cambiará sus vidas para siempre.

Al promover al niño al año inmediato —de acuerdo con su edad—, este habrá estudiado solo una vez cada uno de los libros. Cuando llegue a los 12 años de edad –si comenzó con el primer libro— habrá estudiado los ocho libros de esta valiosa colección.

Los libros se diseñaron para que se usen en la escuela dominical, horas felices, escuela bíblica de los días sábado, club de niños, discipulado y escuelas en general.

Esta serie apunta a:

a. Desafiar a los niños a que aprendan la palabra de Dios.
b. Permitir que crezcan en su experiencia cristiana como hijos de Dios.
c. El crecimiento de su fe.
d. Guiarlos a que acepten a Jesús como su salvador y Señor.
e. Llegar a ser parte de la comunidad de fe, la iglesia.

La siguiente tabla lo ayudará a identificar el libro correspondiente de acuerdo a la edad de los alumnos:

Preescolares —4 y 5 años de edad (Año / libro 1 y 2).

Principiantes —6 a 8 años de edad (Año / libro 1, 2 y 3).

Palabras de Vida (preadolescentes) —9 a 11 años de edad (Año / libro 1, 2 y 3).

9 781563 444197